THE SM
IN EIGHTEENTH

U0619992

微笑革命

18世纪的巴黎与牙医

[英]科林·琼斯　著

王启元　译

上海教育出版社
SHANGHAI EDUCATIONAL
PUBLISHING HOUSE

图书在版编目（CIP）数据

微笑革命：18世纪的巴黎与牙医：英文／（英）科林·琼斯著；王启元译. -- 上海：上海教育出版社，2025. 7. --（"相遇"系列）. -- ISBN 978-7-5720-3780-1

Ⅰ. K565.9；R78-09

中国国家版本馆CIP数据核字第2025VF5783号

Copyright © Colin Jones 2014
This edition arranged with Felicity Bryan Associates Ltd.
through Andrew Nurnberg Associates International Limited

责任编辑　李声凤
封面设计　梁依宁　蒋　好

相遇

微笑革命：18世纪的巴黎与牙医
[英] 科林·琼斯　著
王启元　译

出版发行　上海教育出版社有限公司
官　　网　www.seph.com.cn
地　　址　上海市闵行区号景路159弄C座
邮　　编　201101
印　　刷　上海盛通时代印刷有限公司
开　　本　635×965　1/16　印张 16
字　　数　200 千字
版　　次　2025年7月第1版
印　　次　2025年7月第1次印刷
书　　号　ISBN 978-7-5720-3780-1/K·0041
定　　价　58.00 元

如发现质量问题，读者可向本社调换　电话：021-64373213

本书献给亚历克、伊森、乔纳、米洛、葛丽泰和罗萨。
是你们让我笑口常开。

致　谢

多年来,我一直致力于研究"笑容",有时甚至感觉自己仿佛刘易斯·卡罗尔笔下的柴郡猫,凭空消失后,笑容还挂在半空中。[①] 我研究"笑容"已经有很长的年头,好处就是可以从容地翻找文献,采撷各部文献中的相关趣闻轶事补充到我的写作之中。在以往的讲座、研讨会,抑或宴席、咖啡馆和酒吧,每当我谈到这个话题,观众们总是抱有很大的兴趣。我也衷心感谢他们给予我的帮助与各种建设性意见;作为"回报",有时我也被迫听了很多不想听的东西,例如听众所患有的各种牙科顽疾,也算是这一话题的奇特之处与魅力之一。除了朋友和同事的帮助外,我还要感谢众多档案馆、图书馆、博物馆和画廊工作人员的善解人意与乐于助人。无疑,通过各种形式帮助过我的人太多了,在此无法一一列出他们的名字,谨以笔者最诚挚的感激之情,致敬他们中的每一位。

这本书的构思源于我与理查德·里格利的交流,他告诉我维热·勒布伦夫人的笑容有点特别,我当时正好在研究巴黎的"拔牙匠",立马意识到那是一个绝好的题目。我衷心感谢理查德多年来带给我的启发和鼓励。在写作期间供职的两所大学里,我有幸与众多优秀的学

---

① 柴郡猫(Cheshire cat)是英国作家刘易斯·卡罗尔(Lewis Carroll,1832—1898)创作的童话《爱丽丝梦游仙境》(Alice's Adventure in Wonderland)中的角色,形象是一只咧着嘴笑的猫,拥有能凭空出现或消失的能力,甚至在它消失以后,它的笑容还挂在半空中——译者注。

者一起工作，他们可能没有意识到，他们给予我的灵感、启发和友谊，远远超过学术本身的意义。特别感谢华威大学的马克辛·伯格、玛戈特·芬恩、萨拉·霍奇斯、格温·刘易斯、罗杰·麦格劳、希拉里·马兰德、卡罗琳·斯蒂德曼、克劳迪娅·斯坦、马修·汤姆森和斯蒂芬·范达姆；以及伦敦玛丽女王大学的理查德·伯克、托马斯·迪克森、罗德里·海沃德、朱利安·杰克逊、米里·鲁宾、昆汀·斯金纳、阿曼达·维克里和"情感史"小组。在巴黎，丹尼尔·罗什和让-雅克·库尔丁给予了我源源不断的启发和支持。我还要感谢利华休姆信托基金会提供资金，支持我的研究团队探索面相学和面部表情的历史。在这个项目中，杰出的团队成员纳代耶·拉尼里-达根、丽娜·博尔佐尼、托马斯·基尔希纳和马蒂尔·格德龙，帮助我顺利实现了自己研究的初衷。

我还特别感谢那些朋友和同事：艾玛·巴克、托马斯·迪克森、罗杰·金、梅丽莎·珀西瓦尔、理查德·托斯、查尔斯·沃尔顿。他们耐心地阅读了初稿的各个阶段，并提出了有见地的改进建议。我的朋友迈克尔·索南彻也是如此：直到现在我才意识到，在过去的四十年里，他随时随地给我提供着学术上的帮助。我欠他很多的人情。我也非常幸运无与伦比的费利西蒂·布莱恩及她的团队能够做我的经纪人；特别是米歇尔·托普汉姆和杰基·海德提供的帮助和鼓励。我还要感谢牛津大学出版社的工作人员在整个出版过程中的帮助，尤其要致意我的责任编辑杰里米·兰格沃西。

作为一名稍显偏执的作者，我习惯了对作品的反复修改。我知道，书中的一些观点与先前在其他地方发表的文章有重叠，尽管已经进行过不同程度的改写。其中包括《法国牙医与长18世纪的英国牙齿》，收录于约翰·皮克斯通等主编的《医学、疯狂和社会历史：罗伊·波特纪念文集》（贝辛斯托克，2007年），第73—89页，247—250页；《百科全书中的口腔和牙齿：启蒙时代解剖学和外科学的视角》，收录于 R·莫里西和 P·罗杰所编的《百科全书：从网络到书籍，从书籍到网络》（巴黎，2001 年），第 73—91 页；《18 世纪巴黎的拔牙医生》，收录于《过去和现在》，第 166 期（2000 年），第 100—145 页；以及《国王的两颗牙齿》，收录于《历史研究工作坊杂志》，第 65 期（2008 年），第 79—95 页。这个主题在我为皇家历史学会所做的主席演讲中也略有提及，特别是《法国越界 II：跨越边界的笑声》，收录于《皇家历史学会会刊》，第 21 期（2011 年），第 3—38 页，以及《法国越界 III：老虎的微笑》，收录于《皇家历史学会会刊》，第 22 期（2012 年），第 3—35 页。

在初稿完成的最后阶段，我有幸得到了西蒙·查普林和昆汀·斯金纳的邀请，于 2012 年在伦敦威康图书馆举办的罗伊·波特讲座上分享了一些研究成果。我一直觉得这本书会在罗伊·波特①的精神指引下完成，可惜他无法亲自在我身旁阅读。

最后，我要特别感谢我的妻子约瑟芬·麦克唐纳，她为这本书的创作奉献了太多。在我研究和动笔的过程中，她一直默默支持，始终陪伴在我身旁，成为我不可或缺的精神伴侣。最后，还要把这本书与我诚挚的爱和欢笑，献给我们的孙子孙女们。

---

① 罗伊·波特（Roy Porter，1946—2002），英国著名历史学家、英国国家学术院院士，医学社会史、医学文化史的先驱，先后执教于剑桥大学、加州大学洛杉矶分校、普林斯顿大学、斯坦福大学，著有《剑桥医学史》(*The Cambridge History of Medicine*)、《创造现代世界：英国启蒙运动钩沉》(*The Creation of Modern World: the Untold Story of the British Enlightenment*)、《启蒙运动》(*The Enlightenment*)等。——译者注

目　录

插图目录 / 1

绪　论 / 1

第一章　牙医的旧秩序 / 14
　　不微笑的路易十四 / 15
　　严格控制的微笑 / 27
　　皇家榜样的力量 / 36

第二章　感性的微笑 / 41
　　摄政时期的微笑掠影 / 42
　　嘴角挂着微笑，眼中噙着泪水 / 57
　　看见感性的微笑 / 68

第三章　牙医的出现 / 73
　　新桥上的拔牙嘉年华 / 74
　　两位牙医的故事 / 79
　　巴黎启蒙时期的牙齿 / 87

第四章　革命的形成 / 98

　　福沙尔的继承者 / 100

　　"感性牙医"的企业精神 / 110

　　此刻的凡尔赛宫…… / 119

第五章　短暂的微笑革命 / 127

　　女艺术家和假牙制造者 / 128

　　怀疑之下的微笑 / 141

　　革命黄昏的拉瓦特主义 / 151

第六章　微笑革命之后 / 156

　　错误的先兆 / 157

　　哥特式的邪魅一笑 / 162

　　消失中的牙科 / 167

　　……微笑正在消失 / 171

尾声　走向 20 世纪的微笑革命 / 176

注释 / 184

译后记 / 239

微笑革命：18 世纪的巴黎与牙医

插图目录

图 0.1　维热·勒布伦夫人,《自画像》(1786) / 1

图 0.2　"自然的笑声",来自杜兴·德·布洛涅,《人类面部表情机制》(1862) / 4

图 0.3　查尔斯·达尔文,《人类与动物的情感表达》(1872) / 5

图 0.4　尼古拉·杜波瓦·德·切芒 / 11

图 0.5　詹姆斯·吉尔雷,《巴黎晚餐》(1792) / 13

图 1.1　亚森特·里戈,《路易十四》(1701) / 14

图 1.2　《巴黎的叫卖声》,"拔牙匠"(1582) / 21

图 1.3　塔巴兰和蒙多尔在舞台上,根据 17 世纪早期的版画 / 25

图 2.1　让-安托万·华托,《八个女人头像和一个男人头像的草图》(约 1716) / 41

图 2.2　让-马克·纳捷,《扮成花神的玛丽-阿德莱德公主》(1742) / 46

图 2.3　弗朗索瓦·布歇,《梳妆台前的蓬帕杜夫人》(1758) / 47

图 2.4　夏尔·勒布伦,《宁静》/ 49

图 2.5　夏尔·勒布伦,《迷醉》/ 50

图 2.6　夏尔·勒布伦,《笑》/ 51

图 2.7　夏尔·勒布伦,《欢乐》/ 51

图 2.8　胡塞佩·德·里韦拉,《畸足男孩》(1637) / 52

图 2.9　乔治·德·拉图尔,《音乐家的争吵》(1625—1630) / 53

图2.10　迭戈·委拉斯开兹,《宫廷小丑唐璜·德·卡拉巴萨斯》（1637—1639）/ 54

图2.11　威廉·贺加斯,《卖虾女》（1740—1745）/ 55

图2.12　让-安托万·华托,《自画像-微笑》/ 56

图2.13　让-雅克·卢梭,《临终场景》（出自《新爱洛伊丝》, 1761）/ 66

图2.14　让-巴蒂斯特·格勒兹,《深受爱戴的母亲》（1769）/ 72

图3.1　《大托玛》/ 73

图3.2　《大托玛在他的"诊所"里》/ 75

图3.3　皮埃尔·福沙尔,来自他的《牙科-外科医生》（1728）/ 85

图4.1　解剖图（1），来自皮埃尔·福沙尔的《牙科-外科医生》（1728）/ 104

图4.2　解剖图（2），来自皮埃尔·福沙尔的《牙科-外科医生》（1728）/ 104

图4.3　让-巴蒂斯特·格勒兹,《主显节》（1774）/ 107

图4.4　牙科工具,来自皮埃尔·福沙尔的《牙科-外科医生》（1728）/ 108

图5.1　康坦·德·拉图尔,《自画像》/ 130

图5.2　让·安托万·乌东,《索菲·阿尔努》（1775）/ 132

图5.3　让·安托万·乌东,《一个年轻女孩的头像（乌东夫人）》（1787）/ 133

图5.4　雅克-路易·大卫,《德·塞里齐亚夫人》（1795）/ 135

图5.5　托马斯·罗兰森,《牙齿移植》（1787）/ 138

图5.6　杜波瓦·德·切芒,"矿物牙",来自他的《关于假牙的一般性论述》（1797）/ 140

图5.7　"该死的革命"/"啊,好法令"（1789—1790）/ 145

图5.8　嘴巴,来自约翰·卡斯帕·拉瓦特的《论面相学》（1806）/ 153

微笑革命：18世纪的巴黎与牙医

图5.9 头骨收藏,来自约翰·卡斯帕·拉瓦特的《论面相学》
(1806) / 154

图6.1 托马斯·罗兰森,《法国牙医展示他的假牙和假腭》
(1811) / 156

图6.2 大主教狄龙的假牙 / 158

图6.3 托马斯·罗兰森,《修面六步走》(1792) / 161

图6.4 吉罗代,《富隆等人的断头》 / 165

图6.5 拿破仑的牙刷 / 172

图7.1 弗朗茨·克萨韦尔·温特哈尔特,《维多利亚女王》(1843)
/ 177

图7.2 阿方斯·贝蒂荣,个人档案 / 180

图7.3 安迪·沃霍尔,玛丽莲·梦露双连画(局部)(1962) / 182

绪 论

　　1787 年的秋天,巴黎沙龙展览会上,著名画家伊丽莎白–路易丝·维热·勒布伦夫人展出了一幅自画像。[1] 该展览会每隔两年在卢浮宫举办一次,一直以来都以巴黎乃至欧洲艺术审美风向标而闻名。这幅自画像描绘的是勒布伦夫人抱着女儿,嘴角带着愉快的微笑,唇角微张、露出洁白牙齿的画面(图 0.1)。

图 0.1　维热·勒布伦夫人,《自画像》(1786)

在当今社会，微笑时露出洁白牙齿，无疑是公共场合最常见的仪态，在电视屏幕、广告牌和竞选海报上都能轻易见到。然而在1787年，这样的微笑却演变成了一桩丑闻。一位记者写道："知名艺术家、鉴赏家和有品位的人都一致谴责维热·勒布伦夫人这种史无前例、虚伪的露齿微笑。"那时，这种引人注目的微笑被认为是对自古以来文明礼仪的蔑视。从某种程度上说，它与不久之后的1789年发生的第一次现代革命——法国大革命一样，具有革命性意义。

维热·勒布伦的微笑属于"微笑革命"的一部分，这一革命也就是本书的主题，它发生在18世纪的巴黎，与开始于1789年的伟大的法国革命在时间上高度重叠。微笑的文化意义，因此而发生了根本性的转变。1787年的那次微笑，仅仅是那个伟大变革中的冰山一角，它已经延伸到文学、艺术及其他广阔的文化领域，更是在社会和政治生活中扮演了重要的角色。甚至，正如我们将看到的，它已经成为对旧制度君主制和贵族制度的公开批判。

如果没有牙科学、外科学和医学同时取得重大发展，当年很难想象一个人微笑时是能够露出洁白的牙齿的。18世纪晚期，巴黎的牙科技艺曾让全世界羡慕不已。这座城市产生了全新的牙齿理念，并将其付诸临床，展现给了全世界。这种牙医工作的普及与认知的转变，伴随着一种新观念的出现——这种观念在我们这个时代很常见——即微笑是个人身份的关键。

在18世纪晚期的巴黎，微笑象征着个人内心最深处、最真实的自我。在人们看来，微笑以既新奇又现代的方式，呈现出人们的内在性格。

不过，我们可不可以就此说微笑具有自身的历史、抑或是有革命性的呢？这是一个有趣的问题。我们当然不能简单或机械地认为微笑有或没有"历史"，专门讨论微笑历史的书籍也极少[2]；已有研究要么非常笼统，要么非常专门，通常聚焦在某种特定的微笑（尤其是蒙娜丽莎的微笑)。《微笑革命：18世纪的巴黎与牙医》的写作方法则有所不同，本书将把笑容视为特定时间和地点(即18世纪的巴黎)的文化产物，并放在社会、经济、政治、文化和医学不同视野下对其进行探讨。

微笑也是一个复杂的话题，首先，没有一个普遍能被接受的"内证"(self-evident)用以区分界定"微笑"(smile)与"笑"(laugh)。大部分历史与科学研究往往将"笑"(laugh)视为一种更加明显的"微笑"(smile)，甚至干脆混淆这两种概念。法语中laugh对应的是"rire"或"ris"，而smile则是"sourire"或"souris"，后者的词根源自"sous-rire"，意为"笑"(laugh)而未满，亦即"微笑"。很明显，smile与laugh两个词之间的界定在18世纪非常模糊。法国启蒙时代的权威百科全书《大百科全书》在1771年将"ris"定义为"嘴角分开而不张开嘴唇的微笑"。[3]实际上，这个描述似乎更适用于微笑(smile)而不是笑(laugh)。正如我们将在后文看到的，从这一时期开始，两者之间的区分逐渐加深。

微笑也是一个难以捉摸的主题，因为，正如我们从个人经验中都知道的，微笑总是转瞬即逝而难以捉摸，而且出了名的难以把握；傻笑、憨笑、大笑、龇牙咧嘴抑或尴尬一笑，切换就在一瞬间。此外，文学作品对微笑的描述，也往往不够细致，不是陈词滥调，就是干脆不写。似乎没有必要花时间详细定义、描绘或描述微笑，因为每个人都能轻易分辨。从图像上辨识微笑也是相似的。由于绘制人像时捕捉笑容过于困难，从文艺复兴时期开始，艺术家们就不太敢进行相关尝试。[4]而且，即使他们尝试了，人们仍然怀疑肖像画是否忠实于生活，特别是在各种其他文化因素介入后，问题会变得更加复杂。例如，关于最好的肖像究竟是那些忠实还原生活的，还是那些最能捕捉模特理想之态或隐微之意的，艺术圈中早已对此争论不休。这其中，写实主义绘画确实很少会占上风，无论你刻画的是赘肉还是笑容。

正如当代心理学家保罗·埃克曼所说，微笑是最容易被同伴识别的面部表情之一（惊讶也有同样的特点）。[5]与其他表情相比，微笑只需要刹那一瞥就能让人注意到它的存在；并且在100码之外便能被轻松地辨认出来（尽管可能和哭泣相混淆）。此外，从面部生理学的角度来看，微笑也非常简单直接。只需一块肌肉——脸颊上的颧大肌——就能使嘴角上扬，达到微笑效果。而当这块肌肉与围绕眼睛的眼轮匝肌的运动结合在一起时，面颊就会上扬，眼睛周围会出现褶皱，给人一种非常积极、愉快和真诚的印象。

图0.2 "自然的笑声"，来自杜兴·德·布洛涅，《人类面部表情机制》(1862)

这种"真诚""真实"和"感受到的"微笑现在通常被称为"杜兴式微笑"。[6]这样的命名是在向19世纪中期的法国实验生理学家纪尧姆·杜兴·德·布洛涅致敬，他首次确定了微笑涉及的肌肉反应。他通过在一名面部失去感觉的患者的不同部位附上电极，找到了微笑时的肌肉群及其作用机理（图0.2）。当电流通过，触发了一系列面部表情，杜兴分析了这些表情涉及的肌肉组合，以及个人情感在其中的作用。他拍摄了自己的研究结果。这些图像有许多都收录于他的面部生理学研究专著《人类面部表情机制》(1862)，这本书确立了可视技术运用在医学上的巨大潜力。杜兴认识到，由于微笑牵涉20多块肌肉的联动，其机制可能比想象中还要复杂，涉及面更广。但本质上，一个真诚、愉快的"杜兴式微笑"最多只需要牵动两块肌肉，相比而言，其他情感（如恐惧、愤怒、痛苦）则需要三到五块肌肉。

目前针对早期婴儿发育的研究发现，微笑与大笑的产生机制有所重叠。[7]制造这两种笑所需要的肌肉,在子宫中就已形成,出生时即准备就绪。一些研究表明,婴儿在出生后数小时内便可微笑;更常见的情况是在三四周后开始微笑。通常,在四到六个月之间,婴儿开始发出笑声。他们往往会在此时开始挑选微笑对象,将微笑保留给照顾者。尽管从面部肌肉的使用来看,婴儿的微笑与大笑大致相同,不过大笑可能会伴有杂音、面部变形更大、呼吸模式改变以及身体的激动。成年人的大笑和微笑通常也是如此。灿烂的"杜兴式微笑"往往会牵扯面部之外更大的动作。自发的大笑往往是脸部和身体联动的一大盛事。

人类婴儿笑容中包含的快乐、本能和音色,似乎与包括黑猩猩在内的许多类人猿在愉悦时表现的颇为相似,[8]尤其是当它们表达被挠痒痒的快乐时。查尔斯·达尔文在他的名著《人类与动物的情感表达》中指出,1872年他便注意到了这种共通点,[9]并推翻了一条西方世界的旧说:笑容是人类与动物的区别所在。此说源自亚里士多德,在文艺复兴时期又得到拉伯雷的再次肯定。在研究完自己家养与其他人的宠物后(以及杜兴的电生理图集),达尔文得出结论:狗也能微笑。他还提供了一张展示大型猿微笑的图片(图0.3)。(后一张图片由于过于笨拙的修图手法,应该被视为科学文献中有史以来最无法令人信服的插图之一。)

图0.3 查尔斯·达尔文,《人类与动物的情感表达》(1872)

根据这种推论证据,进化论科学家们预言笑的共同起源至少可以追溯到 600 万年前。然而,理解两种笑的起源(以及它们最初的含义)并不容易。一些科学家认为,人类的大笑和"杜兴式微笑"并非来自嬉戏打闹,而更可能与猿类会裸露牙齿以表示攻击性有关。这种消极的、不快的、有害的微笑(达尔文也评论过)可能来自进化的晚期。毫无疑问,"非杜兴式"的微笑具有某些攻击性,并不由人类的本能反应,很可能源自某些更高阶、更复杂的认知功能。或许,那种微笑很可能(但并不绝对)是在源自嬉戏的"杜兴式微笑"之后才出现的。[10]

　　即便前引的进化故事介乎两可之间,但我们仍可以得出结论,微笑和大笑是人类根深蒂固的交流方式,早于语言的获得。我们也无法通过这个故事,看出人类究竟是生而具有攻击性,还是生而善良。使问题更为复杂的是,微笑和大笑所涉及的情绪,种类极其繁多(大概几百万年来一直如此)。进化学家、心理学家和社会科学家都指出,微笑和大笑几乎与所有的情绪都有关联。两种截然不同的笑:良性("嬉皮笑脸")和恶性("呲牙咧嘴"),几乎关联了所有人类应有的情绪。且除了哭泣之外,笑容与其他面部表情丝毫没有共同之处。例如,保罗-埃克曼耐心地建立了一个微笑分类法,类目扩展到数十种甚至更多。其范围涵盖了感官上的愉悦和高兴、开朗、娱乐、满足和满意、亲切、调情、痛苦或压力的缓解、尴尬、悲伤、紧张、羞愧、优越感、攻击性、恐惧、蔑视,以及其他各种表情。因此,埃克曼认为,微笑是"最被低估的面部表情"。当然,它也是最多变、使用最广泛的表情之一。

　　微笑与大笑所涉及的多种多样的情感,体现在许多不同的社交功能中。在危险出现、对自己不利的时候,微笑和笑声可以视作威胁和警告,用以划定内外的防御边界,也可以被用作一种防御机制。反过来,在安全的时候,微笑有助于社交破冰,增进互动,减轻负面情感和压力,缓解紧张局势,引起群体之间的共情。因此,微笑和大笑是社交现象中最重要的因素。笑不仅对个体有益,对社群集体同样有益。

此外，与某些笑声形式一样，微笑通常会建立一种行为反馈循环。[11] 即使是假笑、"非杜兴式"的微笑，也可能对微笑对象产生积极影响。在面对微笑时，似乎很难不回以微笑。微笑会彼此回应，互相传递友爱积极的信号。微笑会传染，这始于婴儿和照顾者之间的互动，并可能贯穿一生。

这一反馈闭环表明，微笑和大笑的功能可能类似于历史学家威廉-雷迪所称的"情绪（emotives）"。[12] 后者的概念源自哲学家约翰·朗肖·奥斯丁的表演性话语理论。根据这一理论，某些言语并不是简单地描述或反映现实，而是可能改变现实。同样，我们也可以把微笑看作一种非语言的"表演性话语"。它可以制定、表达或反映任何潜在的情感。鉴于微笑反馈闭环的存在，它还有可能改变社交场合的气氛。因此，"你微笑，世界与你一起微笑"这句老话，似乎不仅仅是好莱坞式励志流行心理学和管理销售术语世界中的一句无力俗语。它可以延伸到整个人类历史，乃至追溯到语言出现之前。

我们现在可以理解进化心理学家所坚信的，笑深植于人类大脑之中。毕竟，正如我们所提到的，笑声可能可以追溯到 600 万年前。然而，也有足够的证据表明，许多微笑的形式是后天学习而来，而非生物学先天确定的。对于微笑而言，社会和文化的影响是永远不能忽略的。在这个意义上，"微微一笑"有点像美国人类学家克利福德·格尔茨所讨论的"眨眼（wink）"。单纯从面部动作的角度来看，眨眼（wink）也很难与挤眼（blink）区别开，挤眼（blink）在这里至多是一种完全生理性质的无意的抽搐反应。但在特定的社交互动中，眨眼拥有了意义：由眨眼者的意图与被眨眼者本人间彼此确认，再为眨眼编入更多文化信息，传递到更广大的社群之中。换句话说，纯粹用生理性学说解释微笑，可能会完全不得要领。正如格尔茨所指出的，我们需要进入眨眼发生的文化背景，并尝试理解它。

按照同样的逻辑，只有在更广泛的背景下，我们才能理解微笑在

18 世纪法国文化中日益盛行的原因。生物学只能解释一部分。在某些时候,身体和心灵、本能和习得的反应是模糊的。我可能天生就喜欢微笑,但当面对镜头并被要求摆出姿势时,我的嘴角会露出僵硬的"奶酪"(cheese)式①笑容。[13] 这与其说是出于生物特性,不如说是出于我们社会的文化规范。因此,微笑的历史所涉及的远不止是生物学上的"硬接线"。而这正是历史学家可以做出贡献的地方。因为我们平日处理的正是时间、背景和意义上的材料。

《微笑革命:18 世纪的巴黎与牙医》一书将揭示在 18 世纪的巴黎城市中,微笑的形式和含义发生了哪些变化,如何从历史的角度理解这些变化,以及由此反映出的当时社会、政治和文化史等各个方面。18 世纪初,一种特定的面部表情体系占据着主导地位,它认为微笑是等级森严的、轻蔑不屑的,有时甚至是咄咄逼人的。当然,人们的微笑无疑是千姿百态的,鉴于我们已经讨论过微笑的多元性,此处便不再赘述。(事实上,常识告诉我们,恋人们一直在微笑,诗人们也赞美这一事实。)然而,约在 1700 年左右,一种高傲且侵犯的闭嘴式微笑成了法国公共生活的常态,这意味着微笑也受到文化和生物学上的双重限制。然而,在 18 世纪末,这种面部表情逐渐退去,被另一种面部表情——主要表现为咧开嘴的露齿微笑——取而代之,1787 年维热·勒布伦夫人的这一表情引起了轩然大波。在这个世纪中,这种微笑不仅在绘画中发展,也在各种社交和文化背景中得以展示。一种新的、更具现代特色的微笑形式正出现在公共生活中。微笑革命即将来临。

从某种程度上说,此时微笑革命的存在有悖常理。因为在 18 世纪末,欧洲主要城市居民的牙齿状况特别糟糕。[14] 在 16 和 17 世纪,来自世界各地的蔗糖已成为精英阶层的主食。进入 18 世纪后,蔗糖出现在大众的餐桌上,尤其在城市之中。其形式包括含糖食品、巧克力、

---

① 类似中国人拍照时说"茄子"以展现露齿笑容。——编者注

茶、咖啡、柠檬水等。城市墓地的考古表明,此前的人类历史中,牙齿很少或从未变坏过。因此,揭开18世纪以来白牙微笑的神秘面纱,更加引人入胜。

我们将在本书第一章中看到,在"牙医的旧秩序"中,口腔护理并没有因人们大量摄入糖分而被重视,此时的医学界对之也束手无策。路易十四惨不忍睹的牙科手术试验表明,法国国王的牙齿几乎没有得到任何医学保护;他和最贫穷的臣民一样,饱受牙齿脱落和口腔疾病的折磨。然而,当时大家紧闭嘴巴,不仅仅是出于龋齿问题,还与更广泛的文化价值观有关。从文艺复兴时期开始,借鉴古人名训规范而成的书籍已然规定了紧闭嘴巴才能自诩高雅。这一文化氛围下,张嘴露出没有牙齿或充满缝隙的口腔,是丑陋和不雅的,且实际上往往是相当恶心的。张开嘴巴不是个好行为。

这种面部表情在18世纪的公共生活中逐渐改变,人们开始更多地张开嘴巴,露出迷人的维热·勒布伦式微笑,甚至在她的自画像展出之前的数代人中已经开了这种风潮。正如我将在第二章中展示的那样,情感的概念以及与情感表达相关的发展尤其值得关注,特别是感性意识的崛起。这种意识最初通过剧院演出传播,然后通过小说,随后是绘画,最终开启了人们对于微笑的全新评估。连凡尔赛皇宫御座厅所悬画像中那位一成不变的路易十四,也快要在感性的压力下咧开嘴了。在文学想象的感召下,哭泣、大笑和微笑现在已成为巴黎精英和中产阶级可接受的公共姿态。这些善意的微笑,常常被认为是对人类不公平状况的本能反应,也象征着一个人基本的人性与认同。这时兴起的旨在解放思想文化的启蒙运动,同样认可了微笑中蕴含的情感力量。此外,启蒙运动中的巴黎城中,沙龙、咖啡馆、步道等社会基础设施一应俱全,为人们面对面的相遇提供了适合微笑的氛围。正如前文所说,带着情感微笑,便能激发微笑,开启微笑,并把它传播开来。

如果说启蒙运动时期在巴黎兴起的情感觉醒对面部笑容的改变

至关重要的话,那么现代牙科兴起的作用,实际上也不遑多让。我将在第三章中讨论现代牙科。在"前牙医"时代,牙齿护理停留在非常原始而粗糙的水平,口腔疾病和牙痛从未远离;一旦得了牙病,最直接的应对手段就是拔掉患牙。与此形成鲜明对比的是,在18世纪的巴黎,西方历史上第一次真正意义上启用专业化牙医团队,取代了过去的牙匠郎中。当时的牙医先驱和楷模,名叫皮埃尔·福沙尔,他是我们故事的关键人物。他在《牙医》(1728)一书中,首次提出了"牙医"这个单词,并成功将牙科学创建为现代外科学的一个分支。这意味着,至少那些付得起医药费的巴黎人,可以摆脱口腔疾病导致的社交尴尬,诸如牙齿缺损、口臭,甚至在极端情况下出现可怕的口腔黑洞。从此,他们可以张开嘴唇,露出牙齿,向世界微笑。

在第四章中,我将继续说明牙科这门新科学以及牙医这一新职业是如何于18世纪中叶在巴黎城市中立足的。牙医们不仅掌握着启蒙运动中的改良言论,也展示了令人印象深刻的业务能力,在专业领域中为自己确立了合适的位置。在巴黎强大的外科医生集团的支持下,他们不仅满足了巴黎人对一口健康洁白牙齿的需求,还把这一需求不断向外扩张。彼时巴黎的上流社会生活越来越受时尚外观的支配,牙齿的问题随之愈加重要。启蒙运动时期的巴黎,在整个欧洲享有极高的声誉。这意味着,从这时起,巴黎的牙医也开始享有国际声誉。

值得注意的是,新的微笑看起来比凡尔赛宫里的任何肖像画都要美丽、自然与高尚。如果说宫廷内还未被触及,至少在城市里,全新的微笑已取代了长期以来暗示社会等级和道德价值的紧闭嘴笑容。然而,整个18世纪,凡尔赛宫内仍然坚守着路易十四的严格要求,包括表情严肃、笑不露齿的传统。这样一来,君主制与它曾经主导的文化规范脱轨了。巴黎公共领域似乎要超越凡尔赛内廷,成为社会价值的合法仲裁者——这一发展酝酿着潜在的政治后果。

1789年政治革命前夕,巴黎的感性微笑似乎已经取代了凡尔赛的固定面具。正如我们所看到的,1787年维热·勒布伦肖像画的展出,造就了一段"新微笑"的神话。此外,同年巴黎牙医尼古拉·杜波瓦·德·切芒发明了白瓷假牙。这样,即使是那些没有牙齿的人,也能露出白牙微笑。[事实上,他自己也戴着假牙,只是不愿意在肖像中展示它们(图0.4)。]我将在第五章中探讨假牙与微笑的发展,它们表明城市正处于"微笑革命"的边缘。迎接1789年巴黎政治革命的笑容和喜悦的泪水,似乎是对随之而来的"微笑革命"的致敬。

图0.4 尼古拉·杜波瓦·德·切芒

然而,彻底的转变并没有实现。事实证明,革命就像微笑本身一样脆弱而短暂。尽管开端充满希望,但1789年后的革命政治文化最终还是阻碍了新生的"露齿微笑",就像当年拒绝凡尔赛宫廷对面部表情制度那种轻蔑的固执一样彻底。很快,政治的激情开始涌动,以至于微笑本身显得过于平淡,没有任何吸引力。尤其是在恐怖统治(1792—1794)的气氛中,更不适合微笑。从贵族反革命分子到平民"无套裤汉",他们尖锐的噪声与大声喧哗定义了政治极端主义。在这样的政治环境中,连"温和"一词都会成为怀疑的对象,人们只能把自己的面孔和笑容藏起来,避开公众的视线。此外,革命政治家纷纷仿效古人,深居简出,这倒符合新古典主义的风格。革命文化中对微笑的抵触情绪进一步加剧,因为许多反对者被押上断头台时都付之微笑,以示抗议。

今天看来,与革命联系起来的张嘴微笑可不是"露齿微笑",而是来自张开的哥特式大嘴的充满暴力的尖叫。巴黎人不再被视为代表社会和谐、人性光辉的微笑化身。相反,特别是在法国以外,像詹姆斯·吉尔雷这样的流行政治漫画家,将巴黎人描绘成野蛮、尖牙、食人的"危险阶层",他们对文明价值构成了永恒的威胁(图0.5)。

初看之下,微笑革命和1789年的法国大革命似乎一开始都指向同一种良性、文明的方向。但事实上,政治的发展已经根绝了微笑革命在1780年代后期发展的可能性。恐怖时代的结束,稍稍改观了微笑作为"反革命表情"的论调,但并没有使微笑重新成为公认的文化传统。人们不再彼此微笑,微笑也失去了其在公共生活中的标志性地位。从1790年代末起,约翰·卡斯帕·拉瓦特著名的相学理论,与拿破仑时代(1799—1815)出现的新古典主义僵化的思想,都不再认同面部表情可以反映一个人的性格。拿破仑和他的继任者更愿意接受路易十四僵化的面部,而不是维热·勒布伦笑容中本该开辟的世界。

18世纪末短暂的微笑革命,是情感品味导致的文化冲动和现代牙科学共同作用下的产物,正如我们将在第六章中看到的,从18世纪90年代开始,法国专业牙科的衰落,又一次阻碍了微笑成为一种文化

图 0.5　詹姆斯·吉尔雷，《巴黎晚餐》(1792)

规范。革命立法结束了牙医在旧政体中的地位生态，但没有为职业牙科医生提供适当的培训；牙医发现，自己又回到了与旧时的拔牙江湖骗子竞争的境地。"牙医的旧秩序"将在 19 世纪到 20 世纪的法国长期存在。

　　巴黎微笑革命因此被证明几乎和微笑本身一样短暂。从某种程度上说，微笑作为一种公众姿态，已经冬眠了一个多世纪。正如我们将在后记中看到的那样，20 世纪，在一系列因素的影响下，包括全新广告的视觉冲击、好莱坞电影媒介的呈现，微笑才真正重新崛起。20 世纪将经历自己的微笑革命，完全没有意识到 18 世纪的微笑革命是其前身。本书的主题，就是那段我们失去的微笑。

第一章　牙医的旧秩序

亚森特·里戈的著名肖像画《路易十四》,[1] 生动描绘了盛装之下这位君王身处权力巅峰时期的样子,画中背景被设计得戏剧性十足(图1.1)。

图 1.1　亚森特·里戈,《路易十四》(1701)

这幅画绘制于 1701 年,于 1704 年在巴黎沙龙展出,其奢华的展陈使观众赞叹不已。皇冠、权杖、国王的宝剑以及沉重的百合花貂皮袍子,向世人呈现出全盛时期的法国君主公认的德合无疆,含弘光大。

国王的神态从容自若,微带傲慢神采。最引人注目的是他雕塑般的双腿,法国宫廷编年史作者、凡尔赛宫廷中最正直的观察家圣西蒙公爵曾称赞说,那是他所见过的最佳美腿之一。[2] 画作精心模仿了路易十四年轻时,作为宫廷芭蕾舞团的首席舞者,在宫廷芭蕾舞中扮演阿波罗的姿势。国王高傲冷峻的凝视,迫使卑微的观众顶礼膜拜;同时他的身体优雅骄矜,为这个场合装扮得极尽奢靡。这样一幅肖像画并非旨在表现真实,而是旨在美化真实,它也确实做到了。画中描绘的小腿,几乎看不出六十岁的人的痕迹。这位统治者 5 英尺 4 英寸的身高并不出众,但那双红底皇家宫廷鞋将他衬得高了许多。巍峨的黑色假发卷曲着,遮住了路易的秃顶。而平静的额头则暗示这位统治者对世界漠不关心,尽管在绘制这幅画时,他正在指挥着人生中最后一场战争:使他走向毁灭的西班牙王位继承战争(1701—1714)。在这幅神话化、虚幻交织的肖像画中,真实的时间被刻意抹去;然而有一个特征却因为忠于现实而显得格外突出,那就是他凹陷的脸颊和布满皱纹的嘴巴,这说明这位国王的口中一颗牙齿都没有了。

不微笑的路易十四

里戈在画作中对国王口腔状态的写实描绘实在令人惊讶,因为在当时描绘国王以及其他欧洲统治者的肖像画中,很少能见到如此真实的呈现。对于里戈为何选择这种方式描绘国王的嘴巴,我们只能推测一二。我们知道,国王的臣民大略都知道他没有牙齿。据圣西蒙公爵记载，国王在1714年与年届八旬的枢机主教埃斯特雷坦率交谈时，曾"抱怨没有牙齿带来的不便"。枢机主教的回答更加引人注目："牙齿，陛下？啊！谁还有牙齿呢？"[3] 这种回应可能在宫廷内引起了一些窃笑，因为正如圣西蒙所言，"这个回答之所以引人注目，是因为埃斯特雷在那个年纪依然有一口漂亮的白牙"。

在欧洲的牙医旧秩序下，成年人失去牙齿是一种普遍现象，无论是最有权势的国王还是最卑微的臣民。到了一定年龄，牙齿脱落是生活的常态。这一过程通常在四十岁之前开始，并迅速向完全无牙状态发展，直到全部掉光。18世纪初期，一位专家总结道："直到老年依然保持所有牙齿健康的人是极为罕见的"，[4]"有些人得益于幸运的遗传，另一些人则归功于专门的护理。但绝大多数人从很小的时候就有蛀牙，而在远还没到应该自然脱落的年龄时，他们就开始掉牙了。"这种情况有时也会因早期现代欧洲的人口危机和其他灾难而进一步恶化。[5] 路易十四统治的后二十年，歉收加上战争和流行病的连锁影响导致了法国境内数百万人的死亡。例如在1693—1694年可怕的冬季，拥有50万居民的巴黎每天有1 400到1 500人死亡，而1709—1710年的情况更糟。除了高死亡率，这些危机还导致大规模的营养不良，对牙齿和牙龈造成了严重伤害。这对小孩子的影响尤为显著：即使在正常情况下，婴儿也可能死于"出牙发热"，更不用说在那个时期，所有人都过着艰难的生活，这些幼小生命（和他们口腔）的脆弱就更加明显了。

随着牙齿的丧失，外貌的美丽也不复存在，这给肖像画家带来了巨大的挑战。同时，没牙之后语言能力也受到影响，因为口齿可能变得含糊不清。没牙以后带来的不适、不便、咀嚼食物困难、慢性消化不良，加上因为口腔状况不佳导致的面部畸形成了中年人日常生活的写照。牙痛时缺乏有效的止痛缓解，能让理智的人陷入疯狂，只能求助于拔牙匠。1612年，外科医生雅克·吉耶莫曾指出："牙痛起来能让人发了疯地飞奔上街。由于没有任何药物能缓解这种痛苦,一旦牙疼,人们宁可把牙拔掉。"[6]

身处如此境地,无论最卑微的农民或城市工人,还是至高无上的君主,都告别了灿烂的微笑。无论高低贵贱,无论王子还是乞丐,无论身在城堡还是农舍,路易十四和他的臣民都被束缚在无情的牙医旧秩序中。即使身着宫廷盛装也无法掩盖的路易十四的一口蛀牙,反而更凸显出法国国内口腔护理整体水平的不足,尤其是在首都巴黎。

路易十四的口腔内陷,牙齿落光,没有微笑,他这总是被描绘成永恒的形象[7]的统治者,竟遭到了生物学这般的绝地反击。曾经,正是他的牙齿,使他成为"伟大的路易"。在他1638年出生时,占卜师非常兴奋,因为他的口腔中已经有两颗牙齿了。[8]这种出牙过早的现象在当时所有人看来就是神迹,证明他受到了"上帝之手"的轻抚;而他的母亲奥地利的安妮在三十多岁时怀孕生下了他,也曾是整个欧洲的奇迹。让宫廷内获得某种虐待狂乐趣的是,路易十四的两颗乳牙对一众奶妈的乳头造成了严重伤害。对于那个时代的人来说,这两颗异相、贪婪、暴食的牙齿,似乎预示着他会贪得无厌、吞噬一切,未来某一天还将在整个欧洲兴风作浪。贪婪的路易十四初登国际舞台,便大大拓展了法国的边界。然而,他贪多不化,从1680年代开始,胜利开始枯竭。虽然在西班牙王位继承战(1701—1714)中惨胜,但世人也开始嘲讽:路易十四的战力很可能没什么了不起。[9]当时流传的荷兰反法小册子就写着:伟大的路易,已经变成了无牙的路易。

早在失去隐喻意义之前,路易十四的牙齿就失去了生理功能。在1670年代末,皇家医师记录的详细健康日记就指出,"国王的牙齿天生不佳"。[10]另一位见过他的人观察到,国王的口腔"在他四十岁左右时就几乎没牙了"[11]——可能就是从1670年代末开始的。他的口腔需要接受越来越多的治疗。

路易十四是不是像绝大多数普通人那样缺乏医疗资源?答案显

然是否定的。实际上,他接受的牙科治疗已经是当时最顶尖的水平。皇室精心挑选组建了一支专业的医疗团队,专门服务于国王,由国王的首席医生领导。到1649年,医疗团队规模已达四十人,[12] 包括理疗师、外科医生、药剂师等。在之后的岁月里,医疗团队的规模增加了一倍以上,其结构则保持不变。首席医生的职责是检测君主身心健康的各个方面。例如,在重要典礼时,国王的起居(晨起仪式和就寝仪式[13])他都会亲自随侍,国王感到任何不适,都需要及时进行检查。首席医生还需监督国王饮食起居的各个方面,包括建议国王用水漱口,[14] 用布擦洗牙齿和牙龈,保持口腔卫生。为了防止宫廷投毒,用餐时他会要求调酒师检验国王的面包、盐和葡萄酒,并向国王提供专用的刀、匙,牙签则由迷迭香或其他芳香植物的小枝制成。[15] 如果国王牙痛,首席医生会召集宫廷药剂师提供缓解疼痛的药物,最常用的就是百里香和蒸馏丁香,可以就着蜂蜜喝下去。

详尽的文献对于我们深入探讨路易十四的牙齿历史有重要帮助,通过它们可以了解到许多细节,比如当时最优质的口腔护理会做哪些内容,虽然这些基本毫无用处。值得注意的是,首席医生和皇家医疗团队似乎一直认为,牙齿脱落是个体衰老的一部分,因为不可避免,所以也并不是很上心,比如他们的《国王健康日记》中对国王日常的牙齿问题的记载有限,而对放血、通便和灌肠的操作则有颇为详细的信息。[16] 一般只有严重的口腔问题,才会让医生们提起精神。牙病的预防更是无从谈起。这些宫廷御医对牙齿问题的看法因循盖伦学说中的体液理论,[17] 忽略身体局部的病变,他们认为重要器官分泌过多体液,就会诱发各类疾病,这通常是体温过热的后果。皇家医疗团队外的一位侍臣发现,路易口腔疾病的根源,竟是"他在餐后和零食时吃了大量果酱"。[18] 然而,他的御医却没有监控他的糖摄入量。作为盖伦学说的忠实拥趸,他们只会从整体去看健康,而压根不会思考一些现实的问题,比如大量摄入某种本来无害的食物,可能会引起严重的牙齿问题。

　　御医不仅预防无方,动手治疗也不是他们的强项;中世纪以来,他们一直回避任何形式的手术。[19] 受过大学教育的御医们认为,他们的责任只是观察与评估病灶,然后指挥外科医生一步步执行手术。一旦遇到任何需要亲自动手的专业问题,国王的首席医生通常会求助于首席外科医生。然而,到 17 世纪末,大多数精英外科医生也不再做牙齿相关的手术。根据国王的外科医生皮埃尔·迪奥尼在 1708 年的描述,其中一个原因是拔牙时需要手腕发力,这可能会影响外科医生进行其他精密的外科手术。[20] 他还指出,拔牙最好交给江湖郎中来做,因为"那本身就带有江湖骗子的嫌疑"。外科医生通常将牙病交给"拔牙匠"[21] 代劳,有材料证明,1649 年的皇室医疗队就已经这么做了。

　　在 1685 年,首席医生安托万·达甘就是这样向一个地位相对较低的巴黎外科医生、国王的"拔牙匠"夏尔勒·杜波瓦求助,为路易十四拔掉了上颚右侧所有剩下的牙齿,[22] 因为这仅剩的几颗牙齿让国王难以忍受。不幸的是,手术医生意外地拔掉了一大块颌骨,导致腭部穿孔,国王的口腔内留下了一个大洞。根据达甘的说法,"每次国王喝水或漱口时,液体都会从鼻子中涌起,然后像喷泉一样喷出来"。凡尔赛宫中有无数著名的喷泉,国王吃饭时嘴里的这个却是他并不需要的。更糟糕的是,这个洞口感染了。首席外科医生夏尔勒-弗朗索瓦·费利克斯别无选择,只能对国王的口腔进行全面手术。在两次可怕的手术中,达甘焦急地看着费利克斯用烧红的烙铁封闭了国王的腭部,使其与上颌窦隔离开来。外科医生使用的烙铁让路易十四痛不欲生,但在漫长的愈合过程之后,上颚的洞口终于堵上了。"喷泉"干涸了,路易十四从此可以正常进食了。

　　里戈 1701 年那幅画作中的路易十四器宇轩昂,仿佛立马疆场,尽显皇家风范。不过,过于写实的嘴部也提醒观众,君主已到了风烛残年。当外科医生准备进行令人毛骨悚然的手术时,国王告诉他们:"放手去做,不要把我当成国王;就像我是个农民那样去治疗。"[23] 这句话由君主说出,无形中彰显了"牙医旧秩序"下众生平等的现实;这位时代最伟大的君主,在口腔问题上也毫无健康特权,这着实让人无奈。我们可以赞美御医费利克斯冷静而无畏的手术(他只为极少数人服务),但同样我们也不应忘记,正是这些御医预防无效,才导致了这场惊心动魄的手术。

因此,我们可以理解,为何朝野精英面目之下的患者会饱受牙痛或严重口腔疾病之苦,直至痛楚缓解或愈加无法忍受。尤其在年老或牙齿松动的情况下,自己拔牙颇为常见,[24] 不然就只能通过祈祷寻找慰藉了。其中向牙痛女神圣阿波罗尼亚祈祷最为常见,[25] 作为一位 3 世纪的基督教殉教者,她在死前被拔掉了所有的牙齿,封圣后成为牙医和牙病患者的保护人。如果疼痛依然无法忍受,只能寻求家人和邻居的帮助,或者临时抱佛脚,翻些通行的医学著作寻求灵感。当然,从书中能得到的帮助就更少了。1582 年,于尔班·埃马尔出版了最早的法文牙外科著作,[26] 书中推荐使用鸡脂、野兔脑和蜂蜜的混合物治疗牙痛。富凯夫人 1673 年初版的著名菜谱中,推荐将烧热的铁锹尽量贴近病人头顶,坚持一炷香的时间就能缓解。还有个办法,把蟾蜍后腿晒干研磨后,放在患牙旁,也能缓解。一旦需要拔牙,就会需要力气大的人帮忙,附近村里的铁匠或理发师倒是能胜任,不过再复杂一点的牙病他们就没办法了。鉴于当时的职业医师们对牙科治疗兴趣日渐减少,更专业的牙医群体应运而生,专门从事口腔医疗护理工作。

在巴黎街头,拔牙匠的专业吆喝声,早已与街头小贩,叫卖水、牛奶、鱼、木材、栗子、花、扫帚、锅碗瓢盆等商品的吆喝声一起,构筑起了一道独特的"巴黎叫卖声"风景线。[27] 1582 年的一幅版画描绘了一位拔牙匠(图 1.2),配有以下格言:

当我拔掉疼痛和牙齿时,

图 1.2　《巴黎的叫卖声》,"拔牙匠"(1582)

他的脸色会变、衬衫会被尿湿,

此时最需要的是将他按住,

我还要担心被打,因为是我让他疼得要死。

　　这些江湖拔牙匠行走于法国各个省份,走街串巷,以独特的方式将拔牙的英勇事迹与各种戏剧表演相结合。16 世纪伟大作家弗朗索瓦·拉伯雷对这些江湖郎中很熟悉,他写作《巨人传》时,曾经留意"观察杂技演员、江湖骗子和江湖郎中们的一举一动与切口黑话"。而江湖拔牙匠最关注的口腔,在拉伯雷来说也是荒诞可笑的,[28]① 一如他一贯嘲讽屁股一样,对患者来说忍受疼痛与丑态、张大嘴巴等待拔牙,都是莫大的受罪,还会引来所有人的嘲笑。在拉伯雷的世界里,嘴巴和屁股疼起来一样有趣(也同样恶臭),而事实上,为了喜剧效果,嘴巴和屁股也经常可以互换。

这些牙医中最引人注目的,要数从宗教战争时期开始便在法国游荡的意大利戏剧团。[29]尽管他们自认为是"专业拔牙匠",但大家都觉得他们是"江湖郎中",这个词源于意大利语,可能来源于 circolare ("循环,四处走动")或 ciarlare("闲聊":这不失为他们的主要销售技巧)。他们为拔牙这一古老行业带来了全新的亮点,竟然还赢得了不少看客。有一个人就因为能戴着头套,一手拔牙,一手鸣枪而出名。还有人会边骑马边拔牙:他们从马鞍上将剑刃的尖端放在患牙的底部;只需轻轻一转腕就能手起牙落。这种拔牙表演无疑让人叹为观止,其中的技艺也被视为商业机密传承。

事实上,"专业拔牙匠"对他们来说可能太过名不副实,他们更像是漫游的喜剧演员,将创新的剧目和舞台技巧引入法国,顺便为人们拔牙。这些意大利草台班子还会其他各式演出,如杂技、歌唱、走钢丝、异国动物演出和滑稽戏。他们同时销售所谓的神奇蛇咬解毒剂,如解毒糖浆、万应解毒剂,17 世纪初起还卖"奥维坦"解毒剂[30](以其所谓的发源地奥尔维耶托②命名)。他们张嘴就毫无遮拦,信口开河,一派胡言,这使得"像个拔牙匠一样撒谎"[31]成为法语中的一句俗语。

随着时间的推移,巴黎的医疗卫生事业逐渐受到巴黎医学院的严格监管,尤其是 1667 年受到警察总局强势介入后更加完善,警察

---

① 原文"Rabelaisian orifice",拉伯雷式的孔(即嘴)。——译者注
② 奥尔维耶托(Orvieto),位于意大利,中世纪古城。——编者注

总局由皇室任命,管辖城市公共秩序。[32] 即便如此,在整个 17 世纪,这样的演员拔牙匠仍有可能合法或非法地游走于巴黎市场。法国自古以来有一个惯例,任何服务过在任君主的从业者,无须经过培训或认证,[33] 皆有权在首都执业。这意味着曾获得"皇家医生"职位的医师,就可以免去漫长而昂贵的医学院进修,这是进入巴黎行医的正常途径。皇家外科医生也可以免于巴黎外科学院的进修。同样的原则也适用于"宫廷随侍"[34] 的众多行业匠人,顾名思义,这些匠人时常跟随皇家穿梭于各省。17 世纪法国皇室所在地比较固定,先是在巴黎,1683 年迁至凡尔赛。这些随侍匠人最初都归皇家内臣管理,住在皇宫中。但是,不少人规避了巴黎的行会要求,在首都开设商店,打着"皇家授权"的名义做生意。到 17 世纪末,已有 97 种行业得到了皇家授权,其中包括一些"经销商",经营手套、葡萄酒、假发及其他产品。

那些江湖拔牙匠还有另一条途径打入巴黎市场,那就是通过皇家特许,得到行医许可,[35] 那也归皇家内臣管理。因此,在 1678 年,蒙彼利埃药剂师塞巴斯蒂安·马特·拉法弗尔获批在整个法国经销他生产的止血膏或"止血水"(可以用于唇部或口腔内部)。到 17 世纪末,医药监管发展出了一套更为复杂的体系,特别针对"奥维坦"这种蛇咬解毒剂的销售。这种神奇药物的具体成分在业内严格保密,17 世纪初,它由浪迹天下的罗马江湖医生兼拔牙匠杰罗尼莫·费兰蒂带到巴黎,直到 19 世纪,牙医都还在用这味药。费兰蒂不仅极其擅长卖药,还凭他的拔牙表演成了业内传奇,比如他仅凭拇指和食指,就能神奇地拔掉最坚硬的白齿。他登场时总是身着华冠丽服,有小提琴配乐,蒙面女郎等配角助兴,这使他的表演更富有戏剧性。

费兰蒂在西岱岛巴黎司法宫前的空地搭设舞台,而太子广场到新桥[36]一带区域是同行的演员和拔牙匠常出没的地方。巴黎的"新桥"于1606年开通,这是该市历史上第一座连接左岸和右岸(包括西岱岛尖端)的大桥,也是第一座没有房屋覆盖的大桥。这一带环境开阔,周围市场、广场林立。拔牙匠们选在桥中心摆摊,旁边就是著名的亨利四世骑马雕像"青铜马",这是一个理想的拔牙场所。17世纪晚期的一位游客[37]在这个"江湖郎中的聚会"上注意到了这些光鲜的拔牙师,他们和各种街头小贩、小偷、招募的新兵、旧衣商人、街头艺人和骗子一起组成了鱼龙混杂的场面:

> 一群人在发传单,有些人要补脱落的牙齿,有些人在卖玻璃眼珠,还有些人求治绝症;有人自称发现能美白面部的神奇宝石粉末,有人保证能让你返老还童,还有人能去除额头和眼部的皱纹,或者为你被炸弹夺去的腿装上假肢。

17世纪20年代主宰新桥街头文化的拔牙匠中,尤其以塔巴兰[38]最具代表性(图1.3)。他和他的戏剧搭档蒙多尔一起提供牙医服务的同时,还表演粗俗有趣的拉伯雷式单口相声:为什么狗撒尿时要抬起腿;是先有人类还是先有胡子;为什么女人的屁股比男人大;哪个月份最适合性交;为什么撒尿的时候会放屁;鼻子和屁股有什么区别。他们还提供牙齿护理服务,并且在广告中宣扬:

> 如果你的牙齿有洞,
> 药膏请经常使用。
> 迷迭香不行还有大烟抽,
> 塔巴兰这儿管够。

费兰蒂和塔巴兰之外,克里斯托夫·孔图吉也是这样的江湖骗

RECVEIL GENERAL DES
OEVVRES ET FANTAISIES
DE TABARIN,
Avec les Rencontres du Baron de
Grattelard et les adventures du
Capitaine Rodomont.
Nouvelle Edition, revue et annotée
par Emile Colombey

图 1.3　塔巴兰和蒙多尔在舞台上，根据 17 世纪早期的版画

子。他是一位"入籍的罗马人"，娶了费兰蒂的遗孀，并继承了他的演员团队，还获得了全国范围内销售"奥维坦"的皇家特许权。这些人物的表演逐渐被更广泛的巴黎文化接受，无论是精英阶层还是大众阶层。[39] 他们从草根的新桥，演到更加恢宏的勃艮第府邸，[①]大戏剧家莫

---

① 该建筑最初是勃艮第公爵的府邸，建造于 15 世纪。16 世纪末至 17 世纪起，逐渐成为巴黎最早的固定剧场之一。——编者注

里哀就是因为他们而爱上了戏剧。拉伯雷式的笑中包含了"高雅"的机智，与"低俗"的段子，而新桥的幽默影响可以遍及整个城市的各个阶层。街角的骗子们招徕顾客的话术，可以让各色路人心花怒放，有些段子甚至被结集出版，比如塔巴兰的歌谣和单口相声。江湖骗子们出现在文学和创作之中。描绘新桥的雕塑，经常表现的是拔牙表演者丰富的举动。很多讽刺都假托塔巴兰的名字，而孔图吉则是莫里哀一部戏剧中的角色。后来在新桥演出的巴里，还有一出专门写他的喜剧。在 17 世纪中期著名的投石党运动（1648—1652）中，巴黎出现了大量小册子印刷品"话说马扎然"，[40] 攻击红衣主教马扎然。孔图吉和其他新桥演员临时扮演起"时事评论员"，将其大肆宣扬。其中有一首表现 1648 年 8 月动荡时期的长诗，提到了一位叫卡梅利娜的人。这个人在 1640 年代和 1650 年代，曾与孔图吉争夺新桥的地位。卡梅利娜手持利剑，用任何可以找到的东西，包括医疗箱、疝气矫正器、栓剂、拔牙工具、假牙和鸵鸟蛋，建造一座巨大的桥墩，顶部还有两只喂饱的鳄鱼，用来驱赶所有的闯入者（"当然，它们已经死了；没有人知道，所以也没有人说"）。

在我们到目前为止所描述的牙医旧秩序中，正是由于医学化的口腔护理水平很低，个人对口腔卫生的关注也相当原始，因此牙齿的缺失和口腔疼痛随处可见，无法避免。富人和穷人之间可能存在一些差异，但这些差异不会对我们的整体判断造成影响。出于同样的原因，新桥上的江湖医生无论是拔牙技术还是幽默段子都十分受人欢迎。此外，值得注意的是，糖尚未成为大众饮食的主角。因此，只有路易十四及内宫中的上层人物才有机会得严重的龋齿，普通人还没有这方面的困扰。外科医生贝尔丹·马丁在 1679 年写道：由于饮食原因，宫廷人的口腔状况通常比农民要糟糕得多。[41] 然而，路易十四和他的宫廷成员笑不露齿的原因，还不仅仅是糟糕或缺失的牙齿。

严格控制的微笑

在牙医旧秩序中，社会各阶层口腔健康和卫生水平的低下直接影响了人们的诸多观念。比如，在公众生活中要严格管理面部表情，严加控制微笑，以便为口腔疾病遮丑。正如我们所见，路易十四为了让里戈画肖像而闭嘴，必然有一部分原因是因为他没有牙齿。然而，皇帝闭嘴不笑不仅有其生理学的必要性，也显示出重要的文化风向。其中与艺术风格、情绪刻画有关的内容，我们将在下一章中讨论。此外，从 16 世纪开始出现的宫廷行为准则，也开始一反拉伯雷传统中的放肆喧闹，让大家闭上嘴巴。这方面最有影响的是巴尔达萨雷·卡斯蒂廖内的《廷臣论》。[42] 该作品通过虚构宫内侍臣间的日常对话敷衍而成，于 1528 年由法国国王弗朗西斯一世授意出版，并于 1537 年翻译成法语，成为未来两个多世纪内欧洲宫廷生活指南，也是欧洲礼仪的源头文本。

《廷臣论》特别关注口腔及其表现，尤其关注大笑时的嘴。卡斯蒂廖内坚决反对无情、粗鲁、有失体统的玩笑。他指出，只有平民阶级才会"仿效傻瓜、醉汉或小丑之流"[43]，才会像拉伯雷写的那样张嘴大笑。卡斯蒂廖内试图为"笑"设定等级范围，明确适当的笑点，[44] 规定哪些才值得笑、怎么笑才算得体。如果一个人嘲笑那些德高望重的人，那他的品格无疑非常低劣，因为只有那些同样低劣的人才会与他品味相同。大家都知道，嘲笑别人应该始终保持人类最根本的体面，避免给人野蛮的印象。正如卡斯蒂廖内的追随者所说，批评应该像绵羊一般温和。[45]

《廷臣论》有典型的文艺复兴式的人文主义风格。书中对笑容的设定，很大程度上保留了自亚里士多德、西塞罗至昆蒂利安以来的古典传统。尽管卡斯蒂廖内书中也存留了一些中世纪骑士精神的痕迹,但没有一点幽默和笑的内容,这与西塞罗第二本名著《论演说家》(公元前 55 年)中的观点大相径庭。亚里士多德认为喜剧就是"无痛苦的畸形感知";西塞罗则认为,人们基本只会嘲笑那些行为荒诞或有违体面的人。笑需要承担惩恶扬善的社会作用。

当时学界,诸如哲学、道德和医学领域,都将卡斯蒂廖内对于微笑起源、特征、意义的讨论视作古典研究的对象,展开过相当多的讨论。值得注意的是,所有讨论都默认笑容(Smile)来源于开怀大笑(laugh)。评论家指出"sourire"或"souris"[46] 词根就是微笑的意思,它们源自"sous-rire"或"sous-ris"(拉丁语中的"surrisus"或"subrisus";西班牙语中的"sorisa"或"soureír")。实际上,微笑(Smile)是次一级的大笑(sub-laugh)。从历史上看,"ris"(在现代几乎不太使用)一词涵盖了从微笑到开怀大笑的大部分含义。从概念上讲,"sourire"表示了发笑(rire)的一个子集。拉丁语和法语的语法,认可了"微笑"在早期现代文化中所处的从属地位。

微笑的次要地位在一篇法国名著中表现得尤为明显,即蒙彼利埃名医洛朗·朱贝尔所写的《笑论》(1579)[47]。与几乎所有类似的著作一样,朱贝尔的著作是一部毫无幽默感的学术著作,其高度严肃性极易招来后世讽刺。朱贝尔将邪恶定义为一切"丑陋、畸形、不合宜、不端正、恶意和不得体"的事物,同时坚定地强调笑声的正义一定能压倒邪恶。朱贝尔也像卡斯蒂廖内一样,试图将笑声从小丑和戏法师手中解救出来,并赋予其道德的力量。

朱贝尔将自己的著作题献给了亨利四世的王后玛格丽特·德·瓦卢瓦,并在扉页上画了一张相当愉快的笑脸。[48] 朱贝尔以人文主义的宽容语言,称其为"一次寒暄问候间的优雅相遇"(实际上大体语出奥维德):

微笑革命:18 世纪的巴黎与牙医

事实上，没有什么比一张笑脸更能给人带来快乐了，此时额头宽阔、洁净而平静，双眸闪烁，从任何角度看都灿烂耀眼，如同钻石一般熠熠生辉；面颊绯红，丹唇外朗，皓齿内鲜（两颊中间，酒窝微现），下颚收紧、扩大并稍稍后移。所有这些，尽在微微一笑之中，在笑容里，人们品味着一次寒暄问候间的优雅相遇。

仔细阅读这段文字，可以发现朱贝尔实际上描述的是微笑（Smile）而不是大笑（laugh），这一点显示两种表情经常混淆的现象。然而，在这个描述中并没有提到露出牙齿的情况。斯文的笑脸都是闭上嘴巴的。

朱贝尔还描述过凄凉和可怕的笑声，这种画面与他刚刚描述的和善情形截然不同，他写道：

张开血盆大口，嘴唇明显后缩，声音断断续续，脸色潮红，有时全身冒汗，眼睛闪烁泪光，额头和喉咙的青筋暴起，不停咳嗽，唾沫横飞，胸、肩、手臂、大腿、小腿乃至全身颤抖，好似痉挛发作，肋骨、腹侧和腹部剧痛，肠道和膀胱排空，呼吸困难而心脏无力等等。

如此笑声中，面部扭曲显得有碍观瞻，一张嘴随时都有可能随时爆炸。

这些定义中隐含着对笑声的社会分类[49]：笑只能是得体而斯文的，拉伯雷的狂欢要遭到强烈谴责。像拉伯雷那样热情、喧闹、张开嘴、令人捧腹、拍大腿、弄湿裤子的笑声，可能会受到普通人的欢迎和追捧。但是，在绅士阶层，这样的笑声不应该出现。如果绅士像拉伯雷那样大笑，那是把自己的身份拉低到平民、小丑甚至动物的水平。他们认为无节制的拉伯雷般的笑声，会使人变成野兽。朱贝尔并非唯一对此表示过担忧的人。他对笑声产生的刺耳杂音极其嫌弃,认为太不体面,听起来就像农场里鹅在嘶嘶,猪在哼哼,狗在叫喊,猫头鹰在呼叫,驴在嘶叫……这样的笑声在医学上似乎也不受待见。认同朱贝尔笑声理论的医生们坚信,过度欢笑会对健康造成危害:17 世纪中叶的马林·居尔·德·拉·尚布尔在文中写道:除了身体震动引起的疼痛外,过度的笑声还可能使四肢脱臼,引起晕厥,甚至死亡。笑对健康极为不利。

《廷臣论》及其衍生文本是为绅士阶层写的。就像其中一位作者说:"让士兵或村民发笑"与"让文人发笑",两者差异巨大。艺术理论家安德烈·费利比安同样指出,"笑声因社会地位而异"。[50] 因此,皇后应该以不同于村姑的方式表达自己的感情。费利比安正从美学视角思索一种得体感,这种得体感也是礼仪和笑声文学的基础。他认为,女性尤其要避免可怕的平民式笑声。阿德里安·德·蒙吕克·德·克拉马伊在 1630 年的《关于笑声的学术演讲》中表示,需要适度的判断力才能知道何时该笑。他认为"小男孩、普通民众和女性"可能缺乏这样的判断力。鉴于当时精英和大众文化中潜在的厌女症,女性被认为需要特别关照,因为她们体质弱、易冲动、不够聪慧,更容易做出不体面的行为。露齿笑也被认为是她们淫乱本性的外露。即使到了中世纪,反映骑士爱情的经典文学作品《玫瑰之歌》里,也公开宣称"女人应该闭着嘴笑",这在现代早期将成为被无休止地反复重弹的老调。一些作者"坦然"言道,女性听了笑话也会笑,但肯定不会说出来。亨利·埃斯蒂安在 1587 年甚至别出心裁地建议女人可以以一种不需要张开嘴唇的方式发"e"的音,从而避免被视为不得体。

16 世纪末到 17 世纪,随着文艺复兴思潮下对笑声的讨论愈演愈烈,笑声纯粹来自简单的善良欢乐、而不带负面情绪的这一观点,也显然越来越不受欢迎。对于拉伯雷来说,喜悦和笑声是同义词,一直以来都是法国快乐精神的标志。然而,这种观点不再被认为是正确的。

许多参与讨论这一问题的人开始挑战这一说法。例如,勒内·笛卡尔的《灵魂的激情》(1649)有力地证明了,笑声中的喜悦成分总是与恨意混合在一起。英国哲学家托马斯·霍布斯在 1640 年写道,所有笑声本质上都是在别人的不幸中喜悦。[51]"笑声的激情只是突然意识到自我的卓越与他人的软弱,而突然产生的荣耀⋯⋯"对于霍布斯及其追随者来说,所有的笑声都是嘲笑。库鲁·德·拉尚布也大致同意:虽然笑声似乎与快乐有关,但实际上通常是"蔑视和愤怒"的表现。

因此,早期现代法国对笑声的学术讨论认同并提升了卡斯蒂廖内所倡导的笑的模式,即克制、有节制、冷静、得体、优雅、有益健康的笑,它既能划定文雅的边界,又能履行谴责罪恶的社会使命。同样朝着这个方向努力的,还有伊拉斯谟的教育畅销书《论儿童的教养》。[52] 这本简短的作品于 1530 年以拉丁语出版,版本众多,并被翻译成十几种语言。其中内容又被融入由流动小贩售卖的廉价读物"蓝色图书馆"[53]中①,在全国流行。让-巴蒂斯特·德·拉萨勒[54] 著名的《礼仪教规与基督宗教》(1703)一书,也大量参考了伊拉斯谟。拉萨勒是喇沙修士会的创始人之一,该组织是法国主要的教学团体之一。

伊拉斯谟和拉萨勒都提出了一种新斯多葛主义的改革方案,旨在向儿童灌输各种形式的"礼仪",卡斯蒂廖内及其追随者则更多用"文明"一词,其实意思都差不多。与卡斯蒂廖内一样,这两位作者都借鉴了古代先贤的观点:笑声应该保持节制,而拉伯雷式的极端表达被坚决抵制。伊拉斯谟认为,"聪明人"几乎不大笑。[55] 他继续说:"只有愚人才会对一切言行都哈哈大笑⋯⋯爆笑,全身颤抖的放肆大笑⋯⋯无论在哪个年龄阶段,都是不得体的,尤其在童年时期。"他再次重申,以下行为是完全不体面的:

---

① 蓝色图书馆是 17 至 19 世纪流行于法国的一种廉价大众出版物的统称。其内容涵盖戏剧、故事、流浪汉小说、宗教文学、礼仪手册、烹饪书、占星术等;因封面通常为蓝色,故被统称为"蓝色图书馆"。——编者注

把嘴巴张得可怕，笑得满脸皱纹，露出所有的牙齿。狗就是这样笑的……相反地，人的面部应该表现出愉快，没有任何变形或任何自然腐败的迹象。

拉萨勒同样坚决反对大笑，露齿笑是"绝对不符合礼法的，礼法规定我们绝不应该看到露出牙齿"。他根据"上帝造物"说加以发挥，如果上帝希望露出牙齿，就不会给人类嘴唇了。

直到17世纪晚期，规范手册上仍随处可见这些强调礼仪的论调，其中最具影响力的就是安托万·库尔坦的《法国绅士礼仪新论》(1679)[56]。那些渴望成为"绅士"的人，读完这本畅销书后，会认识到口腔部位的动作应该是高级的、精致的、不能有一点庸俗。一个人应该将嘴巴紧闭，谦虚地微笑。新的礼仪风尚，或者说"绅士风度"代表了一种严格的面部控制形式。

到17世纪晚期，这些礼仪拥有了更为现实的社会影响，教会和政府改革公序良俗时加入了礼仪的规范。库尔坦在书中认为，礼仪概念与基督教慈善观念的原则非常一致。同时，他规定"绅士"形象，就是去"模仿一位伟大的王子，他的一切行为都是规矩的准则"。[57]改革的方式之一是系统监控身体上的"七窍"，嘴巴只是其中之一。如同不得体的张嘴陋习，拉伯雷式的各种违规行为，也被明令禁止。不仅口腔需要严格监控，排便更是被重点干预。其他诸如挖鼻屎、揉眼睛、斜视、掏耳朵、挠屁股，尤其肆无忌惮地放屁，都是大忌。不能剔牙（尤其是吃完后用叉子剔牙），不能在公共场合咬指甲或打哈欠，不能随意吐痰，不能没用手帕遮掩就打喷嚏，不能吐舌头或做其他面部扭曲的动作。至于笑声，通常的禁令则有：不能突然大声笑，不能边笑边摇晃，不能无缘无故地笑，也不能不分任何场合，或在笑时作出任何不得体的姿势。

特利腾大公会议之后，反宗教改革的天主教教会开始热衷于参与这场斗争。[58] 基督教传统中，历来反对各种形式的幽默表达，不过到了中世纪，宽容、乐观的情绪开始调和这一态度。亚里士多德的追随者圣托马斯·阿奎那认为，只有人类才会微笑，因此基督徒也可以微笑，当然，那得接受严格的限制。伊拉斯谟的作品中也体现出相似的态度，尤其是在他的《愚人颂》（1511）中。该作品认为，以世俗的方式感知幽默，无疑为信徒提供了一条通往全新的、内化的虔诚道路。然而，16 世纪至 17 世纪转型期时，这些声音还如同空谷足音一般。正因为受到教会严格的审查，拉伯雷式的笑容文化逐渐在出版物中销声匿迹。特利腾大公会议后，教会告诉信徒，所有集体的享乐和欢乐活动都是对神的不敬与自我的堕落，就像卫道士们试图分隔"上流人士"与聒噪的平民一样。各种形式的狂欢节现在都受到攻击：[59] 狂欢节庆典、喧闹庆祝、过度且不得体的集体行为、戴面具、节日期间的跨性别变装、愚人节、滑稽游行等都在被攻击之列。首先，这些做法被谴责为过于世俗化（尽管过去它们曾是各种社会群体和阶层的焦点）；其次，它们在政治上被视为危险的异教徒作风。看来，不仅仅绅士本人，所有的基督徒都应该具有绅士的举止。

从早期教会的神父开始，神职人员就利用无可挑剔的权威，没完没了地宣扬耶稣在《圣经》中只哭过，从来没有笑过。[60] 圣杰罗姆也认为，"只有疯子才与世界一同发笑或欢呼"，观点相当典型。同样典型的是耶稣会创始人伊纳爵·罗耀拉说过的"不要笑"，耶稣会可是近世最重要的修会，非常注重文教。实际上，特利腾大公会议后，教会只支持一种幽默形式，那就是有些暗黑残酷、并不悦人的伪喜剧论辩，旨在从精神上嘲笑对手。这倒是从亚里士多德的观点中得到的灵感，即笑是一种谴责和对抗邪恶的方式。那些好辩的牧师与辩论家们以巧舌如簧为荣，以引发听众轻蔑的笑声，来打击他们的对手。宗教改革和反宗教改革的争辩，便充满了没有欢乐的嘲笑。

17世纪晚期让-巴蒂斯特·梯也尔神父的《游戏论》(1686)[61] 态度更激烈,不过还不算典型。书中坚称,人类的一切娱乐,都源于堕落。每个人都有原罪,所以虔诚的人只能以庄重且得体的方式笑。他们被禁止过度嘲笑和装腔作势,不能扮鬼脸和打手势,不能身体接触以及接吻,只能用体面和谨慎的方式开玩笑。幽默禁忌无处不在,上帝、宗教、教会、圣人、宗教圣物、仪式、礼仪、葬礼和布道等都在其列。对处境不如自己的朋友以及德高望重者有关的任何事物,也都禁止调笑。至于性及各种淫秽举动,更是严令禁止。那些谨言慎行的笑,最好也要避开工作日、星期天、宗教节日以及四旬斋和降临节期间等大日子。若在教堂、宗教游行或墓地内展示出任何愉快的迹象,都会遭到严厉谴责。根据梯也尔神父的观点,欢笑的时间和空间额度,实在是非常有限,少得可怜。

继梯也尔神父描绘了一个没有欢乐的世界后,莫城主教博须埃也加入了这场论战。[62] 博须埃是他那个时代最杰出的教士,路易十四的亲信,也是宣扬君权神授最卓越的理论家。他在1694年出版的著作《关于戏剧的箴言和思考》,基调更为阴暗得让人吃惊。博须埃无差别地谴责了几乎所有形式的幽默娱乐。开玩笑似乎"于人类严肃风度毫无裨益",《圣经》、教会神父、教会日常教导和生活本身已经反复证实过。对于国王来说,这一点尤其适用,尤其是像路易十四这样声称靠神权统治的国王。如果耶稣从未笑过,那么作为其人间使者的国王,视野所及之内若有人在笑,那样的行为将多么不得体。博须埃还猛烈抨击道:"嘲弄的话语在国王的口中是不能容忍的,"并再次表示,"国王的仁慈在于抵制谣言与摒弃玩笑。"

博须埃在这里抓住了有关皇室口腔态度的重要思路,即兼顾宗教布道与政教结合。这与先皇路易十三时期的主要大臣,红衣主教黎塞留[63] 的主张如出一辙。黎塞留提出,为了良好的治理,人们应该"少说话,多听话"。他认为:"伟大的国王是不会说出任何冒犯他人的言辞。"绝对君主制因此推行了一种闭口政治文化,这种文化还有多种含义。路易十四似乎对此非常契合(也曾接受了这种方法的训练)。正如一位宫廷女士注意到的那样,国王即使在年幼时也很少笑,[64] 到了青春期才变得开朗起来。"他在公众面前非常庄重",驻法国宫廷的教廷大使指出,"与他在私下的样子完全不同"。他一度疯狂地寻欢作乐,有过不少情人,他跳舞和嬉闹,还看着莫里哀的剧作大笑不止。但随着年龄的增长,他的公私举止趋于一致,态度再次变得阴郁。路易十四一返早年阴云密布的状态,特别是在 1683 年皇室迁至凡尔赛后。凡尔赛的宫廷侍者注意到国王在后几十年的统治生涯中,总是"非常庄重和严肃"。[65]

从人性堕落而滋生的重度悲观阴郁的视角去理解,无怪路易十四的宫廷中不再出现自发的笑声。宫廷礼仪规定,每个人的面部表情必须庄重、坚定,一成不变。凡尔赛宫中的庆典通过各种沉重、机械的仪式强调皇权的威严,每一件最微小的日常事情上都彰显出夸张的尊严。就像宫廷小丑注定毫无前途,[66] 幽默在这样的氛围中也没有生存空间。自 14 世纪以来,法国的国王们一直在宫中保留一个小丑的岗位。按照惯例,他们可以自由针砭时事,婉转进谏,并逗大家发笑。在过去,国王允许这些人物自由活动。17 世纪初,伟大的亨利四世的小丑希科,曾亲切地称呼他的主子"我的小混蛋",并逗得他哈哈大笑。路易十四无法忍受这样的侮辱。朝廷小丑制度过时了,绝对君主不希望被人提醒自己行为的愚蠢或欲望的虚荣。笑并不是皇家的首要任务,国王真的不想再尽情欢笑了。

莫里哀在 1663 年深深地感受到,"让有身份的人笑是件奇怪的事情";[67] 随着 17 世纪的流逝,宫廷氛围变得越来越黑暗和阴郁,这句话也更显其价值。其中部分原因出自德·曼特农夫人,她从 1670 年代中期起成为国王的情妇,1683 年起成为他的庶民新娘①。曼特农夫人

---

① morganatic bride,指"贵庶通婚的新娘",当贵族男子与社会地位较低的女子结婚时,女子及其子女不能享有男方家族的贵族头衔和财产继承权等权益。——译者注

（顺便说一下,她和她的丈夫一样没有牙齿)[68]虔诚地摒弃世俗的欢乐,路易十四也随之走上同样的路线。"假正经"成为行为的主流。对宫廷来说,拉伯雷作品实在不可理解,所以新版本中删去了大量粗俗的部分,导致他的作品索然无味。路易十四曾经喜欢看意大利演员所演的喜剧作品,但自 1689 年开始就去得少了,1697 年彻底关闭这个剧团,原因是他的妻子被冒犯了。"皱纹老太婆"——正如一位宫廷侍者所说[69]（至少在她背后),不久就敦促皇帝"彻底关闭剧院",尽管事实上他并没有完全做到。

无论如何,在里戈 1701 年的皇家肖像中,以及我们将在下一章中看到的、宫廷认可的肖像中,那种冷漠、面无表情、不苟言笑的脸,很容易就出现在路易十四身上。庄严的精神与宫廷的传统,再加上统治者自己的忧郁性格,导致他不必在面容上花太大力气,便可以得体且庄严。换言之,即使国王牙齿没掉,他的外貌也不会有太大的变化。

皇家榜样的力量

路易十四不苟言笑的嗜好,深深地影响了他的朝臣。根据诺贝尔·埃利亚[70]对宫廷社会基本逻辑的精确分析,大多数朝臣都试图在各方面效仿他们的主子,这甚至会导致他们陷入相当自讨苦吃的境地。在他 1686 年的牙科手术后,路易十四不得不接受主任御医菲利克斯的肛瘘手术[71],这比他前一年的口腔手术更具危险性、侮辱和痛苦,幸好同样取得了成功。根据宫廷医生皮埃尔·迪奥尼的说法,患有肛瘘立刻变得"非常时尚"[72],并提到大约有三十位朝臣向他秘密求诊,其中每个人"都有轻微的症状,比如肛门上有一道渗血伤口,甚至只是痔疮",他们"毫不犹豫地把自己的屁股伸到外科医生面前"。此外,迪奥尼还记录道:"当我告诉他们没有必要手术时,他们似乎很不高兴。"此时迪奥尼虽面露困惑,内心无疑笑出了声。

如果凡尔赛宫的朝臣们为了与他们的主子保持审美一致,都不反对在臀部动手术,那么在脸上的"手术"他们也会义无反顾去做的。任何有抱负的朝臣,都会模仿路易十四冷漠的面容。在路易十四式的朝堂上,只有面无表情、嘴唇紧闭、控制不笑才能引起更多共鸣。它甚至超越了王室宫廷的界限,弥漫到整座首都。正如拉布吕耶尔所指出的,整座巴黎城都在"模仿宫廷"[73],以宫廷潮流为风向标——笑容也是如此,就像假发和衣物一样。

卡斯蒂廖内在礼仪社会影响与意义的争论中提到的模仿模式,得到了皇室的采纳。布乌尔神父在 1675 年指出,"'礼貌的(courteous)'和'礼貌(courtesy)'这两个词开始老化,不再常用"。[74] 他表示:"现在我们说的是'文明的'和'体面的'(civil and honneste),以及'文明'和'体面'(civility and honnesteté)。"一些作家仍然相信,只有在宫廷里,一个人才能磨炼出绅士所需的品格。[75] 值得注意的是,库尔坦备受欢迎的关于文明礼仪的著作,竟成为那些"既没资格也没能力来到巴黎宫廷,学习高尚规则"的人体验上流社会的替代品。这本书还试图树立一道行为准则,以便将有社会抱负的人与下等人区分开。库尔坦的一位支持者,[76] 一想到这种文明的做法会扩展到巴黎圣德尼街的普通商贩甚至乡下人,就感到非常震惊:这种无礼地模仿上等人太可笑了。然而,这只是少数人的观点。更多的人开始相信,最初由卡斯蒂廖内、库尔坦这类人为皇家宫廷人士规定的行为方式,可以被大部分社会精英所遵循并从中获益。一个"有素质的人"或"彬彬有礼的人",正如那些说法所表达的,可能是一位内宫侍臣,但同样也可能是通过其他方式习得高尚行为规范的人:比如阅读卡斯蒂廖内或库尔坦的著作。因此,"彬彬有礼"不再是侍臣所独有。此外,正如布乌尔神父所指出的,人们越来越认为"彬彬有礼"这个词已经过时了,现在,人们现在都说"礼仪",就像在宫中那样。

宫廷文化的霸权,加上教会对笑声的根深蒂固的偏见,意味着大家很难避免嘲笑别人,而不是与他们一起笑。正如教会将嘲笑用作蔑视异教徒的武器,朝臣们也会嘲笑那些他们认为在社会、道德或审美层面处于相对更低层次的人。笑声中蕴含着一如既往的强迫、刻意、责备与贬低。往往无情和残忍的人才会在嘲笑中陶醉。有一个术语就是用来描述这种嘲笑时的面部表情,叫作"尖笑"(le rire sardonique)[77],据说它的名字来源于撒丁岛上的一种有毒植物,服用者在死亡降临之前,嘴巴会不由自主地痉挛收缩,形成一副苦笑面孔。在公共生活中,对微笑和笑声的敌意,较好的时候只是不怀好意,而较坏的时候就是要发起攻击了。

在 17 世纪晚期的戏剧、小说和各种虚构作品中,人物们鲜有微笑的时候。唯有莫里哀描绘过"一个充满甜蜜的微笑"(1671),以及拉封丹的"一个甜蜜的微笑"(1685)、费奈隆在他的名著《忒勒马科斯历险记》(1699)中描绘的"充满优雅和威严的微笑"。[78] 这些例子极为罕见。在大多数人看来,微笑只不过代表"讥讽""蔑视""痛苦""模棱两可""傲慢""捉摸不透"或"讽刺"。在所有这些情况下,微笑自然无法体现人们之间的情感,也不能代表内心自发的欢乐,相反,它代表着社会差距,尤其是那种熟见于宫廷中的自上而下的等级差异。张开嘴笑的即被视为穷人、庶民、傻子或更糟的下贱人等。

除了简单的模仿外,还有其他原因使国王的表情成为宫廷中的道德和审美典范。首先,读懂国王的脸色可以让人在宫廷立于不败之地;让自己的情绪暴露在脸上,只会让对手得势。正如拉布吕耶尔说的,宫中侍臣们的脸仿佛就是大理石制成的,坚硬而光滑,宛如每天出入的凡尔赛宫:[79]

> 熟悉内宫的规矩,便可以对脸上的动作、眼神和表情控制自如,面无波澜,深不可测。对别人的伤害可以假装不知觉,对敌人

　　　　　　　　　　　微笑革命:18 世纪的巴黎与牙医

可以保持微笑,控制脾气,掩饰激动,否认内心感受,做到言行与真实感情相悖。

想在宫廷里的尔虞我诈之中有立足之地甚至更进一步,那么微笑可以算作一把称手而犀利的武器。

路易十四时期的侍臣们已经普遍接受了剃脸的习惯。17世纪末期亨利四世时代的胡须满面,到这时已经让位于红衣主教黎塞留、马扎然的八字胡,路易十四的年轻时代也是如此。但是,在迁往凡尔赛时,佩戴假发和剃脸已经成为国王和朝臣们的规范。裸露的脸庞,已无处安放自己的表情,刮掉胡子,使得感情的流露更加明显。这对于那些想要掩饰自己的人来说,问题就更大了。

此外,面涂白霜在凡尔赛宫中成为某种规范,进一步强化了每个人面部的冷漠。[80]白皙的脸庞历来代表着美丽、独特和纯洁,如果肤色天生偏暗,那么就会用脂粉修饰。脸颊上时而会出现些"处心积虑"的胭脂点,有时还会贴上丝绸"美容贴"或点上美人痣。每个人连嘴唇都会涂白,好像要忽视口腔的存在(甚至,可能要隐藏嘴里藏着的东西)。这种化妆方式只会模糊所有人的面部差异,让大家看上去都差不多。如果涂上脂粉,便看不到脸红和任何情绪波澜。不过最好别笑,一点也不行,因为脸上的妆真的会碎,表情也藏不住了。另外,面霜中的金属汞会导致牙齿腐烂——顺便说一下,宫中流行用汞治疗性病,这也会导致牙病,却不为人知,这也是宫中保持闭嘴的另一个原因。

其三,根据民间相术理论,嘴巴的某些特征会透露本人性格特征,尽管古老的面相学[81]从17世纪末开始就少了很多信众,但在凡尔赛宫这样一个竞争激烈的环境中,仍然有一定市场。比如,人们认为牙长表示贪吃;牙尖表示好色;牙齿大而宽表示虚荣;舌头悬垂表示无可救药的愚蠢。莫尔万·德·贝勒加德在所著《嘲笑的反思》(1699)中认为,闭嘴可以成功避免很多麻烦,诸如被人认作荒谬,或者被懂相术的人看穿性格,抑或单纯的被嘲笑。这对于侍臣们来说似乎是最好的建议。[82] 贵族哲学家拉罗什富科可能就是其中典型:他估计自己平均每年笑一次,并认为生活中很少有值得微笑的事情。宫廷生活最主要的内容就是权力的游戏和地位的争夺,几乎没有让幽默抬头的空间。

然而,宫廷精英阶层中的一些人开始无法忍受愈加阴沉的繁文缛节和冷漠的面部表情。到了路易十四统治晚期,那些不满宫廷生活压抑的人们开始寻找借口离开,去巴黎享受世俗的快意与娱乐。著名的书信作家塞维涅夫人早在 1676 年就从她位于巴黎玛莱区的住所写信抱怨说,"几年来,已经没有人再笑了"。[83] 但是她也会尽力弥补:她爽朗的笑声在一条街外都能听到。欢乐的微笑和笑声在巴黎似乎比在凡尔赛更有归属感。

除了这些为数寥寥的欢乐之外,在路易十四统治的最后几十年里,法国的任何地方都弥漫着对笑的贬低。在牙医的旧秩序下,张嘴是一件冒险的事情:因为人们会遭受牙齿脱落、口腔疾病、口臭等生理威胁。然而,文化上的限制更甚,制造审美、行为、宗教、文化和政治上的理由,要求人们闭嘴——正如里戈的不苟言笑的路易十四肖像所表达的那样。人们心中荡漾的笑声,依然是"噩梦般"的声音,一如洛朗·朱贝尔所描述的:低沉、世俗、失态、放纵、激情、失控且对健康有害。在某种程度上,皇家宫廷面部表情中盛行的攻击性讽刺笑声或紧闭嘴唇的微笑,是为了驱散并控制那个"噩梦般"的笑。17 世纪末期的牙齿生物学话题,受到宫廷文化的长期影响,也带上了政治化的色彩。在路易十四统治的最后几年里,不再有人拥护开放、友好和善良的微笑。

微笑革命:18 世纪的巴黎与牙医

第二章　感性的微笑

在马塞尔·普鲁斯特的《追忆逝水年华》(1913)第一卷中,主角斯万回忆起他那有着甜美性格和迷人美貌的情妇时,会想到"华托式素描习作",人们可以在习作中,看到无数的微笑,到处都是朝向四面八方的微笑[1](图 2.1)。在进行比较时,普鲁斯特唤起了一种全新的风潮,情绪不再那么阴郁和压抑,大约就是在 1715 年路易十四驾崩后,让-安托万·华托名声大噪的摄政时期。

图 2.1　让-安托万·华托,《八个女人头像和一个男人头像的草图》(约 1716)

然而,这种宫廷风尚和斯万情妇的微笑一样短暂。路易十五于 1723

年全面掌权,凡尔赛宫内外结束了自 1715 年开始的轻松氛围。路易十四时期宫廷的笑容规范再次复辟,其中包括了皇室和贵族的正确展示方式。即便如此,摄政时期的改革,还是在巴黎这座城市中留下了比凡尔赛宫更持久的遗产。那股风潮有助于城市精英增进感性的品鉴力,重视情感表达,并与路易十四统治下的严格自我克制的传统渐行渐远。到 18 世纪中叶,一种全新的表情制度正在酝酿之中,为微笑腾出了空间。

摄政时期的微笑掠影

1715 年,路易十四的长期统治,尤其是最后几年的惨淡经营,无不让巴黎渴望着一场变革。[2] 令人惊讶的是,很少有巴黎人为去世的先皇衔哀致诚。在人民眼中,路易"大王"与他的尊号完全相反。他在统治初期,对欧洲各国发动了史诗般的战争,但虚荣过后是无尽的怨念,人们不满于他无休止的战争、高税收以及由此引发的社会动荡。此外,凡尔赛宫在路易和曼特农夫人的共同统治下变成了一个忧郁、阴沉、毫无笑容的地方,是时候改变了。人们满怀希望地寄托于路易十四的曾孙路易十五。1715 年,小皇帝只有六岁,还太小不能掌权,摄政权落入了他的曾祖父菲利普,即奥尔良公爵手中。遍一登基,王室立刻离开凡尔赛宫,迁回巴黎,并摒弃了路易十四坚持的各种繁文缛节。奥尔良公爵一直是路易十四的"眼中钉",他对路易十四的行为也颇不以为然。先皇尸骨未寒,摄政王就掀起了一连串的改革浪潮,挑战前朝宫廷贵族的价值观,人们开始狂欢,道德观念松绑,社交彬彬有礼,政治改革与知识共享也提上了议事日程。微笑、机智、幽默、笑声、勇敢、想象力和新思考,似乎正在取代过去一脸呆滞严肃的氛围。突然间,君主制再次受到欢迎,年幼的路易十五也赢得了全体巴黎人民的喜爱。

路易十四在凡尔赛宫打造的那股阴郁的精英文化，似乎也开始受到政治体制核心的威胁。各种空想家与不切实际的规划者如雨后春笋般涌现。苏格兰金融奇才约翰·劳的所谓"货币系统"，被扩张主义者们用来促进经济增长和法国殖民地的扩展。圣皮埃尔神父则提出了代议制政府计划，呼吁世界和平，以及推广一种新的、理性的语音语言。马里沃的戏剧、辩论和报刊文章充满了人情味，与自以为是的宫廷浮华截然相反；他将自己的作品描述为"自由精神的产物，一路上不回避任何让他开心的东西"。然而即使机智如马里沃，也会因伏尔泰的早期生涯而黯然失色。才华横溢的伏尔泰似乎不费吹灰之力就能在政论文与宣传册、沙龙和戏剧文化中，融入平民的幽默和讽刺元素。另一位同时期的年轻人孟德斯鸠也同样出色，他的《论法的精神》（1748）使他成为该世纪最伟大的政治理论家。而他畅销的虚构小说《波斯人信札》（1721），以波斯使节访问巴黎的故事为背景，对路易十四的专制主义进行了几乎不加掩饰的抨击。在路易十四的审查制度下，这样的书是不堪设想的——但在摄政时期就不一样了，当时新闻出版的自由程度，比法国大革命之前的任何时期都高。与此同时，在贵族军官中有一个被称为"便帽团"[3]的饮酒协会影响特别大，他们对任何掌权者都进行了浮夸的抨击，在论战小册子中肆无忌惮地嘲笑他们。1716 年，被路易十四和曼特农夫人排挤放逐的意大利喜剧团终于获得重组，十九年后重新回到巴黎剧迷的面前。人们从 17 世纪末教会和国家压抑的氛围中走了出来，感受全新而轻松的气息。伏尔泰高兴地记录道，"路易十四最后几年的阴暗，在摄政时期烟消云散，一变为欢快和享乐了"。[4]

沙夫茨伯里伯爵安东尼·阿什利·库珀的著作[5]，似乎为这种全新的快乐找到了理由。沙夫茨伯里一生的大部分时间都在欧洲大陆度过，他理想的社会，既不是被原罪玷污的黑暗悲观主义者的集合，也不是野蛮的利己主义的霍布斯丛林，而是一个互动轻松、能够产生个人利益和更广泛社会福祉的空间。沙夫茨伯里认为,情绪在文明的风尚下是具有积极价值的:人天然地会对他们的同类表达关爱,而不是蔑视。他认为,每个人"都拥有一种道德感,通过怜悯、爱和慷慨等情感向我们发出信号"。每个人都彬彬有礼,那就都能从中获益:"我们通过一种'友好的碰撞'来磨合彼此,磨去我们的棱角和粗暴面。"摄政时期充满了这种"友好的碰撞"。有趣的是,沙夫茨伯里通过研究个体幸福预期,来完善他的理论。他对所谓的"jocositas"(戏谑)和"hilaritas"(愉悦)进行了具体的对比。"jocositas"的特征是以他人的不幸为乐,傲慢而咄咄逼人,"hilaritas"则是看到善良和美丽的景象而激发的友好和幸福感。与路易十四凡尔赛宫的"jocositas"之乐相对应,"hilaritas"则无意中成为摄政时期最有代表性的座右铭。

"一切皆有可能"成为摄政时期的主导情绪;华托试图用作品来呈现。1717年,他将一幅雅宴画题材的作品[6]送予法国皇家绘画与雕塑学院作展,全画梦幻空灵,描绘了那些特别受贵族欢迎的娱乐活动,包括盛装打扮、派对游戏和日常的披散头发。绘画与雕塑学院展示作品通常只选历史主题,即描绘《圣经》、古代历史和神话中的场景,重大历史题材是所有绘画形式中最负盛名的。尽管绘画与雕塑学院意识到华托对贵族聚会梦幻般苦涩而甜蜜的描绘几乎不能算作历史题材,也还是接受了他的作品,从而使雅宴画成为一种新的艺术题材。老规矩都在摄政时期得到了相应改变。

然而,放纵乐观、带有实验性的摄政时期并不持久。奥尔良亲王于1722年去世,过早成了放荡生活的牺牲品。甚至在那之前,已经有了不祥之兆。约翰·劳著名的财政系统,在大规模的金融危机中崩盘,国家财政迅速倒退。华托早逝,令人惋惜。圣皮埃尔神父逐渐被认为是疯子。马里沃破产了(虽然后来恢复了)。伏尔泰对礼教不敬的丑闻使他逃亡到英国,以避免迫害。摄政王的贵族圈内那些

　　　　　　　　　微笑革命:18世纪的巴黎与牙医

性放纵也引发了公众的愤慨。贵族们的"雅宴"已经让民众厌恶至极。因此，路易十四时期的价值观很快回到主导地位，这尤其应归功于新国王。

路易十五成年后，人们曾希望他能摒弃路易十四在宫廷中灌输的僵硬礼节和死板的举止，但遗憾的是，这种希望落空了。巴黎民众最初对年轻王子的拥护几乎一无所获。1723年，路易十五一有机会，就把宫廷从巴黎搬回了凡尔赛。1715年，常年被束之高阁的古老礼仪手册，重新被人翻出来，并原封不动地执行。[7] 到1726年，国王明确表示，在统治风格上，他"希望在一切事务上都效仿（自己的）曾祖父"。他非常固执，半个世纪后的1774年，路易十五承认："我不喜欢破坏我祖先所做的事情。"他的核心立场是，任何有损路易十四凡尔赛精神的东西，他都反对。他曾祖父的宫廷准则在1715年之前已经遭到严重破坏，但现在得到了加强，礼节条文变得更加严格。1759年起，宫廷觐见仅限于1400年前已获得贵族血统的女性，但国王在自己的情妇们身上打破了这一规则，尤其是特立独行的金融家千金蓬帕杜夫人以及厨师与理发师的私生女杜巴利夫人。他严厉禁止各种批评声音，甚至迫使讽刺性团体"便帽团"解散。国王日常生活的程式，也变得更加严谨苛刻，诸如国王几点起床几点归寝，打猎用的马车也需要严格管理。宫里的气氛比路易十四时期更加拘谨，也更加自以为是。

1723年，路易十五成年并正式执政。摄政时期那些充满冒险、富有想象力的文化氛围荡然无存，"笑容"在官方意识形态中被彻底抹去。恢复路易十四的礼仪，意味着重回凡尔赛宫长期以来的面容秩序，它曾在17世纪80年代遭到拉布吕耶尔辛辣的讽刺。尽管在整个一百年中，这座涌现出勃勃生机的时尚帝国创造了炫目耀眼的绮罗珠履、华裾鹤氅，但那副面孔仍然保持不变。雪白皮肤依然如故，女官脸上涂抹的脂粉简直无微不至，无瑕不遮；这在男侍臣中也越来越普遍。

与以往一样,宫中不允许面部存在表情,所有人只能做出固定、平淡的表情。在暗流涌动的皇宫中,表露任何情感都会有危险,招来不必要的麻烦,让竞争对手有可乘之机。

当时的公共生活中,面无表情之风大行其道,宫中的侍臣尤其受到影响,一个个面若冰霜。从 1730 年代末开始,画家让-马克·纳捷(1685—1766)[8] 创作出一系列王室成员和宫廷人物的肖像画,颇受大家的好评,自己也因此积累了不少财富。(图 2.2)在他的画中,女性人物会穿着神话中的服装,将头发向后梳起,巧妙地展示出白皙的皮肤,配以宫廷标准方式涂抹的胭脂。这些优雅而安详的女性,脸上或没有任何表情,或是露出那种无比轻微且神秘的笑容,以符合各自的身份。那样的笑容里只有傲慢,不含一点情感。[9] 这种宫廷氛围还可以在弗朗索瓦·布歇那幅大名鼎鼎的有关蓬帕杜夫人化妆仪式[10] 的画作中得到印证。画中的场景是蓬帕杜夫人日常的仪式,彰显着她与国王至高无上的权力。这位夫人画上正式的大浓妆,仿佛是画上迷彩

图 2.2 让-马克·纳捷,《扮成花神的玛丽-阿德莱德公主》(1742)

微笑革命:18 世纪的巴黎与牙医

妆的斗士,徜徉在凡尔赛宫廷的"丛林"之中(图2.3)。

图2.3 弗朗索瓦·布歇,《梳妆台前的蓬帕杜夫人》(1758)

　　这种肖像风格凸显了宫廷审美在艺术创作上扮演的角色。纳捷、布歇等人创作的肖像面部表情,明显承袭了路易十四的首席画家夏尔·勒布伦[11]的风格。勒布伦对凡尔赛宫文化塑造贡献良多,宫中的装饰就出自他手。从1683年城堡建立前,一直到1690年去世,勒布伦一直为凡尔赛宫谋篇布局,使绘画、挂毯、雕塑各尽其位,甚至不少作品就是勒布伦亲自创作。同时,作为首席画家,勒布伦还执掌着创建于1648年的法国皇家绘画与雕塑学院。1665年,学院被路易十四改组,成为引领艺术创作的最高学府。为此勒布伦在艺术创作中,也对面容表情的理论进行了研究,内容可见于他1668年发表的《关于一般及特殊表情的讲座》。

《关于一般及特殊表情的讲座》是勒布伦重要的杂著。首先,此书展示出作者深谙西方绘画中刻画面部表情的传统,这种传统可以追溯到古代以及文艺复兴以来阿尔贝蒂、洛马佐、达·芬奇等人的理论与创作。同时,他还重新掌握了相术的神秘线索。[12] 相术是一门古老的知识体系,声称可以在人脸中找到各人的潜在特质。面相学源自遥远的古代,在中世纪的大学中传授,文艺复兴以来变得越发走俏,近世写本和印本的相术文献包括了从冰岛语到威尔士语的几乎所有现代早期欧洲语言,或以正轨学术规格出版,或以廉价的年鉴和广告纸张印行。文艺复兴时期或稍前,相学理论脱胎于一种"月相学"的宇宙观,月球与地球之间的物质和质量存在着某种对应关系;因此,人们认为面部特征与宇宙天体之间也存在着固有的联系。在某些人手中,相学变成了一门深奥的秘术。但它同样常常可以被轻易证伪,比如红发的人脾气不一定暴躁,牙长的人也不一定贪吃。17 世纪的科学革命粉碎了相学赖以建立的宇宙论,神秘相学知识似乎过时了。[13]

勒布伦《关于一般及特殊表情的讲座》的第三重影响来自勒内·笛卡尔卓越的生理学贡献。笛卡尔时常被引用的座右铭"我思故我在"捍卫了他所推崇的逻辑演绎。然而,笛卡尔对人性激情的考察同样闻名学界,比如他的名作《灵魂的激情》(1649 年)和他死后发表的《论人》(于 1662 年出版,但是在 1630 年代末写成)。他认为,人的灵魂位于松果体中,松果体位于大脑的两个脑叶之间和鼻梁后面。松果体是思想形成的地方,影响着动物性的精神流向大脑,然后再向外传至面部肌肉。勒布伦继续发展了笛卡尔的观点:

当脸部完全安静时,灵魂也将平静无痕,没有任何干扰后,内心深处也随之静如止水。(图 2.4)然而,当灵魂开始躁动,会在脸上显现出来,尤其在眉毛周围,面部最靠近松果体的地方。因此,眉毛是"面部的引擎"[14]。比起笛卡尔,勒布伦更进一步,他认为人越激动,面部上方的肌肉群就越扭曲,下方肌群也越受影响。从这个角度来看,勒布伦的理论恰好可以在前一章中讨论过的里戈 1701 年的路易十四肖像[15]（图 1.1）中找到印证：国王的嘴巴被处理得漫不经心，而他的额头没有皱纹，正好说明统治者拥有所谓"灵魂的平静"。

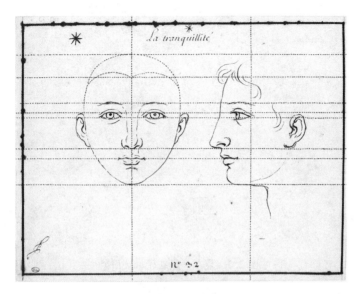

图 2.4　夏尔·勒布伦，《宁静》

勒布伦绘制了一系列引人注目的人脸，用图像表达自己的观点，旨在根据笛卡尔的理论，展示情绪表达的精细校准。[16] 勒布伦这些成果的所谓科学地位，通过与已确立的相学规律相关联而获得了额外的影响力，比如他们都认为面部上部，尤其是眼睛，比面部下部更具精神性。例如，他的画作《狂喜》，便深受拉斐尔的《伽拉忒亚》（1512 年）的启发。《狂喜》自瓦萨里时代起就被誉为理想之美的代表，这一风格在博洛尼亚巴洛克艺术家圭多·雷尼等人的圣像作品中也经常出现（图 2.5）。一般来说，勒布伦认为嘴巴更接地气，更容易激起欲望。在他的艺术理解中，人物的嘴巴会在表达狂喜、奇迹、尊敬、恐惧、爱情、欲望、悲伤、喜悦和哭泣时，微微张开。而在表示惊恐、害怕、绝望、愤怒

图 2.5　夏尔・勒布伦,《迷醉》

和笑的时候,则是大张着。从中可以看出,勒布伦描绘的"笑脸"带有相当明显的讽刺意味,正如我们看到的勒布伦所处的凡尔赛宫廷圈子中的嘲笑一样。(图 2.6,2.7)[《欢乐》是最接近沙夫茨伯里的"愉悦"("hilaritas")的欢乐画作。]

　　总的来说,勒布伦作品证实了当时西方艺术中存在的共识,即如果想要愉快地微笑(而不是大笑),最好效仿列奥纳多・达・芬奇的《蒙娜丽莎》。[17] 尽管"永恒的微笑"实际上并不是启蒙时代法国最受欢迎的作品。她的微笑优雅、亲切,温和而节制;纳捷笔下那些出身高贵的人也是如此。如果她或他们张开嘴笑,便会触犯天条,虽然那条律例非常隐晦,很少提及,但大家仍严格遵守。正如我们所见,这些律例以图像的形式,呈现出文艺复兴时期以来卡斯蒂廖内、伊拉斯谟及其弟子制定的文明和礼仪准则。[18]

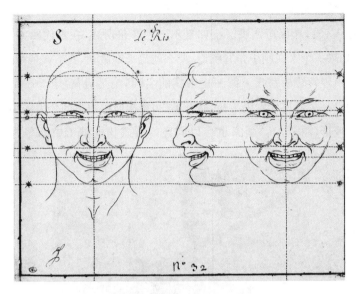

图 2.6　夏尔·勒布伦,《笑》

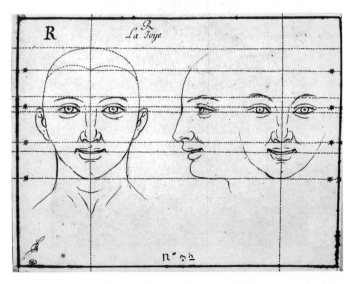

图 2.7　夏尔·勒布伦,《欢乐》

《蒙娜丽莎》并不是唯一一件微笑的作品,却是最明智的一件,因为主人公选择保持闭嘴。正如夏尔·勒布伦所述,在古代西方艺术中,如果一个人在画中张开嘴巴,要么就是极端激动,要不就是精神失常。卢浮宫藏胡塞佩·德·里韦拉的名画《畸足男孩》[19](1637 年),画的是一个西班牙农民男孩,张开嘴巴,露出肮脏畸形的牙齿,还有一只脚畸形(图 2.8)。画家也会以同样的方式描绘城市中的普通人。

图 2.8　胡塞佩·德·里韦拉,《畸足男孩》(1637)

当他们沉浸在拉伯雷式的狂欢时,便会粗鲁地张开嘴巴,露出牙齿。

　　　　　　　　微笑革命:18 世纪的巴黎与牙医

这些牙齿经常与骷髅头上的牙齿相似(从数量上看,中世纪以来的西方艺术中的人类牙齿,出现最多的场合就是死人的头骨)。底层人士的嘴巴不仅常常遭到讥讽,还可能暗示着危险存在。卡拉瓦乔、乔治·德·拉图尔、委拉斯开兹等人描绘的乞丐、吉卜赛人、街头艺人和其他社会边缘人物,他们无不面目可憎,面露凶光。[20] 卡拉瓦乔的《拔牙者》(1608—1609)展现了恶劣的拔牙匠为底层民众拔牙的场景。乔治·德·拉图尔的《音乐家的争吵》(1625—1630)中,张开的嘴巴也不再有教化的意义(图 2.9)。

图 2.9　乔治·德·拉图尔,《音乐家的争吵》(1625—1630)

在西方艺术中,张嘴还意味着愚蠢。[21] 委拉斯开兹在 1637—1639 年间为菲利普四世的丑角卡拉巴萨斯绘制了滑稽而露齿的微笑(图 2.10),还有不少其他的实例。那些能够理智控制自己情感的人,也会控制自己的嘴巴,保持紧闭,以维持高尚庄重的形象;这样,他们便超越了底层民众,还有那些暂时或永远失去理智的人,抑或更刻薄地说,那些愚不可奈的人。狂欢或宿醉也是一样的。例如,17 世纪的荷兰风俗画家扬·斯滕和弗兰斯·哈尔斯经常描绘骑士及其酒友在杯中张着嘴巴欢笑。然而,如果其中一人想画一幅有纪念意义的肖像画,

图 2.10　迭戈·委拉斯开兹,《宫廷小丑唐璜·德·卡拉巴萨斯》(1637—1639)

便会离开酒馆,来到艺术家的工作室,随即,"笑口"骑士(如弗兰斯·哈尔斯)也会紧闭嘴巴,以显示庄严和理智。歌手,实际上通常是下层阶级的流浪吟游诗人,同样在他们唱歌时会偶尔放飞自我,张开嘴巴。补充一句,孩子们快乐地大笑和张开嘴微笑是另一回事,事实上,受到了一般规则的认可;威廉·贺加斯的《卖虾女》(1740—1745 年)便仍是一个尚未成年的孩子。但不久,成熟也会让她和像她这样的孩子紧闭嘴唇(图 2.11)。

　　另一个值得注意的传统是将古希腊哲学家德谟克利特[22] 描绘成咧开嘴笑、露出牙齿的形象,我们稍后会详细讨论。自古罗马塞涅卡

图 2.11　威廉·贺加斯,《卖虾女》(1740—1745)

和尤维纳利斯的时代起,德谟克利特就常与"哭泣的哲学家"赫拉克利特形成对照——正如鲁本斯 1603 年作品中反映的那样——赫拉克利特每每看到世俗愚蠢便会流下悲伤的泪水,对笑声却无感。德谟克利特是一个例外,他成功地证明了存在张嘴的艺术规律。因为他首先是一位疯狂的哲学家,将自己的深层智慧隐藏在愚蠢的掩蔽之下。通过扮演愚人,他对世界的愚昧有了更为深刻的洞察力,正如蒙田在他的《随笔》中所指出的,"我们的处境是可笑的,足以引发笑声"(他可能还会补充"蔑视")。伦勃朗的许多自画像中就有一幅(1669)是假扮愚人。我们还发现华托也尝试过相似的姿态,鉴于他一直以来反对官方礼教的态度,这也不足为怪(图 2.12)。他那德谟克利特式的笑声,嘲弄了摄政时期即将抹去的那张紧闭、紧绷、拘谨、彬彬有礼的嘴(而路

图 2.12 让-安托万·华托,《自画像-微笑》

易十五很快又恢复了)。勒布伦和华托都明白,庶民的举止、邪恶的思想、纯粹的愚蠢和德谟克利特式的表演,在凡尔赛宫都是不受欢迎的。

因此,摄政时期的官方宫廷文化是一种虚假的黎明。路易十五在凡尔赛宫内复辟了路易十四的旧制。在艺术方面,勒布伦关于激情表现的规则书继续占据着主导地位,其影响可以从历代宫廷画家笔下的情感表达谱系中看出来,也可以从《关于一般及特殊表情的讲座》插画[23] 的众多版本中得到验证。值得注意的是,启蒙运动时期的绝对经典、狄德罗的《百科全书》,1765 年把"激情"的词条[24] 郑重收入勒布伦的名下。这些插图同时也是新人学习绘画技巧的入门书。此外,演员们也会用到这些图像:演员手册中充满了勒布伦式的优雅细节。[25]

因此,尽管微笑在摄政时期有引人注目的转机,但最终被凡尔赛宫拒之门外,改观之路仍然坎坷崎岖。

虽然这种持久的勒布伦影响证明了 1723 年后官方文化明确回归到路易十四朝廷的面容秩序,但仍有一些迹象表明:看似坚不可摧的冷漠面容已经开始出现裂缝。拉布吕耶尔在观察分析路易十四时期宫廷风气后曾指出,在宫廷上必须严格控制自己的动作、眼神和表情,而"在皇帝面前,微笑或哭泣都要把脸别过去"。[26] 他惊讶地表示,"我们在剧院里笑得这么轻松,却为哭感到羞耻"。后者在 18 世纪初发生了变化。人们——即使是内宫侍臣们——学会了在剧院里哭泣。至少有一些人的眼泪,从生活的方方面面蔓延开来,引领着一种新的情感世界,随着时间的推移,这种新的情感世界为一种新型的微笑找到了时间和空间。

嘴角挂着微笑,眼中噙着泪水

德尼·狄德罗在 1770 年代的作品[27]中,着重记录了一次半个世纪前上演于法国喜剧院的戏剧演出——实际演出时间是 1723 年,正处于从摄政时期过渡到路易十五个人统治的风口浪尖——预示着崭新的戏剧抒情传统的到来。那场戏是安托万·乌达尔·德拉莫特编剧的悲剧《伊内斯·德·卡斯特罗》。在剧中,女主角本应向葡萄牙国王求情的时刻,主演杜克洛夫人却携带着她自己的两个孩子(还有他们的保姆)上台陈情。观众对这一举动感到吃惊,开始紧张地窃笑。然而,杜克洛夫人毫不畏惧地转身面对观众,即兴地大声宣称:"你们就笑吧,包厢里的傻瓜们,这是整个剧中最美妙的时刻。"于是她哭了起来,孩子们也哭了,保姆也哭了,葡萄牙国王也哭了——所有观众都无法控制地哭了起来。

这个剧情突变产生了深远的影响,伏尔泰称之为"剧院中最感人的题材"。马蒙泰尔以此写了一个寓言故事。马里沃公开思考这意味着什么,并得出结论说,这表明心灵胜过头脑。年轻的孟德斯鸠觉得这个事件暴露出社会规范的愚蠢,即"与自然情感有关的一切似乎都是低级和平民化的"。他认为,这意味着感知能力是人类的普遍特征。因此,这个事件似乎引发了一种新的没有阶级区别的情感经济,它从下层阶级那里重新获得了强烈的情感体验,并借此要求超越整个皇家宫廷中弥漫的那种僵硬的礼仪。不久之后,甚至法国的国家部长、公爵和傲慢的元帅也离开了凡尔赛,出现在巴黎的剧院里,轻声哽咽,擦着鼻涕。他们并不是个例:巴黎人普遍发现自己也会哭泣,而且时刻准备着在公众场合流泪。因此,剧院使得短暂的摄政时期所激发的情感得以保持着活力。

为了迎合公众口味的变化,剧作家开始巧妙地利用观众的泪点,创作了一种新的喜剧类型,即"感伤喜剧"。[28] 正如伏尔泰所说,无论听起来多么矛盾,"感伤喜剧"指的就是"同一个人在十五分钟内对同一件事既笑又哭"的戏剧。除了德拉莫特,这一剧种最传神、最成功的编剧,要属产量巨大的皮埃尔-克洛德·尼韦勒·德·拉肖塞。他的剧在广泛遵循喜剧惯例的同时,会将次要角色置于情节冲突之中,这些冲突或困境往往给他们带来痛苦,他们的不幸也打动了观众。因此——理论上说——这些角色激发了观众道德的感悟。这种戏剧形式过往就一直存在,甚至可以追溯到很远,但从来没有像现在那样成为一种文类,形成某种理论,勾起如此多的共鸣。感伤喜剧在公众接受度方面超过了传统喜剧和悲剧,大获成功。其影响力之大,甚至伏尔泰,这个时代伟大的悲剧作家、也是众多成功的传统喜剧的作者,也开始尝试用这种新的风格来创作剧本,尤其是《放荡的儿子》(1736)和《纳尼娜》(1749)。喜剧界遭受了沉重打击,即使是伟大的莫里哀也变得过时了,他的作品上演也越来越少。伏尔泰在 1739 年指出:"当(他的)喜剧在上演时,剧院上座率寥寥无几。"[29] "几乎没有人去看《伪君子》,即便它曾经让整个巴黎倾倒。"莫里哀本人对感伤喜剧似乎颇不以为然,另一位作家在1764年指出,"追求体面[30],让我们无法像莫里哀在世时那样大笑"。悲剧在感伤喜剧的冲击下也迅速衰落,伟大的悲剧作品遭到与莫里哀喜剧相同的命运,越来越不受欢迎。

1757年,启蒙思想家狄德罗转向戏剧创作,试图改进和提升感伤喜剧的现状。他创作的《私生子》(1757)引起了轰动,观众为之着迷落泪,盛况空前。一位评论家感叹地写道,"只需出现三部《私生子》,悲剧将再无观众"。[31] 狄德罗改进的感伤喜剧,发展成为后来被称为"市民剧"的形式。这个文类强调现实主义,剧中表现的多是巴黎中产阶级观众日常生活的人物和情境。路易-塞巴斯蒂安·梅西耶自己的资产阶级戏剧强烈反对任何倒退,他声称这些戏剧中表现的是"我们的道德,我们家园的内部,这个内部对帝国来说就像内脏对人体一样"。市民剧题材不可避免地充斥着道德困境和大量的眼泪。

毫不奇怪,官方的宫廷文化并没有太多地受到戏剧发展带来的影响。路易十五讨厌感伤喜剧[32] 和市民剧,总是从凡尔赛宫的演出戏单上将它们删除。退朝的侍臣和国家公职人员可能会挤满巴黎剧院的包厢,准备好手帕,而公众的审美更多地由庞大的市民剧观众群体所决定,他们随心所欲,根本无视凡尔赛宫的任何态度。拉布吕耶尔是路易十四宫廷的分析家,他蔑视地指出巴黎一度只是"宫廷的猿猴",[33] 本能地模仿其风尚、优先级和价值观。感伤喜剧的出现表明这种情况发生了非常大的变化。巴黎已经发展出了完全独立于宫廷的品位与价值观。

随着时间的推移,甚至巴黎剧院界内部,也有一些人开始不满于这股凄美的眼泪浪潮。[34] 演员夏尔·柯雷指责女性观众总是想要"一个让她们哭哭啼啼的剧目"。伏尔泰一度颇为认可这次剧种转变,但后来也因为人们在喜剧中无法自拔而难过,对"玄学和泪水"取代了真正的喜剧感到不满。另一位作家讽刺道："当观众都声称他们只想看感伤喜剧时，还要尝试让他们发笑便太让人为难了。"不过，泪水的洪流确实为其他情感的表达留出了空间。事实上，正如我们将看到的，伏尔泰本人在他的戏剧《苏格兰女人》（1760 年）的前言中就提出了相关的观点：

> 至于戏剧的类型，则是高阶的喜剧与简单喜剧的结合。风度翩翩的人的微笑是灵魂的微笑，永远高于嘴巴的笑声。有一些情节悲伤到足以感动眼泪，但没有任何角色过分热衷于博人同情。[35]

换句话说，透过泪水，柔和的微笑正在悄然出现。如我们将看到的，伏尔泰的"灵魂之笑"是感性的新式笑容。

我们可以通过分析法语"微笑"一词在当时法国文学作品中的重复出现情况，[36] 看到微笑的价值在缓慢但稳固地增长。正如我们观察到的，这个词在 17 世纪末和 18 世纪的出现率还非常低。甚至，"微笑"通常搭配的特定形容词或副词包括"勉强的""轻蔑的""苦涩的""讥讽的""傲慢的""嘲笑的"和"讽刺的"，当然也有例外。总体而言，微笑一般是个人身处优越地位的时候展示出来的姿态，这也是微笑最大的特征。优越感往往来自社会地位，那些微笑的人通常是宫廷内外的达官贵人，他们对下级屈尊俯就，但内心依然嘲笑。因此，微笑通常符合前一章所讨论的经典笑容理论。微笑或大笑可以表达屈尊、蔑视或是幸灾乐祸等不同情感。绅士的微笑是社会地位的标志。

然而，事情正在起变化。首先，从 1730 年代开始，在文学文本中，"微笑"一词的频率出现了明显的突变，特别是在 18 世纪早期到路易十六统治期间的 18 世纪 40 到 60 年代获得了大幅增长。此外，这也是一个质量、背景和数量问题：从 1740 年代和 1750 年代开始，人们对微笑的理解方式发生了明显转变。微笑开始逐渐成为"迷人的""甜美的""好的""令人愉快的""友好的"和"善良的"。这并不是说旧的、讽刺的、蔑视的微笑完全消失了,它在社会和宫廷精英的面部语言中太过根深蒂固,不可能一夜之间消失。不过,虽然这种微笑还会继续发挥作用,但现在人们会越来越多地看到更纯净、更真实的微笑。

在法国文学史上使得"微笑"一词产生质变作用的作品,是英国作家塞缪尔·理查森的伟大小说[37]《帕米拉》(1740)、《克拉丽莎·哈娄》(1748)和《查尔斯·葛兰底森爵士》(1753),它们分别于1742年、1751年和1755年被翻译成法语。后两卷分别被翻译成了《英国信件》和《新英国信件》,由著名的道德戏剧《曼侬·莱斯戈》(1731)作者普雷沃神父翻译。这些英国感伤主义小说顺利地融入了法国,那里的人们对理查森的喜爱溢于言表。一位法国观察家曾指出:"你进入一户人家,找不到一本《帕米拉》是不可能的。"[38]《克拉丽莎·哈娄》以及后来的作品将会是法国家庭图书馆中最多见的英国小说,一直延续到18世纪末。在理查森小说翻译中使用"微笑"的频率远远超过了以前的作品。

狄德罗是市民剧的狂热倡导者,他对理查森极尽溢美之词,将他与摩西、荷马、索福克勒斯和欧里庇得斯一起放在他的个人万神殿中。尽管这位英国人的小说的长度和道德严谨性绝对不符合我们现代的口味,但狄德罗的赞美是它们在启蒙时代的法国产生过非凡影响的重要证明。狄德罗喜欢它们,和他喜爱市民剧的理由是相似的:崇高的家庭日常性特质与由此衍生的人文关怀。(正如我们将看到的,他同样喜欢格勒兹感伤的道德化的绘画)

在理查森的小说中,

> 故事背景来自我们生活的世界;情节是真实的;其中的每个
> 人物都是完全真实的;故事中的角色来自社会的中间阶层;所作

所为都符合各地风俗习惯;其中迸发的激情就像我能感受到的一样;我也能与书中角色感同身受。它还向我展示了周遭世界的运行法则。

理查森写作时运用的书信体格式增强了小说的气息。让-雅克·卢梭显然受到理查森的影响,他的《新爱洛伊丝》[39](1761年)也是这种文体。作为18世纪最畅销的小说之一,《新爱洛伊丝》也为微笑作出了重新评价,引起了重要反响。理查森和卢梭都选择通过书信形式的简单交流展开情节,从而避开作者的主诉,让读者相信这些小说只是"偶然找到的普通信件",实际就是每个人真实的日常生活场景。《新爱洛伊丝》的副标题是"阿尔卑斯山脚下一对恋人的爱情书简"。在那个写信颇为风靡的时代,理查森和卢梭作品中对生活的逼真还原,使得他们对英法观众的影响力更加强大。

英国神职人员威廉·沃伯顿说,摄政时期之后的日子里,不论是法国人还是英国人,都是在马里沃的影响下开始阅读理查森和卢梭的。[40]他的戏剧和后摄政时期的小说,特别是《玛丽安娜的生活》(1735—1741)和《暴发户农民》(1735),以一种"可以直接或间接提升认知"的方式,用现代世界理想中的生活与规范替代了中世纪"野蛮的传奇"传统。马里沃对心理与道德的敏锐观察,与《克拉丽莎·哈娄》《新爱洛伊丝》的作者们不谋而合。这两部小说各自构成了一堂不幸的道德课——美德在一位美丽的年轻女子的身上被物化,这似乎也促进了读者的认同感和保护欲,他们对这样的情节反应强烈,情绪激动。狄德罗说道:"来吧,伙计们,向理查森学习如何与这一生的罪恶和解吧。来吧,我们会一起为他小说中的不幸人物哭泣,我们会说:'如果命运让我们失望,至少正直的人也会为我们哭泣。'"[41]

狄德罗一定会坦然地承认,他用的语言是非常感性的。术语"感性"[42] 正在成为18世纪法国文学和视觉文化中最具代表性的词汇之一。"感性"的声望和文化影响力一定程度上归结于它描述的可能是科学事实。17世纪末,英国哲学家约翰·洛克认为,人类的身份和个体意识是从环境对人体原始物质的影响中产生的。笛卡尔的"我思故我在"强调了人类的理性在这个过程中的认知作用,洛克及其法国追随者——如埃蒂耶纳·博诺·德·孔狄亚克——在他的《感觉论》(1754年)中更加强调了感官的作用。这种"感性主义"哲学重点强调了灵魂在松果体中的物质存在,有力地颠覆了笛卡尔的生理学理论。灵魂现在越来越被视为非物质化的,并摆脱了盖伦医学思想体系所特有的体液系统。

在医生托马斯·威利斯、赫尔曼·布尔哈夫,尤其是阿尔布雷希特·冯·哈勒等人的研究之后,人们对于人体的观念逐渐从晃荡着体液的笨拙容器,转变为由纤维组成的原始物质的集合体,这些纤维对外部刺激表现出不同程度的敏感性,而不仅仅是液体的波动。在刺激下,纤维表现出"应激性",而神经则具有"感性"——这是一个同时也正在小说世界中崭露头角的词和意象。

对于哈勒和这些医生们来说,纤维只是物质的一种属性,但随着世纪的推移,感性这个术语越来越多地被用于道德(主动)以及物质(被动)的层面上。"什么是感性?"狄德罗反问,并回答道:"是无限细腻的观察对我们灵魂产生的生动影响。"[43] 因此,人类的基本品质是被感动,以及感受到它的能力——无论在道德、精神还是情感上。狄德罗声称,理查森的小说能够"振奋精神、触动灵魂,并无处不散发着对善的爱"。这种通过感性语言表达的道德敏感性,与被弗朗西斯·哈奇森和亚当·斯密等苏格兰哲学家发展为人类本质典型特征的同情观念相一致。人类的想象力天生就能够对他人产生同情和怜悯之感。想象他人的不幸并唤起自身的情感共鸣,是每个人与生俱来的能力。因此,感性不仅仅是一种自生的反应;它会激发思维,对外部刺激生成积极的和形成性的道德回应。

　　毫无疑问，这种将感性视为一种向生动的印象敞开心扉的观点，与一贯蔑视他人不幸的经典嘲笑理论[44]背道而驰。培养感性不是培养优越感，而是一种人道平等和同情心。一个人的不幸，将成为另一个人实施补救的机会。当面对人类苦难时，人们会心生同情，随之流下的眼泪强调了更广泛的人性的内在善良。感性崇拜因此培养了慈善和善行的观念，[45] "仁慈"这个术语在1725年由摄政时期的老兵、圣皮埃尔修道士引入法语。传统的基督教慈善根植于捐助者对灵魂命运的自私关切，与之不同的"仁慈"，则是一种植根于人本主义的世俗美德。它是对更美好、更人道的社会以及更好的人类的展望。

　　在理查森和卢梭的小说中，眼泪是真正敏感的个体最明显表达，因此在关于人性和身份的问题上，眼泪几乎具有圣礼的品质。它们是内在而不可见的恩典的外在可见的标志，是人性之恩宠。它们还突显了微笑的战略重要性。小说中眼泪与"微笑"出现的频率之高无疑是显而易见的，这种重要性也体现在微笑经常出现的极度多愁善感，而又有丰富内涵的语境中。因此，《克拉丽莎·哈娄》的情节有时读起来像是一场微笑的竞赛。[46] 一方面，18世纪最令人难忘（和吸引人）的恶棍之一拉夫雷斯和他的伙伴们猎艳时，嘴角都会带着传统的嘲讽的微笑。拉夫雷斯以"他的微笑、语言和满脸让人误解的甜蜜"而闻名——当然，这是一种误导，因为这是他诱惑手段中的一招。他的笑容就像他的对手、令人反感的索尔姆斯对克拉丽莎的手段一样做作。据大家所知，索尔姆斯的笑容"比他的面部特征还要不自然，他笑起来人们可能会把它当成鬼脸或者疯子"。对于拉夫雷斯来说，微笑还有着背叛的含义。"我用淫秽的书籍、挑逗的引用、不雅的绘画成功迷住了不止一个（年轻女子），尤其当看到她们向我送秋波和微笑时，我和撒旦都知道，她们是我们的了。"无论是好是坏——在后一种情况下，当然更糟——微笑已经成为一种面部姿态，为了解个人内心提供了一扇透明的窗户。

相较于拉夫雷斯狡诈的图谋，他的妻子克拉丽莎的微笑不仅没有掩饰对情爱的追求，反而明显传达出一种崇高的美德。即便克拉丽莎偶尔挂着轻蔑的微笑，那也只是对拉夫雷斯污言秽语的嘲讽。除此之外，她的微笑可爱得令人陶醉，是一种"温柔和关切的微笑"，充满了魅力、美丽和共情。

克拉丽莎漫长的临终场景，在小说中延续了许多页，她被朋友和仆人们团团围住，所有人都沉浸在悲伤中。然而我们看到，最后当她说出她对来生的希望时，"她的脸上绽放出一个甜美的微笑"。尽管她的死亡引发了在场所有人的"强烈悲痛"，但她又虚弱地回光返照，念着"上帝保佑——耶稣"死去。小说中写道，"随着这句话落下"，她"去世了。这样的微笑，这样迷人的宁静，在她甜美的脸上瞬间溢出，似乎表明她永恒的幸福已经开始了"。

克拉丽莎·哈洛那超凡脱俗的临终微笑，同时萦绕在法国与英国读者的心中。让-雅克·卢梭无疑也对此留有深刻的印象。《新爱洛伊丝》的情节线同样展示了女性在考验之下彰显的美德，他笔下的朱莉最终取得了辉煌的胜利，成为18世纪文学中最高尚的女主角之一。与《克拉丽莎》中一样，小说中的女主人公在平静去世之前，也经历了一场马拉松式的漫长病榻戏（图2.13）。就像理查森笔下的女主角一样，在朱莉病榻边众人泪流满面的场景中，同样充满了笑容。我们看到，朱莉生命的最后一天，不仅以克拉丽莎式的平静面对自己的结局，而且安慰了她周围所有在悲伤和哭泣中迷失的人们。一位评论家指出，尽管朱莉也很痛苦，但她"拥有更多的快乐，甚至她的欢乐还能感动他人。她嘴角挂着微笑，眼中噙着泪水。"[47]

正是这种含泪的微笑——用卢梭的话来说"嘴角挂着微笑，眼中噙着泪水"——使这部小说如此诱人。最初出现在感伤喜剧和理查森

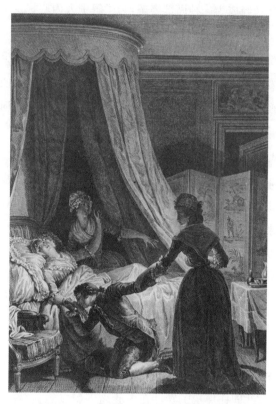

图2.13 让-雅克·卢梭,《临终场景》(出自《新爱洛伊丝》,1761)

的译本中的情感浓郁的鸡尾酒,在观众的欢呼声中达到了高潮。卢梭
《新爱洛伊丝》中错综复杂的感情线,激起了一股强烈而纵情的悲伤,
使那些阅读其内容的人们陷入其中。读者们争相表达着细腻的感想。
朱莉的作者收到了一大堆粉丝来信,[48] 详细描述了阅读这部小说时
伴随着的"眼泪""叹息""痛苦"和"狂喜"。哭泣是具有传染性的:人
们重新阅读关键段落以引发更多"心灵的美妙流露";他们向朋友朗
读,以便可以尽情地哭泣;他们在闭门之后阅读,不让仆人听到他们
的哭泣(不然只会让他们加入其中);他们为了能忍受痛苦,只敢读
上其中的一小部分;他们读得很慢,为了身体能够承受释放出的情

感的冲击。"读了这本书，一定会快乐至死"，一位评论家说，"或者更精确地说，一定要活下去，这样就能一次又一次地阅读它。"《新爱洛伊丝》最后一幕对朱莉的读者来说几乎到了生死攸关的时刻，就像对朱莉本人一样。一位贵妇人在临终场景中彻底崩溃："我哭不出来了。我心痛到痉挛，心都被击碎了。"另一位读者读过一章后被感动到不得不卧床一周。"从未有过如此美妙的泪水……我愿意在最后那一刻死去。"

卢梭粉丝们的邮件是一座充满泪水的纪念碑，足以纪念感性崇拜所激发的全新行为方式与主体性体验。作家路易-塞巴斯蒂安·梅西耶以剧院评论家的身份将笛卡尔的"我思故我在"颠倒过来：他记录了自己在剧院中的经历，"我哭了，然后，我知道我是一个人。"[49] 然而，历史学家和文学评论家可能对这种"我哭故我在"式的眼泪，以及各种情感崇拜催生的泪水，统统无法抵抗，以至于他们忽视了情感崇拜中起了关键作用的"微笑"，正如18世纪最轰动的两部畅销小说中临终时那感人一笑。

眼泪和微笑变得更加有力，也更有传染力。这种传染在剧院中可能发生——从《伊内斯·德·卡斯特罗》开始。我们也可以相当确定，这种情况在现实生活中也发生过。21世纪的心理学家[50]指出，微笑在我们现在的人际关系中确实有传染性，因为对别人微笑时，他人往往会回以积极的反馈，同时向你微笑。因此，我们可以推断，18世纪的这种感性运动背景下发生着"情感传染"，因为这些过程中交织着泪水和微笑。此外，卢梭的通信也表明，这些强烈的情感可以从书页中传递出来。微笑和哭泣似乎可以直接从书本跃入读者的心灵，并在脸上一一呈现。

归根结底，感性的微笑是伏尔泰的"灵魂的微笑"。它融合了基本的激情——痛苦和快乐，享受和悲伤——最终充满戏剧性及感染力。与传统中文学、哲学和美学界的轻蔑微笑形成鲜明对比的是，这种微笑展示出成功女性的真实与美丽。在这个越来越推崇感性的新世界中,微笑正在成为一种凝定的身份象征,揭示出一个人的内在本质和感性认同最真实的一面。

这种全新的观念在《新爱洛伊丝》中著名的那封信中便能感受到,朱莉的情人圣普乐谴责她画肖像,[51] 他认为肖像虽然优雅、美丽和栩栩如生,但根本不是她。眼睛画得无神,发际线和脸颊的颜色弄错了,画中的她感觉非常做作。更糟糕的是:画像者试图把她的外表理想化,却没有描绘出一个明显的面部瑕疵,结果把她的嘴给毁了:"上帝啊! 这个人是用青铜做的吗? ……他忘记了你嘴唇下面的小疤痕。"然而,最重要的是,他没有表现出她的微笑:

> 告诉我,他把藏在你嘴角处的那些小山丘做成了什么样子?
> 他完全没有传达出它们的优雅,你的嘴在微微一笑的时候,他既
> 没有让它显出和蔼和严肃,也没有让其带上某种未知的魅力,某
> 种能穿人心的、突然出现又无法言说的狂喜。的确,你的肖像无
> 法从严肃改成微笑,但这正是我的抱怨:如果要展示出你所有的
> 魅力,你生活的每一个时刻都需要被画下来。

在感性文学中,即便转瞬即逝,难以描摹,微笑已然成为人类身份的徽章。

看见感性的微笑

在探讨感性微笑的话题中,出现了一种新的、乐观的人性观念。伏尔泰称感性的微笑为"灵魂的微笑",[52] 这个概念在随后的几十年中广泛传播。例如,路易-塞巴斯蒂安·梅西耶在 1773 年的作品中将

"灵魂的微笑"定义为"精致、细腻而平和的微笑,它远离欢乐的喧嚣,仿佛愉悦与放纵的差别一样遥远"。与无法与灵魂产生共鸣的"机械(或工具)微笑"不同,"灵魂的微笑"会"柔和地赞赏着可敬、高贵和感人的事物"。

卢梭曾强调说,所爱之人的微笑是难以呈现的,它纯粹得无法言说。但他的同时代人在想象这类"灵魂的微笑"、崇高的感性微笑时,毫不掩饰自己的溢美之词。伏尔泰就明确指出:"一个美丽的人如果微笑时嘴巴闭上,没有笑出来,那他的脸上就会缺乏优雅"。[53] 露齿的微笑已经成为视野中的焦点。

理查森也在《查尔斯·葛兰底森爵士》[54] 中提供了关于微笑可视化的线索,像在《克拉丽莎》中一样,小说中充满了笑容。这些微笑有时是"强迫""嘲弄""奉承""幼稚"和"讽刺"的——因为每部剧都有反派角色。(在 1780 年代,拉克洛在《危险的关系》一书中描绘了一系列更广泛、更阴险的背信弃义的微笑。)但理查森笔下的小说女主人公拥有"迷人""温柔"和"不做作"的微笑,无疑更具戏剧性的效果。她微笑起来无所畏惧,坦然自若:"她的第一个微笑就告诉你,她的心灵就画在她的脸上。"书中有个角色着重提到:"每一个让人愉悦的眼神,这张可爱的脸上闪耀的每一次微笑,都归功于她的天性善良、坦率,归功于她内心的慷慨与感恩。"那一笑不仅能包容极端的情感,更超越了它:"可爱的女孩!她设法含着泪微笑,(显现出她的)天真与无邪。"作者继续说道:

> 这种开放、微笑、高尚的美可能会以法国人所说的相貌和我们所说的表情的形式出现……她的脸颊?我从未见过如此美丽的脸颊。微笑会用最温和的方式在脸颊上生出两个迷人的酒窝……她的嘴……从来没有这么神圣的嘴。为什么要感到惊讶?朱红色的嘴唇和均匀而洁白的牙齿可以让任何一张嘴都变得

美丽。

美丽的嘴巴、洁白的牙齿和迷人的笑容似乎正在形成一种新的组合,在小说《查尔斯·葛兰底森爵士》中是这样描绘女主人公葛兰底森小姐的:

> 她的肤色并非特别白,皮肤却细腻而洁净,面容周正……她的牙齿洁白整齐,我从没见过如此可爱的小嘴。她的气质内敛而谦虚,既让人尊重又能唤起爱意,随时都会对人报以最迷人的微笑。

这是感性微笑问世以来最重要的时刻。微笑从"感伤喜剧"和市民剧中崭露头角,在理查森和卢梭的世情小说中成为主要的身份标志。新的微笑颠覆了夏尔·勒布伦基于西方艺术史建立起来的面部表情等级制度。以前眼睛象征着灵性和更高的情感,现在嘴巴扮演了这一角色——而在之前的传统中,嘴象征的是欲望和激情。同样,之前洁白的皮肤是代表着纯洁和美丽的受关注中心,而现在焦点转向了洁白的牙齿。值得一提的是,伟大的博物学家布封[55]在他著名的《自然史》中强调了嘴巴是最具灵活性的器官,因此也是最具个性的器官。

文学和科学作品中全新的感性微笑,也成了绘画界认可的线索,尤其在让-巴蒂斯特·格勒兹的作品中体现得最为显著。格勒兹成名于1750年代末,正是感性微笑破茧而出的时代。他专攻风俗画,[56] 尤其擅长描绘日常家庭生活场景,同时保留了历史画中的崇高视觉感。通过参照当代戏剧或小说,他为自己的场景注入了生动的叙事力量。狄德罗是市民剧的主要理论家和实践者,他称赞格勒兹是第一位"以能够写成小说的方式将事件联系在一起"[57]的画家。例如,格勒兹的《乡村新娘》(1761)或《孝道》(1763)或《深受爱戴的母亲》(1769)中描绘的美德情节,可以通过世情小说的情节或狄德罗的戏剧来理解,这尤其体现在格勒兹对人物面部和手势表达的密切关注上。在这一点上,他证明了法国的画家们是有能力超越夏尔·勒布伦的名作,画出更为自然的情感的。从某种意义上说,这也呼应了时代精神。哲学家孔狄亚克在讨论绘画中情感表达的位置时曾说:"我想要一种能与我的灵魂对话的灵魂。"格勒兹正是希望提供这样的东西。

格勒兹庄严的代表作《主显节》(《国王饼》)(1774),表现了各种"富有灵魂"的面部表情,展示了他这方面卓越的才华。[58]画中表现的是一个农民大家庭中的简单悲欢岁月,与家庭中族长的坚忍与尊严(图4.3)。值得注意的是,族长闭着嘴,但其他所有角色都表现出兴奋和期待的状态,他们的表情简单、真诚且自然,张嘴露齿。农民生活的天真淳朴,通过感伤文学中的露齿微笑呈现出来。《深受爱戴的母亲》(1765)(图2.14)中也展示了类似的自然表达感性的微笑的面容。这幅画中疲惫的母亲脸色平静,孩子们承欢膝下,投来崇拜或挑剔的目光。一般都认为这幅画脱胎于鲁本斯为法国国王亨利四世的王后玛丽·德·美第奇所画的《分娩中的女王玛丽》(1621—1623),然而,鲁本斯所绘的快乐而疲惫的玛丽紧闭着双唇,而格勒兹画中的母亲则有其典型的风格,张开嘴,露出牙齿,笑容虽然苍白但至高无上,狄德罗认为格勒兹在这幅画中超越了鲁本斯。

微笑的变化真正来临了。全新的感性微笑,让人露出了牙齿。从18世纪中叶开始,小说、戏剧和绘画中的感性崇拜明显增多,重新使微笑成为内在和外在美的标志,及其同一性的象征。这似乎是对波旁王朝宫廷文化中忧郁的面部表情的含蓄的指责。对感性的崇拜加入了某种传道般的热情,仿佛要以路易-塞巴斯蒂安·梅西耶的"我哭故我在"取代笛卡尔的"我思故我在",成为全人类的座右铭。曾经那伴

图 2.14 让-巴蒂斯特·格勒兹,《深受爱戴的母亲》(1769)

随着眼泪的微笑,如今展露出了牙齿。现在,牙齿终于可以得到比以往任何时候都要周到的认真保养,牙科学开始逐渐成为焦点。

第三章　牙医的出现

从 1710 年代起,直到 1757 年去世前,让·托玛每天都与巴黎新桥中央的亨利四世骑马雕像并肩而立,准备为每位需要拔牙的人服务。他被人们亲切地称为"大托玛"[1],或者准确地说是"胖托玛"(他臃肿的身材引人注目,因此得名)(图 3.1)。在牙医旧秩序下,他是一位

GRAND THOMAS avec son panache.
Est la Perle des Charlatans:
Il vous guérit le mal de dents
Quand il vous les arrache.

图 3.1　《大托玛》

引人注目的学者，演绎了丰富多彩的人生。如果说他是同行中的最后一位拔牙匠，可能有些不准确，因为直到 20 世纪初，类似的拔牙匠还一直游历于欧洲乡村，甚至今天在发展中地区的集市上，依然可以轻易找到。然而，可以确定的是，到 1757 年让·托玛去世时，巴黎已经出现了一种新型的从业者。这些人不仅有别于以往的拔牙匠，而且与现代牙医已非常相似。事实上，"牙医"这个词的出现就是专门用于描述他们的。牙医这一制度和职业的发展将对微笑的历史产生重要影响。再者，在巴黎启蒙运动的文化发酵中，感性的微笑逐渐绽放光彩，这使得微笑革命在这座城市席卷而来。

新桥上的拔牙嘉年华

作为新桥上最新的一位拔牙艺人，大托玛是新桥拔牙匠们（如费兰蒂、塔巴兰、孔图吉、卡梅利娜和巴里）当之无愧的继承者。[2] 与其他人一样，他也催生了自己的文学产业，以庆祝此位自诩英雄的人物，在巴黎流行文化中的神话地位。他在画像中自豪地宣称：

> 我们的大托玛，身披荣耀之羽，
> 得名江湖之珠，应是传闻如许。
> 牙疼了吗？勿需犹豫，
> 大托玛来者不拒。

对这位"江湖之珠"，还有各种绰号如雨点般落在他的头上，比如"宇宙的光辉""巨大的阿斯克勒庇俄斯""人类颌骨的噩梦""无与伦比的力量"。他总是穿着一件大号的红色外套，镶有金边，胸前挂着一枚闪闪发光的太阳勋章。威风凛凛的假发垂在他黝黑的脸庞，又被一顶巨大的三角帽遮住半边,帽顶装饰着孔雀羽毛和五颜六色的帽章。他身边总是佩带一把巨大的军刀,刀柄上雕刻着一只栩栩如生的老鹰。一辆色彩斑斓的移动马车是他"非凡托玛"的拔牙舞台,顶部有篷布以抵挡恶劣天气(图3.2)。

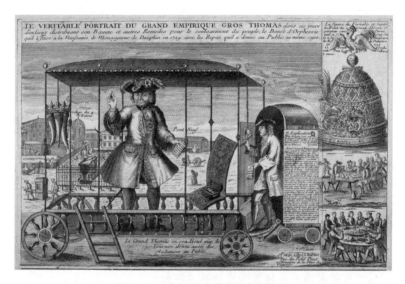

图 3.2 《大托玛在他的"诊所"里》

车棚上悬挂着一个巨大的牙齿,仿佛巨人国王高康大嘴里那颗。另一边挂着一个铃铛招徕客人。他上台时还会有两个萨瓦人搭档,一个吹号,一个拉琴,台上有一个封闭角落,可能是他的诊室[3],也可以当更衣室。和所有江湖骗子一样,大托玛自称拔牙技术就像"奥维坦"一样可以包治百病,不仅能保证口腔绝对健康卫生,术后美观如初,而且可以"一针见效"治疗性病。

"大托玛"的气场大到仿佛能让病牙自动屈服掉落。关于他的传说,也无不透露着神秘的气息。他给人开药的剂量跟马的一样。他体重是常人的三倍,食量则有四倍。他的嗓门一吼倾城。据他自己说,如果病人的牙齿不服从他的旨意,他会让病人跪在他面前,手握那颗顽抗的牙齿,再用公牛的力量,将他举到空中甩三次。他的招牌上写着"拔牙,要不就拔颌骨",告诉大家他拔个下巴都比同行拔牙快。坊间有一首模仿英雄的打油诗,歌颂了托玛每天在新桥上的堡垒中,与黑暗势力殊死搏斗的史诗般的日常:

> 曾经,在塞纳河畔,
> 住着阴沉的死神,一位残忍的君王。
> 但伟大的托玛,降临在这片海滨,
> 用他神秘的力量,阻止了死神残忍的入侵。
> 无尽的努力,却徒劳无功,
> 骄傲的死神坠入无尽黑夜茫茫。
> 托玛荣耀满身,洋洋得意,
> 让我们品尝他伟大的胜利……
> 热病在他面前颤抖,悄然退去;
> 痛风也被征服,蹒跚离场。
> 所有疾病都被他神奇的医术驱散。
> 他恢复了我们的快乐,赋予了我们所有的善良。
> 当宇宙无尽地赞美祝福他时,
> 我的歌唱和颂词也随之抵达终章。[4]

这个神话般的人物以能减轻痛苦为豪,很少有医生能够做到。1743 年,在喜歌剧院上演的一出名为《通俗喜歌剧》的剧目中,[5] 他穿上服装扮演一位医生出场,自夸拔牙的手指"胜过整个医学界的同行"。当因缺乏对前辈的尊重而受到斥责时,他回答道:

> 小心医生们的夸夸其谈,
> 那是他们害人的手段。

虽然我,托玛,一说实话就舌头打结,

但至少我能让你的痛牙消灭。

我将其从根部拔出。

啪!就从根部拔出。

托玛的事迹值得文学的缪斯之神好好关注。1729 年,路易十五的长子,即王位继承人诞生,[6] 这一喜讯激起了巴黎人的无尽欢乐。9 月 9 日,巴黎歌剧院免费上演了一出名为《新桥即兴演出》的小品剧,剧里巴黎景观中的各类典型角色都粉墨登场,并以各自独特的方式谢场;其中当然包括大托玛。实际上,这位传奇人物在两天前就已经开始行动。路易十五为了感谢他儿子的诞生,经过新桥前往巴黎圣母院祷告时,托玛已经做好准备,守在桥边。据记载,他穿得像"第二位坐上太阳车的法厄同",[①]"更像(诸神)西勒诺斯,[②]而不是我们这个时代的人","他的头低垂在帽檐下,就像大流士[③]的大象,那个帽檐更适合用来塞床垫,而不是用作头饰"。皇帝通过时,号角声响起,托玛击鼓喊出"国王万岁!"声音巨大,远远高于其他人。

托玛试图拖延皇家庆典,跑遍全城散发传单《献给公众的有益建议》,他觉得自己站在新桥上的"车辇"里发言时,就像"坐在王座上的皇帝"一样,他还倡议大家喝下"用一两品脱狂欢礼酒所稀释的欢乐药丸"。他接着宣布,"为庆祝皇太子大人的幸福诞生",他,托玛,将免费拔牙两周,并且会"把剩下的牙洗净、清洁,使它们白得像牛奶一样"。(有趣的是,即使是传统的拔牙匠,似乎也开始意识到大家越来越看中牙齿的白度。)他还将免费分发他的药品。此外,在 9 月 19 日星期一,

---

① 希腊神话中太阳神赫利俄斯之子。——编者注
② 希腊神话中森林之神,常被描绘为一个长着马尾,大腹便便,头戴葡萄藤冠的老人形象。——编者注
③ 波斯帝国国王大流士一世。——编者注

他计划在新桥上摆下大席,从早到晚,还会有烟花表演。他在亨利四世塑像周围划出一个封闭区域,并准备了葡萄酒、香肠等物品。由于场面非常热闹,那些有窗户可以俯瞰大桥的人家,还把屋子租给人观看即将到来的盛况。

可悲的是,我们这位"江湖之珠"的慷慨行为却让他碰了一鼻子灰。巴黎警察总长在大日子前的下午禁止了宴会,并没收了全部酒肉。然而,从早上开始,受邀的客人却大量出现,塞满了桥梁和周围的码头。当他们意识到自己的寻欢作乐受到了阻挠时,便自行采取了行动。一份报告说:

> 他们游行到托玛在孔蒂码头的住所,把主人软禁在那里,毫无理由地殴打他,说公众是神圣的,他们不能被轻易嘲弄。大托玛出现在窗户上,就像在讲坛上一样,想以自己威严的面孔和他长期以来所擅长的口才,来安抚饥饿的人。但是,空腹的人是听不见的。客人们发生了暴动,迫使托玛把警察留给他的唯一一盘食物拿给他们……主人眼睁睁看着自家的窗户被砸了一整天……[7]

而托玛的羞辱还没有结束。大约在同一时间,他遭到了医学生们的恶作剧,令人印象深刻,这个故事还传到了德国。柏林《福斯报》的一篇报道记载:

> 人尽皆知的"大托玛"拔牙匠,在新桥上有一家搭建在轮子上的店铺,几名学生给他开了个幽默的玩笑。他们把四枚大火箭绑在他篷车的底部,看准他正忙着给一个病人拔牙时,点燃了火箭。那个病人当然摔倒在地,大托玛也摔到了他身上,引得周围人群欢声大笑。[8]

嘲笑一个滑稽人物显然可以获得很多乐趣,将狂欢节变得更加狂欢,这就是拉伯雷式幽默——拔牙手段也一直保有如此的幽默感。现在,咱们用英雄式的时髦语言再来诠释一遍:这段经历,不仅不会令大托玛的魅力有丝毫减少,而且使他的形象更加伟岸。在新桥上,大托玛无疑拥有无上的地位,拔牙手法自成一体。1740 年出生于巴黎的作家兼剧作家路易-塞巴斯蒂安·梅西耶深情地回忆起童年时,曾在那个老地方看到过他工作。正如梅西耶所称呼的那样:

> 这位"拔牙之王"因其巨大的身形和衣物尺寸,从远处就可辨识。他高昂着头,头上戴着引人注目的羽毛,他有力的声音响彻塞纳河两岸。信任他的人们将他包围,牙痛看似逼近,最终却消亡在他脚下。[9]

1757 年,这位当代的传奇人物与世长辞了。有人匿名写了首悼亡诗送给托玛,[10] 想象了他在地狱中的场景——因为他太胖而无法登上天堂的阶梯——只能在冥王哈迪斯的门口,打磨地狱三头犬刻耳柏洛斯的牙齿练练手。1757 年 3 月去世后,他的财产清单[11]也显示了他以前生意的成功。公证人郑重地记录下一枚太阳图案的奖章、一顶装饰帽、一件镶金边的猩红色外套,以及马厩里"一辆拆解了的手推车,是托玛在新桥上拔牙及卖货时用的"——再加上价值 5.4 万里弗的几袋金币。看起来,给巴黎人治牙很赚钱。事实上,人们对牙齿健康的需求已经迅速增长,其中蕴含着无限的商机。

两位牙医的故事

托玛这样拔牙兼作秀的生意,一直到 18 世纪,还能在巴黎的中心保持经久不衰。然而,到了这个时候,另一种口腔护理传统,也开始在这座城市站稳脚跟——我们将看到,他们不像托玛和他的同行那样只专注于拔牙,而是更着眼于微笑的塑造。两派风格截然不同。新传统没有陶醉于平民的赞誉,而是强调了其科学性、预见性与有效性。这其中最早也是最出色的牙医就是皮埃尔·福沙尔。[12] 透过福沙尔的生活和工作,我们得以窥见欧洲历史上首次出现的现代科学牙科的世界,以及牙医旧秩序的衰落。

关于皮埃尔·福沙尔的早年生活,我们所知甚少,大体与大托玛忙碌的拔牙经历相去无几。福沙尔生于 1678 年,可能出生在瓦讷,从 1690 年代末开始主要在法国西部昂热附近行医,基本上就像传统的拔牙匠一样居无定所,各处漂泊。他回忆道,有一段时间他还在海军外科医生亚历山大·波特勒雷手下工作。由于牙齿处理不当会导致败血症,海军对口腔护理十分重视,波特勒雷本人便对之很感兴趣。福沙尔于 1719 年在巴黎正式行医时,大托玛早就在新桥上开业多年。福沙尔可能与他的竞争对手半斤八两,当时都没有正式外科医生资格。

皮埃尔·福沙尔在左岸生活和工作,位于圣日耳曼区壕沟街(现在是第六区的古代喜剧街)。尽管在物理距离上,这里距离大托玛和他的同行从事手艺的新桥只有几百米,但就两人的贡献而言,他们又相去甚远。大托玛的传单与其他粗制滥造的广告混在一起,里面尽是拼错的拉丁语和填字游戏。相比之下,福沙尔可以炫耀一下自己那部重量级的两卷本著作《牙外科医生》(或《牙齿论》)。这部巨著于 1728 年出版,是他"三十年勤奋研究与临床经验的结晶"——也是在这个时候,托玛遇到了盛宴、烟花被禁、警察找上门、公众骚乱等各种问题。《牙齿论》可能是所有语言中早期牙科学最有影响力的书籍。它还创造了"牙科"这个术语,并一直保留在法语中(并在 18 世纪 50 年代传入英语)。因为这本专著,福沙尔声称自己就是第一位现代牙医。这也正好回应了后路易十四时代刚刚兴起的白牙微笑的感性需求；在某种程度上，福沙尔也做到了这点。

在《牙齿论》的引言中，福沙尔强调了过去牙科学研究的种种不足。古时候没有系列甚至单篇的文献可供参考，当代人对此基本也不置一喙。只有两部文艺复兴后关注牙齿问题的作品，还稍稍值得一提，[13] 尽管从福沙尔的观点来看，这两部作品也有明显的不足。这些作品分别是于尔班·埃马尔的《真正的牙齿解剖学》(1582)和贝尔纳丹·马丁的《论牙齿》(1679)。尽管这些著作具有开创性的地位，但从18世纪的观点来看，它们都不能被视为学术作品。尤其马丁的书只是收集了自己并不专业的手术观察记录，并大量从手术文本和传统疗法（例如用猫粪清洁牙齿的记载）中摘录段落。

福沙尔在他的大著中指出，市面上能看到的关于牙病的书，里面写得"既不普及也不专业"，即便是外科医生，也多束手无策，例如在当时广受好评的医学手册——比如勒内-雅克·克鲁瓦桑·德·加朗若的《外科手术论》(1720)或纪尧姆·莫凯·德·拉莫特的《外科手术全书》(1722)。福沙尔对加朗若颇有微词。此外，虽然著名医生皮埃尔·迪奥尼(1708)所著《外科手术课程》[14] 中已经专辟一整节详细描述牙齿牙病，但在皇皇两卷共600多页的巨著中，只占据了区区不到30页的纸。甚至，迪奥尼警告那些有抱负的外科医生，不要过多地涉足拔牙的工作，因为那些工作"有点像江湖骗子"，这一警告反映出许多雄心勃勃的外科医生更普遍的愿望，如果想在社会或科学上有所成就，就要远离常见的身体看护（诸如出血护理、清洗、剃须、穿衣和理发、拔牙等），虽然那些之前或许也属于外科，或者是"理发手术"，但现在都要远离。

迪奥尼对拔牙的鄙夷与差评，需要放在从17世纪末到1789年法国大革命期间外科和医学界发生的制度争论的背景[15] 下来讨论。外科医生们积极寻求扩展手术领域，增加声望，希望摆脱传统医师对他们的束缚。外科医生机构影响力不断提升,其中一个关键因素是全国外科手术的集中化。自从 1668 年起,所有手术机构都归国王的首席外科医生领导。到 18 世纪初,巴黎外科手术在迪奥尼眼里已经成为全球最佳,因为这里的制度能保证参与者拥有先进的设备,尝试更多实验,做到理论与实践完美结合。巴黎外科医生团体,可能比法国任何其他专业组织更紧密、组织化也更强。从 1720 年代开始,他们在一系列首席外科医生(以及受过蒙彼利埃培训的宫廷御医弗朗索瓦·德·拉佩罗尼)的带领下,挑战那些僵化的巴黎医学院的传统医生。1695 年,巴黎新设立了一家外科手术圆形剧场①,外科医生群体得以在此开设自己学科相关的理论和实践公开课,这也与迪奥尼 1673 年在皇家植物园开设的热门课程相得益彰。路易十五个人非常偏爱外科手术,随后他为外科手术圆形剧场设立了教授职位,又在 1731 年建立了一所外科学院(完整的医学院直到 19 世纪才有)。巴黎医学院不得不逐渐放手对外科手术的控制。到 18 世纪中叶,由于王室的支持,外科医生实际上已经相当自由。

巴黎外科手术的崛起,也得益于巴黎外科医生内部越演越烈的等级制度。16 世纪到 17 世纪,医学界内部的斗争旷日持久,势不两立。这其中,有志于行医的"长袍"学术外科医生,与更接近小商人的"短袍"外科理发师势同水火,因为理发师们在学术方面确实几乎乏善可陈,只能靠提供日常的身体保养为生。迪奥尼也做过这样的比较,他眼中的"理想解剖外科医生",16 是熟知医学知识的同时又心灵手巧的医生,与那些只能按照传统流程操作的文盲江湖医生相比,简直有天壤之别。江湖医生里,就有不少粗鲁骗人的"拔牙匠",这让早期牙科手术背负了不小的恶名。

---

① 进行外科手术演示的场所,阶梯式的圆形设计确保了良好的视线,使尽可能多的医学生能看到手术台上的操作。——编者注

然而,在 17 世纪末,情况开始有所改善。法国各地行会的重新调整,把理发师与假发制造商归入一个独立的行业,从原来的外科手术行业中脱离。巴黎的主要假发制造商[17]乘着假发业崛起的东风大肆扩张,数量从 1673 年的 200 人增加到了 1731 年的 700 多人,已经完全独立于外科医生。他们的行会吸引了许多从事理发的外科医生,并简化了组织机构。随后在 1699 年,巴黎外科医生团体在内部制定了新的等级制度,[18]把有志科研且地位崇高的精英外科医生与专业地位低下的外科医生明确区分开来。1699 年新定的制度,在一些认定的外科次级学科领域中引入了"专家"这个头衔。那些新兴的次级学科领域包括牙齿和眼睛护理,以及胆结石、肾结石和膀胱结石(实际上是未来的牙医、眼科医生和外科碎石的专业领域)。类似的还有因疝气而起的疝气带制造商。新的"专家"并不需要通过接受完整的外科培训,来得到外科大师的资格,以及掌握所有临床外科技术。他们会成为巴黎学院的附属成员,并受到国王首席外科医生的监管。有志于成为"专家"的人则必须参加为期两天的考试,由巴黎外科医生协会的成员考核他们外科学的理论和实践能力。通过这些安排,外科医生们在学科内的子领域间被成功分开,例如牙科,只用做好口腔护理的内容就行。但巴黎外科医生协会依然对这些次级领域的医生保持管理权并不断加强管理力度。

1699 年的机构框架在 1768 年的稍作修改后,一直保持到大革命时期。"牙科专家"这个头衔,对那些曾自称为"拔牙医生"或通常意义上的"拔牙匠"的人来说,是一种明确的社会地位与专业技术的认证。如果大托玛可以被视为"专家",那么我们这位皮埃尔·福沙尔也是当之无愧的巴黎"专家"。

然而,如果真的根据规定,把大托玛和皮埃尔·福沙尔都认定为牙齿"专家",那么这两个人就成了这个领域的"绝代双骄"。福沙尔建构了一套理论,来回应他与大托玛之间的优劣,[19] 就像迪奥尼对待外科医生所做的那样。一方面,他承认许多以前的手术人员"在手术的部分方面上表现卓越,这部分并不可鄙",而且更加突出他们在手术的其他方面上"对保护人类的健康,没有用或不重要";他援引了前新桥居民卡梅利娜的话。即使外科医生知识再全面,但在其专业范围内,口腔护理专家可能更胜一筹。

在另一方面,福沙尔对那些不良牙医非常反感,因为他们的行为导致了公众对所有拔牙医生的鄙视,认为他们愚蠢、狡诈,不学无术。福沙尔说,那些人往往使用各种欺骗手段来愚弄公众:

> 有人声称用特殊精华治疗牙痛;有人则使用土膏药;有人通过祈祷、画十字标志来治疗,承诺一定灵验;还有些则认为是蠕虫啃咬牙齿并引起疼痛,所以要用特效药物杀虫。[20]

福沙尔尤其厌恶新桥上那些不择手段的拔牙匠,[21] 尽管他没有点名,但很明显,福沙尔骂的就是大托玛。福沙尔继续攻击那些人的"所谓技能":

> 骗子们专门盯着一些混在人群中的可怜虫,让他们听到一连串承诺。边上有收了钱的"托"走上前来。准备动手的拔牙匠手里拿着一颗牙齿,牙齿已经被一层很细的薄膜包裹着,里面备有鸡血或其他动物的血。他把手伸进托儿的嘴里,藏好牙齿;之后只需粉末一洒,或者用吸管、刀尖等轻碰,甚至只用在患者耳边摇摇铃铛,人们就会看到患者张嘴吐出鲜血,以及一颗血迹斑斑的牙齿,其实就是之前放好的那颗牙齿。

福沙尔发明了新词,以区分市面上优劣不同的拔牙医生,大托玛般道德不端的拔牙匠只配叫做"江湖郎中";德艺双馨、经验丰富的(例如他自己),从此就成为"牙科-外科医生"或"牙医"。

如此认定涉及很广,有社会接受层面、也有语言独特性,当然也包括医生专业能力。福沙尔这样的牙科医生常年与外科学和医学领域中最为德高望重的人物交往,而大托玛身上散发的只能是游乐场氛围。在《牙科-外科医生》一书前言中,[22] 著名的医师和外科医生们一齐向福沙尔的奉献精神及其著作的公共服务价值致以崇高的敬意。此外,他叙述的案例研究也表明,他受到了外科医学界名流(包括拉佩罗尼)、巴黎学院成员甚至国王首席医师多达尔的尊重,他将此书题献给后者。

福沙尔表示,他要向他的专家前辈们学习如何塑造专业形象。《牙科-外科医生》中印有一张他的肖像画,一派绅士科学家[23]的形象(图3.3),正好可以与大托玛"江湖之珠"的形象(图3.1)形成巨大反差,一边是学者的长袍、豪华家庭环境以及路易十四式假发,一边是新桥户外行医环境中,江湖郎中弹眼落睛的华丽装饰。托玛的学徒坐在他脚边,任他从自己不幸的下巴上拔下一颗牙齿,高高举起。相比

图3.3 皮埃尔·福沙尔,来自他的《牙科-外科医生》(1728)

之下,福沙尔手指轻轻地放在两卷书上,我们可以认为这是他自己创作出来的,也可能是他从一堆装订好的资料里抄出来的,反正他既没承认,也没否认这一点。一般认为,福沙尔之前的所有牙科学历史,基本凝结在这两卷著作与他优雅的姿态之中。最后,托玛版画中"江湖之珠"的街头顺口溜箴言,与福沙尔画像下方的警句拉丁铭文,形成强烈对比,大致可以译为:

> 哦,福沙尔! 用他的手和笔,
>
> 缓解我们牙齿的痛疾,
>
> 保护它们的健康,保持它们的魅力;
>
> 嘲笑嫉妒的流血尖牙,
>
> 它们在你的美德上碰壁。

正如我们将在下一章中看到的那样,牙医选择在私域工作(而不是在公共场合)、强调保护牙齿(而不是拔牙),并建立在健全的解剖学和外科学基础上(而不是独门秘方)。牙医们不仅仅关心病人牙齿本身的健康,也开始注意病人有没有钱,长得如何,病人的敏感程度,以及自己能否胜任更大的社会价值。

如同大托玛一样,新一代牙医也可以通过"艺术成就"取得成功。例如,在1728年出版《牙科-外科医生》之后,福沙尔的事业便蓬勃发展。该书于1746年至1786年间不停重版,并被翻译成德语。福沙尔深谙与病人交流之道,正如他的肖像画所暗示,他不仅深深认同自己科学家的形象,同时非常重视自我推销。例如,他在1746年《牙科-外科医生》第二版的后记中,全面宣传了一下自己的业务范围:

> 作者还为病人准备了适用于牙齿和牙龈保健的优质海绵、经过特殊处理的根茎、鸦片剂、粉末、水和酒精。书中提到的包括人

工腭修补及需要手术器械的所有牙科手术他都能胜任。为了美白牙齿、治疗口腔疾病，(他和他的学生)愿意提供各种力所能及的帮助。[24]

1734年，福沙尔娶了法兰西喜剧院著名演员的女儿，这段美好的姻缘也让他成功购置了巴黎南部奥赛附近的大美尼勒庄园，花去了将近10万里弗。[25] 这里曾是法兰西国王弗朗西斯一世和他的情妇埃唐普公爵夫人的爱巢，同时拥有丰厚的领主权利。到1740年，记录巴黎人生活的编年史家埃德蒙·巴比耶称福沙尔是"巴黎牙科领域的翘楚"，并且"在贵族圈中有许多朋友"。他包揽了很多手术，但在个人生活上却受到不少挫折：1746年，他的第一任妻子去世，再婚后却又婚姻破裂，1760年与第二任妻子分道扬镳。然而，他的事业却蓬勃发展。他第一任妻子的兄弟洛朗·蒂格迪阿尔·迪舍曼在20世纪30年代接受了解剖学训练，并加入了家族企业，同时，福沙尔还培养了其他一些学生。他的财富足够让他的儿子去学习法律，并在海军法院担任体面的律师职务。1763年，在他的传奇对手大托玛去世六年后，福沙尔去世，享年83岁。他死时非常富有。

巴黎启蒙时期的牙齿

福沙尔的成功对新兴的牙科学科和日益增多的专业牙医群体带来了深远影响；他的成功很大程度上要归功于18世纪中叶巴黎开始出现的知识与文化变革。那时，巴黎已成为欧洲启蒙运动的主要中心之一，[26] 人们强烈感到自己生活在一个"光明时代"。光明时代的代表人物里就有哲学家(或称启蒙思想家)，他们以人类理性的尺度来推进知识，并对现有的制度和价值观进行理性的审视，带领启蒙运动以巴黎为中心席卷欧洲。那个时代里,伏尔泰和孟德斯鸠是他们中最受尊敬的人物。在阳光明媚的摄政时期,他们出现在巴黎的公共生活和知识界。思想家们开始怀疑 18 世纪以来既定的行为与价值观,但他们以微笑的方式挑战着这一切,期望自己的乐观情绪能感染到同胞们。

启蒙思想家对人类进步持乐观态度。[27] 他们摒弃了自中世纪以来都由教会庇护的旧式大学所提供的以神学为基础的古代经院科学,转而崇尚 17 世纪科学革命的伟大人物,强调人类拥有理解真正世界的能力,而不必依赖经书启示或古代科学的教条主张。伽利略关于天文学的著作、威廉·哈维关于血液循环的著作,以及最著名的艾萨克·牛顿的引力理论,都被视为人类理性的辉煌胜利,完全颠覆了公认的教条或圣经禁令(它们也的确与教会的传统教义背道而驰)。此外,大家一致认为,基于经验观察的科学方法是揭示宇宙奥秘的有效手段,对启蒙思想家来说,它也可能成为改变世界的一种方式。启蒙思想家批判了没有价值的知识形式,他们的目标是利用知识在物质和道德层面上改善社会,并让人类不论男女在当下而非来世更加幸福。贯穿所有启蒙知识体系的核心其实是社会效用。

启蒙运动在人文主义的历史叙事中都是乐观而进步的,人们相信理性之光会越来越明亮,生活会越来越幸福,社会也变得更有人文关怀、更具理性价值观。即便短期内无法完全实现,但人们还是在极力追寻人性的完美。启蒙思想家对未来充满乐观,他们深信,人类的智慧和善意终会取代人性堕落时体会到的悲观之情。这场运动继而讽刺了黑暗阴郁的法国宫廷和教会文化,谴责过去由绝对君主神权与狭隘的天主教会所维护的悲惨时代。哲学家们带来了一种愉快的精神,这种精神既延续了摄政时期的自由奔放,又与拉伯雷文学中的“快乐法兰西”和热闹的民俗遗风相关联。

在启蒙运动中,微笑和大笑声被视为集体欢乐的象征。正如哲学大家、摄政时期老兵伏尔泰对生活的忠告："我们必须笑对一切，"[28]他说道，"这是唯一的办法。""我可以随意取笑一切，嘲笑一切。这样对一个人的健康非常有益，我希望它能治愈我。"伏尔泰以笑声为武器，有时让人联想到那些蛮横而谨慎的朝臣（他也曾经是其中一员），只不过他的讽刺可能更加尖锐："世界是一场战争，谁能笑到最后，谁就是胜利者。"但这种倾向通过一种观念得到了平衡，即他提倡的笑与"羞辱他人为乐"相反。伏尔泰相信，笑是一种超越理性的态度，是理性的人在面对时代愚蠢行为时的集体爆发。在人多的地方，人们感到安全与愉快。他和他的哲学家同行们认定自己正在进行一场愉快的人类进步运动，反对迷信、狭隘和无知的黑暗势力。如果他们脸上有笑容，那就是理智的微笑。

回想起来，伏尔泰那一代的哲学家有时被认为是一群枯燥的理性主义者，抗拒感情的流露。然而，这并非事实。尽管他们不像卢梭那样赋予启蒙运动额外的激情，但他们对现有制度和价值观的批评，与我们在上一章中讨论过的感性的科学与文学[29]中人性与情感的重估是相一致的。尤其值得注意的是，启蒙思想家们还大量借鉴了沙夫茨伯里的道德和礼貌理论，这些理论是在摄政时期开始流行起来的。沙夫茨伯里认为，每个个体天生具有社交能力：他所谓的"聚群"——个体聚集在一起，追求共同安全和愉悦——与进食一样，是一种自然需求。人类天生倾向于与他人产生共鸣，并通过自由随意的社交活动，实现人类自由和个体幸福。沙夫茨伯里指出，面对面互动的"友好碰撞"增进了社会和谐，也让大家更加尊重他人，到了18世纪中叶，人们开始称之为"文明"。

激进的法国哲学家霍尔巴哈男爵倡导"快乐、活跃、礼貌和社交"，[30]认为那才是法国人真正的特点。整体上看，他认为启蒙运动中最真实的法国人只能在巴黎找到，从文化角度来看，那里是国家的精髓所在。意大利作家路易-安托万·卡拉乔利表示："良好的哲学在于快乐。"[31] 世界上除了巴黎以外,没有其他地方有如此多的快乐。巴黎是全世界"国家的典范",是"欢笑之家"。[32] 这座城市充满了"适度的快乐,不是哄堂大笑,而是愉快的(riant)笑容"。这是巴黎人的欢乐,甚至乞丐在礼貌地请求施舍时也会微笑。被认为拥有"最令人愉悦和最富有想象力的语言"的耶稣会作家约瑟夫·塞鲁蒂也同意同胞卡拉乔利关于城市中"愉快面容"的看法,并指出笑声是法国人的"显著特征"。1764 年,德国哲学家伊曼努尔·康德说道,尽管意大利人对"思考之美"情有独钟,但法国人总是最看重"微笑之美"。著名面相学理论家约翰·卡斯帕·拉瓦特基本上同意这一观点。法国人总是面带微笑:"我主要通过牙齿和笑声来辨认(法国人)。"伏尔泰将他的同胞比作香槟:辉煌、活泼、能带来欢笑。这些元素,巴黎统统拥有。

在巴黎,微笑被视为国民性格的标志,有力地证明了启蒙运动的核心就是追求人类的进步和幸福。根据路易-塞巴斯蒂安·梅西耶在1780 年代的著作,法国首都经历了一场"思想的革命"[33]:"路易十四统治之前的巴黎人民与今天大不相同"。自 1750 年前后开始,这种变化变得尤其明显,那时他的家乡已经成为"所有想要享受生活的人的天堂",一个"比世界上其他任何地方都拥有更多公共娱乐场所"的地方,最重要的是"一个美丽而让人快乐的城市,在这里人们可以尽情地生活"。

大部分英国游客[34] 都相信了这个神话。1749 年来到巴黎的威廉·普尔特尼子爵认为这里是"所有欢乐和快乐的中心"。然而,游客有时可能对公共场所中持续不断的社交微笑感到不耐烦。例如,暴躁的苏格兰医生兼小说家托比亚斯·斯摩莱特在 1760 年代初来到巴黎时,对他东道主无休止的露齿笑表示愤怒。许多英国男女并不将微笑看作真诚和开诚布公,而视为虚伪、不可信和做作的表现。(相对应的,法国人觉得英国人忧郁、脾气暴躁、不苟言笑。一位法国评论员指

微笑革命:18 世纪的巴黎与牙医

出,英国显然有一条引力定律,[35] 它使英国人无法像法国人那样快乐;英国人在桥上设置了护栏,以防公民自杀式地跳入水中。)此外,患有"法国恐惧症"的顽固的英国人还愤愤不平地声称,典型的法式微笑已经开始在英国人唇边绽放。17 世纪末,一位瑞士游客认为英国妇女的主要缺点之一是"不注意牙齿保健",但一个世纪后的历史作家约翰·安德鲁斯勇敢地回应:"近年来……英国妇女对牙齿的保健更用心了。"她们似乎从法国人那里学到了这种喜好,因为安德鲁斯在1783 年来到巴黎时看到,"法国女士们特别喜欢展示她们的眼睛和牙齿;世界上没有任何一个女人能拥有比她们更闪耀的眼睛和更洁白的牙齿,甚至也无法与她们相似"。巴黎人的微笑似乎已准备好跨越海峡去征服英国。

然而,比起巴黎来,这种胜利的微笑在凡尔赛宫中并不那么明显。公开场合的面对面交流当然是皇宫中的主要活动,但在凡尔赛宫中,社交仍然非常冷淡,每个人说话谈吐都要合乎礼制,礼制本身就是由身份等级决定的。宫中的会面和行礼[36] 仍然保持着适当的距离,并带有一定的自我回避。而在巴黎公共领域,亲吻和握手正在消除社会距离,自然的微笑则建立了志同道合的人之间邂逅和坦诚交谈的基础。

因此,巴黎之所以成为启蒙运动的中心,不仅是因为最杰出的哲学家在那里生活和发表作品,还因为其礼貌的社交性格最适合培育集体幸福感。城市中新兴的互动"论坛"形式正好体现出这一点,加强了沙夫茨伯里式的启蒙"聚群"和"友好碰撞"。一种由自愿、非正式团体组成的公共领域已经出现。[37] 这种新型的公民社会,以抵制宫廷风俗的僵化为傲。贵族妇女在沙龙开设论坛,社会精英与启蒙时代的艺术家、音乐家和作家在其中相互交流。那里有咖啡馆,其中的辩论是自由的、开放的、让人兴奋的,无时无刻不在刺激人们的神经(也多亏了咖啡因)。那里有共济会,那高深莫测的神秘仪式的覆盖下,是更为世俗、集体、休闲的放纵。此外,还有一系列酒吧、拱廊、公园和长廊、剧院、沃克斯霍尔花园、冰激凌店等等,这些都是轻松、非正式的社交场所,从中获得的乐趣已经占据主导地位。这些场所刺激了感性的流通,使微笑和幽默感在礼貌的氛围中蓬勃发展。

这些创新形式的公共社交活动之所以如此丰富,与巴黎社会在这一时期日益繁荣的商业经济[38]密切相关,这也有助于削弱传统的社会等级制度。当收成不好时,挨饿的法国农民便会在许多大城市中形成贫困阶层。而到了经济蓬勃发展的时候,城市精英(尤其是巴黎城市精英)有钱可赚,并且越来越愿意炫耀。事实上,巴黎在一个世纪内经历了一场真正的消费繁荣,成为城市消费的闪亮橱窗。

越来越多的巴黎家庭开始装饰上时尚家具、物品和摆设。食物消费变得更加多样化,曾经昂贵的异国殖民地商品,如咖啡、糖、巧克力、茶和烟草,甚至进入了普通人的饮食。与我们熟知的新兴社交形式有关的新物质都遵循着时尚的风潮:喝咖啡和茶、喝美酒、食用糖果和吸烟等,既可以朋友聚会,也可以一个人或一家人享用。(顺便说一句,这些行为还会损害牙齿,需要医疗的介入——这一点巴黎的牙医们并没有忽视,详见后文。)

在这个消费主义的大环境中,关注个人形象让人特别愉悦。时尚触及社会阶层的各个层面,[39]即使是出身相当卑微的个体,衣柜里的衣服也变得多种多样,并且越来越能顺应不断变化的品位。随着许多理想商品变得更加实惠,道德家们总担心因为普通人能轻易获得廉价仿制品,通过穿着来辨别社会地位就会变得比之前更加困难。在巴黎街头,仅凭外表有时很难区分公爵夫人和挤奶女工。在巴黎公共领域中呈现的时尚世界中,面容和服装外观变得越来越受重视。"剧场不再只存在于剧场之中,"梅西耶认为,"它存在于整个世界。"[40] 在这个世界剧场中,微笑和健康洁白的牙齿被认为是最重要的。一位深谙巴黎习俗的英国评论员表示,就一般的礼貌交际而言,人们对牙齿(以及手和指甲）需要非常小心，"以免冒犯他人的眼睛和鼻子"。[41] 在巴黎，人人都羡慕有一口好牙的人，牙医博普雷奥在 1764 年补充道："牙齿的洁白是它们的主要吸引力，因为它们是美丽嘴巴的主要魅力所在。"

情感史学家威廉·雷迪建议我们将巴黎社交场所视为"情感避难所"，[42] 在这里，任何人都可以在平等和情感开放的条件下与其他公民接触，完全不用过于警惕。雷迪的描述看似很合适，但"避难所"这个词太过被动了，因为从任何方面来看，那都是广阔的舞台，在这里，以往属于私人领域的行为方式得以公开亮相。迄今为止，开放、透明的感性微笑往往局限于家庭环境中。现在通过这些礼貌的社交场所，它已经渗透到公共领域。

此外，与君主制度的官方机构相比，巴黎的公共领域更好地融入了广大的社会。例如，巴黎妇女比欧洲任何其他地方都更广泛地参与到公共领域的制度中。沙龙通常由女主人召集。伏尔泰认为，城市中无与伦比的文明礼仪就是源于这些女性的文化影响力，文明进步也将寄托在这种女性参与上。社会层面上，也有融合的证据。一方面，据说公爵和贵族们进入沙龙时会把他们的冠冕留在门外，而在咖啡馆里，他们可能会与社会地位低下的人争论不休，甚至被怼得哑口无言。另一方面，休闲场所延伸到城市社会的各个阶层，远远超出了中产阶级的行列。

正如我们所见，那个充满活力的公共领域开始日益商业化，在这之中的人际交往需要一种全新的礼仪体系来起到润滑作用，这与凡尔赛宫的礼仪体系截然不同。新兴的礼貌准则致力于修改和超越 17 世纪皇家宫廷发展起来的"体面人"概念。[43] 事实上，新礼仪中隐含的绝大多数行为惯例——如对身体孔窍和体液的控制，或看似轻松但实际上相当受罪的坐姿——与宫中的"体面人"观念一样，都可以追溯到古典时期和文艺复兴时期。启蒙运动时的"行为指南"类书早在之前就已经写成，如仍然颇流行的安托万·库尔坦《新文明论》（1671 年）和让-巴蒂斯特·德·拉·萨勒的新伊拉斯谟主义的《得体举止与基督礼仪规则》(1703 年)。然而,这些规范性文本出现了一个更为通俗的版本,这表明人们暗自决心让礼仪根据巴黎不断变化的社交模式和情感认知方式来调整,同时远离那些过时虚伪、脱离实际、令人不悦且粗野的凡尔赛宫准则。

凡尔赛式"体面"已经被扫到历史的垃圾堆里。它把人分成三六九等;启蒙时代的"礼仪"则强调共同利益,并将他们团结在一起。作家弗朗索瓦-樊尚·图森在他颇为畅销而备受争议的名著《道德论》(1748)前言中提到:"让我们把'体面'这个条件留给需要的人……'体面'就意味着傲慢、财富和受人称赞的恶习。美德与此无关。"[44]《百科全书》同样哀叹,"滥用一个概念如此可敬的观念,只能证明堕落正在靠近"。现实生活中,"温和的性格、人性、开放而不粗鲁、宽容而不奉承,最重要的是一颗善良的心",是那些沉浸在宫廷礼仪中的人所无法企及的。

今天我们相信,真正的礼貌根植于自然流露与自发的社会公德之中。对于许多评论家来说,宫廷中"体面"的价值观已经辩证地走向他们的反面。城里的贵族们不得不迎合全新的礼貌制度,但总是显得很拙劣,尤其常常会用力过度,并不成功。当时的戏剧、图画和媒体评论中,常常将他们描绘成"纨绔子弟"[45]的漫画形象来嘲讽他们;他们的傻笑、奉承和屈尊俯就,并没有比凡尔赛宫朝臣特征性的冷漠白面具好多少。正如未来的革命者伯特朗·巴雷尔所说,在这种时尚的虚伪模式中,"举止端方似君子,心怀龌龊真小人。"那种"纨绔子弟"的微笑充其量不过是虚伪的鬼脸。

梅西耶认为,"恶意的微笑"仍然统治着宫廷和贵族的交际场,场上的"笑容和肢体的交流没有真的"。[46] 他在 1773 年出版的《论戏剧》中继续讽刺道:"如果我们想让更多人知道这个腐朽的时代","只需要让大家看看侯爵、伯爵和小公爵,以及他们愚蠢的语言和轻蔑的微笑就行了"。德·让利斯夫人在她的教育小说《阿黛尔与泰奥多尔》(1782)中则更为尖刻。她一边赞赏自己的女主人公："她的目光、微笑以及她身上一切都那么开朗、自然而没有雕饰"，同时又对另一位贵族角色表示鄙视：

> 主教幻想着，他一微笑每个人很快都会被他迷住。但是，这种做作的微笑充其量只是一种习惯性的一哂。只有主教真心想受到爱戴，他的微笑才会变得和蔼可亲。否则，这种勉强的表情就会蠢得很可笑。

因此，之前的"体面"变成了现在"纨绔子弟"，就像一位打扮得体的花花公子努力融入社会，但他的努力毫无诚意，既虚伪又过分彬彬有礼。

贵族虽然在采纳礼貌准则，巴黎人民却并不买账。早在攻破巴士底狱之前，人们就在通过不断的微笑与礼仪，持续挑战着波旁王朝的文化霸权。现在，令人向往且被人渴求的微笑[47]不再是宫廷式的假笑，而是基于道德平等的个人之间的"美丽的微笑"与"幸福的微笑"。微笑时也越来越多地展现出洁白的牙齿。那样的笑显得无比"善良""甜蜜""宁静""温柔""可爱""亲切""天使般""迷人""沉着"。然而，现实世界中，它们又不得不在轻蔑的鬼脸中负重前进，因为那些鬼脸是那么冷漠、傲慢、讽刺、讥讽、拘束、邪恶、奸诈、侮慢又轻蔑，虚伪而做作。

感性微笑成为一枚政治炮弹，正中皇家宫廷主导的面容制度。剧作家马蒙泰尔说："人民的微笑[48]胜过国王的喜好。"坚定认同资产阶级的"人民"，代表了大多数人的观点，使得全新的公共领域似乎以某种方式超越了个体差异、社会地位和性别。"公众舆论"正在酝酿之中，[49]那曾经是一个不好的词，现在则成为表示启蒙运动时期公众复杂情绪的专有名词。

然而,必须指出的是,巴黎的公共领域既没有自我标榜的普世主义那么包容,也没有那么受人欢迎。尽管有人怀疑贵族们的社交能力,但相当一部分高级贵族在巴黎公共领域的社会与文化方面仍保持着很大的影响力。[50] 另一方面,巴黎公共领域在对妇女和下层阶级的接受方面比宣言时所暗含的更为勉强。妇女在启蒙运动中的作用比记载的还要被动:沙龙女主人内克尔夫人①表示自己对启蒙对话交流的促进作用无足轻重,她做的事就像"去接从球拍上掉下的羽毛球"。[51] 还有人担心公共领域受到来自下层阶级、大众阶级的污染。与沙夫茨伯里的同情哲学和情感提示相一致,礼貌与仁慈会产生共鸣,也会谴责粗俗与市井行为。梅西耶本该吹嘘巴黎才是"真正的礼貌"的家园,[52] 但他最终谴责了这座城市的普通大众,他们"只会说粗俗的脏话,创造出了成千上万的粗俗语言,还对此大笑不已"。(值得注意的是,他指责贵族为此树立了一个坏榜样。)

　　启蒙时代的礼貌,与路易十四时代的"体面"观念一样,对于旧式的拉伯雷式的大笑给予了严厉的批评。梅西耶也赞同,张开喉咙放声大笑既过时又不文明,需要适度和克制。艺术评论家克洛德-亨利·瓦特莱详细阐述了这种中庸之道的优点:

　　　　文明国家的特征,就是人们对于心灵和身体突然和未经考虑的表达施加的有益约束。为所欲为会扰乱社会,并招致指责。人们需要小心翼翼控制住它们。[53]

　　根据同样的逻辑,切斯特菲尔德勋爵在那封著名的写给儿子的信中阐发古人的观念:

----

①　18世纪巴黎最著名的沙龙女主人之一,作家斯塔尔夫人的母亲。——编者注

提到笑,我必须特别警告你,不要这样做;我衷心希望你在生活中经常保持微笑,但不能让人听到笑声。频繁而大声的笑声是愚蠢和无礼的特征……[54]

这些观点让人想起了梅西耶倡导的"灵魂微笑",它与一切形式的"喧闹的欢乐"划清了界限;它们也特别强调了卡拉乔利早先所说的巴黎"欢笑之家"的特征,让大家尽量避免"纵声大笑",即避免平民阶级的"捧腹大笑"。现在,这座城市充满了"适度的快乐","愉悦的面容"成为常态。因此,真正的"公序良俗"可以在贵族之笑和平民之笑之间的资产阶级中找到,后者被切斯特菲尔德贬称为"暴民的狂欢"。巴黎是一个传播情感的场域,置身其中的每个人似乎都会微笑,尽管这让脾气暴躁的英国游客非常不悦。这种礼貌、克制的巴黎微笑被视为国家性格的标志,它表明启蒙运动的核心就是追求人类的进步和幸福。

第四章 革命的形成

　　很多人认为,那个被英国历史学家爱德华·吉本称为"笑面哲学家"的加利亚尼神父,他才是巴黎沙龙社交圈中最风趣、最聪明的沟通者之一。他在 1759 年至 1770 年间担任那不勒斯大使。然而,他在一次外交不端行为后被驱逐出巴黎,他的牙齿也在逐渐掉落,[1] 这些使他的笑声和谈话暂时停止了。在他写给巴黎的沙龙女主人艾比奈夫人的闲聊信件中,加利亚尼表示,不论是离开巴黎充满活力的社交圈,还是掉光牙齿,都让他感到沮丧。他曾怀着阴郁的心情给自己的牙齿倒计时:1770 年 6 月,他还有 14 颗牙齿,但到 1771 年 8 月,只剩下 8 颗。那时候,他说话时舌头任何不当的移动都会导致牙齿从嘴里崩落。他抱怨,自己说的话都变成了莫名其妙的喃喃自语,还伴有不由自主的口哨声,朋友们都听不懂他说话。他开始做梦,梦见自己的牙齿长回来。有梦想总归是好事情。到 1772 年年中,才四十出头的加利亚尼所有的牙齿都没了。但这场刚萌芽的悲剧,有了个圆满的结局。他的梦想竟成真了:在艾比奈夫人的推动下,他从巴黎一位牙医那里配了一副假牙,这使他找回了口齿清晰的说话能力,得以重新加入各抒己见、引人入胜的启蒙运动之中。

　　这个故事并不是个例。18 世纪晚期的巴黎见证了牙科学的黄金时代,[2] 这对一代人的生活质量产生了影响。从大约中世纪开始,巴黎牙医的声名在皮埃尔·福沙尔的影响下,逐渐走出巴黎,风靡欧洲甚至全世界。在 1770 年,奥地利女皇玛丽亚·特蕾莎做的最明智的决定,就是在送女儿玛丽·安托瓦内特到法国与皇太子(未来的路易十六)结婚之前,召唤欧洲最好的人才来给公主装上全新的假牙,使其看起来"非常漂亮和整齐"。她选择了巴黎牙医让-巴蒂斯特·拉韦朗。18世纪80年代初,在大西洋的另一边,未来的美国第一任总统乔治·华盛顿也遇到了牙病的困扰,最后请了一位法国侨民牙医让·勒梅约尔出手才治好。意大利"情圣"卡萨诺瓦在大革命前夕同样掉了牙齿,他的魅力随之消失,最终只能绝望地求助于巴黎的假牙。

与此同时,大量游客[3]也在利用他们在巴黎逗留的时间进行口腔检查。比如热衷于法国文化的切斯特菲尔德伯爵年轻时曾长时间逗留在首都巴黎,他就向儿子推荐了牙医克洛德·穆东。英国日记作者安娜·弗朗西斯卡·克拉多克回忆起1786年对著名巴黎牙科从业者埃蒂安·布尔代的短暂访谈:

> 我们等待了半个多小时,他才出现,此前,他的仆人已经来告诉过我们,他的主人在喝完早咖啡之前,从不进入手术室。这一刻终于到了……这位大人物(但也是一位出色的牙医)来给我看牙了。

牙医已经就位,"这位大人物"甚至有仆人。世界上任何其他城市都不会像巴黎那样,让牙医成为城市的风景线。其他地方也不曾拥有如此意愿强烈、忠诚又富裕的患者。此外,正如我们所见,巴黎的知识分子们激发了新的社交形式,提供了炫耀微笑的大舞台。在世纪中叶,身处公共领域中的富裕巴黎人逐渐认同,那些拥有好牙齿、笑出伏尔泰"灵魂之笑"的男女,比以往任何时候都更具智力、道德、社会乃至政治上的吸引力。

一场微笑革命正在酝酿之中,从此,需要以微笑为业的人将会因此受益匪浅。作为一种身体动作,微笑似乎为不幸的人们提供了一条光明的新途径；他能让人重塑自我，让面庞成为公众的焦点。受到当时流行小说中感性微笑的启发，皮埃尔·福沙尔之后的巴黎牙医们开辟了一条全新的职业道路：让更多人拥有这种微笑。巴黎随之成为生产"微笑"的发源地，这里涌现出大量的牙科诊所，用以满足越来越多的人对牙齿美丽、口腔健康的追求。正如大家所见，这种微笑发源于巴黎的公共领域；然而，还在路易十四时就框定了举止礼仪的皇家宫廷，在这次运动中明显缺位。凡尔赛宫仍然受囿于牙医的旧秩序，而启蒙运动时期的巴黎则开始经历一场微笑革命。实际上，对于某些人来说，巴黎微笑革命的目标就是彻底消除宫廷对面容的约束。

福沙尔的继承者

　　在巴黎，微笑的黄金时代不仅受惠于新兴的职业牙医，反过来也促发了这一职业的繁荣。这里的现代社交礼仪创造出了对微笑的需求。新式牙医群体[4]应运而生，并产生了强烈的身份认同，坚决要与前代的江湖拔牙匠划清界限。这群人受到了皮埃尔·福沙尔的鼓舞，热情地追随这位新式牙医的脚步。到18世纪中叶，巴黎的"牙医"人数约为30人，直到大革命时期，他们的人数一直在30至40之间徘徊。他们中的一部分接受了全面的外科培训，有资格称自己为"牙科-外科医生"，而其他大多数人则继续在1699年巴黎法规（1768年更新）的监督下从事工作，该法规最有名的就是规定了"牙病专家"的职业资格。然而，到了世纪中叶，以"牙病专家"的身份坐诊已经不再流行。相反，原来的这些人以"牙医"的新身份为荣。

　　自称"牙医"的人中，也有一些仍然保持或可能会回到旧式拔牙匠的行列。例如，他们仍可能从皇室获准销售所谓神药"奥维坦"，[5]同时兼职做一些旧式拔牙工作。在18世纪中叶，四分之一卖"奥维坦"

的人都自称牙医（多少被他们添油加醋）。甚至，新式牙医中的佼佼者布尔代于1760年荣获了"皇室牙医"头衔，却还一直兼销"奥维坦"，直到1764年才把这部分业务交给他的兄弟贝尔纳。另一位杰出的牙医路易·雷克吕兹出版过不少重要著作，并在1757年获得了"牙医评审"的职位，[6] 可以控制国内所有的奥维坦销售商。至少在巴黎，老式的拔牙术仍然存在。此外，一年一度的圣日耳曼集市上，让-巴蒂斯特·里奇也会同时开展私人牙科治疗和公开拔牙表演，顺便展出异域的动物。[7] 1751年，他委托一位船长从非洲带回狮子、老虎、豹子、骆驼和鸵鸟。1762年，他在圣日耳曼集市上展出了一头五足两尾的小牛。当然，这样的情况越来越少见。总体而言，巴黎的牙医们都拥有严肃、稳定和可敬的特质。他们可以自豪地说，欧洲其他城市没有比巴黎更多的牙科专家[8]（事实上，大多数欧洲人仍然依赖于拔牙匠，甚至更糟）。

沿着福沙尔建立的职业蓝图，牙医新群体展现出了强大的科学资质。[9] 这里需要话分两头：一方面，尽管他们中的某些人跟不上科技的革新，但他们会极力谴责各种各样江湖骗子的恶行，揭露其无知、贪婪和无能导致的灾难性技术缺陷。另一群牙医则强调与巴黎外科医生的密切关系，正如我们所见，当时他们的声望正在上升。例如，牙医罗伯特·比农将"轻浮的拔牙匠"与"荣获外科艺术成就的牙科大夫"进行比较。根据1699年和1768年的规定，外科医生仍然会对牙科"专家"进行检查和认证。如果巴黎牙科医学声称是世界上最好的，至少部分原因是巴黎的外科手术水平在世界上更为遥遥领先。[10] 外科医生们医术精湛，各种外科手术手到擒来，包括分娩、天花疫苗接种、性病治疗和结石切除术。他们稔熟解剖学知识、熟练驾驭科学仪器，在整个欧洲享有盛誉。莫里哀曾嘲笑的那群手里挥舞着灌肠器的老掉牙的医生，已经被淘汰了。随着时代的发展，无论是公众的尊重程度还是科学素养方面，外科医生都全面领先于内科医生。因此，牙医们也紧跟外科医生的步伐，强调是外科医生卓越的手术实践和理论深深地影响了他们。

巴黎牙医把外科医生视作他们的精神导师，这点从他们热衷于发表论文就可见一斑。与福沙尔一样，他们追随巴黎外科医生的脚步，强调科学的透明度，也承诺服务公众。过去，即使是那些天才拔牙匠，也没有留下任何学术著作。事实上，大多数拔牙匠将手法技巧和药方视为商业机密（只要他们不是彻头彻尾的骗子），这些机密要么传给继承人，要么随着他们一起带进棺材。相比之下，福沙尔及其同行公开发表学术成果，[11] 将这些知识作为专业资本，变成公共领域中坚实的存在。福沙尔明确指出："我讲的都是最精确的描述，尽管这损害了我自己的利益。"对科学透明度的利他主义承诺，压倒了个人利益。牙医罗伯特·比农也表达了同样的情感："我毫不顾忌地出卖了这门'艺术'最重要的秘密。"在不止一代人的时间里，这些专业科学协议已成为外科学术领域的常规，现在它们也延伸到了牙科领域。

在接下来的一个世纪中，牙科-外科著作[12] 呈几何级数爆发。早在世纪中叶，就有克洛德·热罗迪的《保存牙齿的技术》（1737）、罗伯特·比农的《关于牙病的论文》（1746）和切斯特菲尔德的顾问克洛德·穆东的《牙科技术试验》（1746）等作品问世。浓厚的学术传统中，经典著作持续出现，包括埃蒂安·布尔代的《关于牙医技术各个方面的研究和观察》（1757）、路易·雷克吕兹的《牙科学新要素》（1754）和安塞尔姆·茹尔丹的《口腔疾病和实际手术治疗》（1778）。所有这些著作无一例外强调了福沙尔的学识以及他在牙科-外科新领域中的领导地位，并对其致以崇高的敬意。之后几年间，布尔代注意到人们讨论"（法国）牙科的作者比医学其他任何分支的都要多"[13]——虽然这是夸张之词，但依然有其价值，并将在19世纪初得到印证，当时外科学作者雅克-勒内·杜瓦尔注意到"从学界已有的科学书籍来看，法国人似乎对牙科技术给予了更多特别关注，可能比其他任何国家都要多"。西班牙人、意大利人、荷兰人和德国人在启蒙运动期间同样著作颇丰，[14] 但其中最有价值的也是受到福沙尔影响的牙科作品。英国人似乎尤其落后。尽管约翰·亨特于1771年出版的《人类牙齿的自然历史》是欧洲启蒙运动中对牙齿解剖学最令人印象深刻的研究，但它显然与牙外科实践无关。在对牙齿和口腔的正确护理的了解和实践方面，没有其他国家能与法国——或者更确切地说是巴黎人——相提并论。

福沙尔的著作旨在证明，全面掌握解剖学，可以让牙医取得更大的学术发展空间。[15] 在18世纪初，外科医生迪奥尼确定了"拔牙匠"工作中的七个操作步骤：打开口腔（尤其是在有牙关紧闭症和癔症反应的情况下）、清洁脏牙、预防脱落、填补蛀牙、修整不齐的牙齿、拔除坏牙和提供假牙。福沙尔将这个数字翻了一番，他在迪奥尼的清单中增加了牙齿的分离和打磨；烧灼、矫正和定位；"固定"；"开孔"（钻孔以释放感染物）；以及移植。牙医除了清洁牙齿外，还会美白牙齿，知道如何护理牙龈和口腔软组织，可能还会修复牙科和义齿制作的手艺。福沙尔及其追随者心里都明白，这些手术可以维护和提升口腔美观效果。

迪奥尼曾经泛泛地谈到过影响牙齿的疾病，而福沙尔则增加了精确的知识点：他说自己遇到过至少103种不同的疾病。他计算出其中有45种是由外部原因引起的，17种是由"隐藏"原因引起的——即不可见于肉眼并且推测必须隔离（例如由于牙龈脓肿引起的牙痛），而剩下41种是"症状性"的——即广义身体疾病模式的一部分。牙医学作者经常通过案例分析来提供证据（这是当今外科医生作者流行的另一种格式）：福沙尔提供了70个案例，库尔图瓦提供了33个案例，茹尔丹则提供了数百个案例。同时，作者们会强调自己的经验：热罗迪声称有40年的经验，库尔图瓦有30年的经验。雷克吕兹只能自诩那20年的经验，但他可以加上在佛兰德斯参加的五次军事战役，[16] 在那里他诊治过8万多名军人的口腔。

福沙尔有目的地学习内外科医生的自然科学修辞风格,[17]引得巴黎的牙医书籍作者们纷纷效仿。最有说服力的,就是牙科文本使用了经典的法文。书中包含了大量的解剖插图,有脚注或引用适当的来源(图4.1、4.2),并且对已有文献和研究进行了详尽的回顾。重点则放在牙医在多大程度上超越了纯粹的手工(而不是认知)技能。克洛德·穆东设法使牙医手艺看起来更像高级土木工程:"可以说,手术时必须手、脑合一,口腔的'建筑师'必须始终考虑这三个目标:美观、便利和时间。"

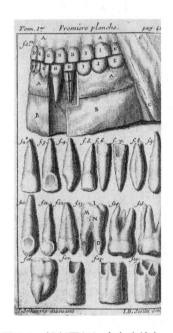
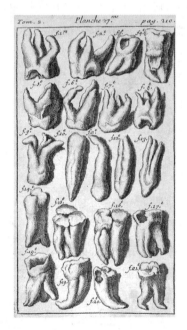

图4.1 解剖图(1),来自皮埃尔·福沙尔的《牙科-外科医生》(1728) 图4.2 解剖图(2),来自皮埃尔·福沙尔的《牙科-外科医生》(1728)

巴黎牙医从外科医生那里偷师培训经验,并对自己灵巧娴熟的技术颇为自得,因此他们可以承接各种手术业务;只是会拔牙还远远不够。新牙科学的核心是牙齿的保护,[18]这才符合启蒙运动时期现代医学强调通过改善卫生条件来预防疾病的理念。传统拔牙匠只能救急，即便可能兼售些药丸和药水，他们的核心业务还是拔除坏牙以减轻疼痛。与此形成鲜明对比的是，牙医的座右铭是"保护而不是破坏"[19]（正如比农所说），福沙尔本人就向来坚持能不拔的牙就不拔的职业操守。他取笑那些"一点疼痛也没法忍受、稍有痛感就拔牙"的人。牙痛有时会自行消失。就像他之前的迪奥尼一样，他知道有时候必须拔牙——比如当牙齿松动或病变、烂得快要掉光或者过于拥挤等。然而，他的立场总体也是坚决反对拔牙的。当时最伟大的军事理论家萨克森元帅曾经断言，真正伟大的将军，是在整个军事生涯中没有参与任何一场战斗的。即使是胜利的战斗，也会造成无法挽回的人员伤亡，因此必须以任何代价避免战争。在福沙尔看来也一样，他认为牙医的招牌是保护牙齿，而不是轻易就白白把它们拔掉。拔牙可能会消除疼痛，但付出的代价是会感到不适，外貌与特征也会发生改变。

这种保护的观念对日常生活也有指导作用。[20] 福沙尔及其追随者认为，有些行为可能对健康特别有害，包括食用油腻和辛辣食物，以及"诱人的毒品"：糖和烟草。尽管福沙尔关于口腔护理的指导通常非常简单——保持清洁，尤其是通过每天漱口（他认为自己的尿液是一种很好的漱口水），外加适量的擦洗，用牙签精确地清理——但他对认为有害的治疗方法的态度更加简单粗暴。他坚决反对滥用金属牙签或新式牙刷（他对此简直深恶痛绝），以及存在风险的牙齿美白剂，遑论那些肆意拔牙或水平糟糕的牙科诊疗了。

牙医们尽管已经不用像之前拔牙匠那样上街出摊，但他们依然为能提供便捷服务而自豪。直到 18 世纪 80 年代，梅西耶仍然怀念大托玛在新桥上兜售商品的情景。[21] 但他更喜欢新式牙医带来的便利，这类似于某种购物体验：

> 如果你在街上散步时突然牙痛，不妨抬头看看；你一定会在附

近某个地方看到牙医的招牌。一个巨大的白齿，有一蒲式耳那么大，还有一只手指向一块写着"二楼"的牌子。拔牙匠给你一把椅子坐下，解开手腕上的带子，灵巧地拔掉患齿，并给你提供一种漱口水。之后你付了款，继续舒舒服服地散步。有什么比这更方便的呢？

如此，科学就作为一种可销售的商品提供给社会使用，这与启蒙运动的更广泛意义上的目标正好吻合，即让现代商业化城市中的每个人生活得更好。

巴黎的牙医们不断与时俱进、因地制宜地提高自己，希望被视为绅士派头的科学家，并且宣称自己懂礼仪更甚于懂科学（实际上，除去牙科出版物中存在的修辞与夸大的说法，细心的读者可以发现其中有相当程度的剽窃现象[22]与道听途说。通常牙医们吹嘘的科学地位只是表面现象）。他们对城市精英消费者们表达同情，以此来寻求社会认可。正如梅西耶的例子表现出的那样，目前的牙医界，礼貌已经取代了便利。[23]通常牙医早上要去客户家中提供服务，下午在自己的家中接待客户。福沙尔在这方面设定了相当高的标准。1746 年，他将自己的诊所搬到了方济各会修士街（现在的医学院街，在巴黎第六区）一个带有马车门廊的住宅里，这样的设置就非常绅士，他的病人可以乘马车赴约。这与新桥那些公开拔牙的拔牙匠截然不同。

牙医们努力营造一种社交环境，使他们的大多数中产阶级客户都能感到宾至如归。[24]因此，正如我们所见，克拉多克太太可以气定神闲地等待布尔代先生喝完早晨的牛奶咖啡。盘点那些杰出牙医的家庭财产，可以为大家揭示出一种独特而奢华的物质文化。热罗迪于1751 年去世时，在卢浮宫以北的双马路拥有一处住宅，里面摆满了昂贵的名画，包括他的赞助人奥尔良公爵的肖像画。同年，克洛德·穆东位于黎塞留街（他的邻居包括巴黎高等法院的阿利格尔院长和巴黎大主教）的住所据说拥有八匹马和三辆马车的马厩。1786 年，弗朗索瓦·勒罗瓦·德·拉福迪尼耶拥有一个更为瞩目的庄园：其中尤以300多幅荷兰画派和法国大师（如乌德里和拉图尔）的绘画作品引人注目，还有众多素描和版画，以及一个藏书丰富的私人图书馆。布尔代于1789年去世时的财产更加令人印象深刻：一个装满上等勃艮第红酒和波尔多红酒的酒窖，一个有敞篷车和五匹马的马厩，丰富的艺术遗产，各种各样令人眼花缭乱的镜子，一个有十八棵橙子树的橙园，一间装有黄铜器具的浴室，一个台球室，一个装满鸟类标本（还有一只活的灰鹦鹉）的柜子，等等。尤其引人注意的是，老牙医儒勒·里奇于1819年去世时，他财产中还有格勒兹18世纪感性主义风格的经典版画如《乡村新娘》和《主显节》（图4.3）。在牙科候诊室墙上挂上《主显节》，这一排洁白牙齿带来的视觉效果必然可以鼓舞这里紧张的患者的士气，使他们感到宾至如归。

图4.3　让-巴蒂斯特·格勒兹，《主显节》(1774)

　　现代巴黎牙科在商业收入与社会影响上同时取得成功，要归功于他们顺应了那个感性的时代及其公共领域中的礼仪需求。由于需要时刻关注客户舒适度和生活方式,牙医们也需要熟悉患者不断变化的健康观念。尽管大多数牙医研究口腔疾病的著作依然会遵从体液理论,但随着世纪的转换,越来越多的牙医作者对新兴神经学理论也持有开放态度。[25] 冯·哈勒之后的医学作家们也都意识到,一些人的神经会比其他人更为敏感(如女性、儿童、高度紧张的人、学者等),他们如果受到过度刺激,可能引发病理性痉挛。因此,牙医表现出友好和安抚的态度、不给患者带去过分的紧张状态不仅在医学层面上是必要的,在社会生活层面也是可取的,还会带来丰厚的经济回报。

自 17 世纪初的费兰蒂以来,拔牙匠为了展示自己天生神力,只用拇指和食指便拔出顽固的牙齿。大托玛时代的传统就是力气大,那些人用蛮力和恐怖的氛围迫使顽固的牙齿离开病人的口腔。[26] 新式牙

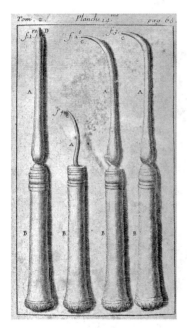

图 4.4　牙科工具,来自皮埃尔·福沙尔的《牙科-外科医生》(1728)

医则不需要这么做,他们的标志就是福沙尔所说的"轻、稳、熟"的身手,同时熟读解剖学理论。福沙尔拔牙时更多地使用工具,以符合人体功能学,减少附带损伤的风险(例如,就像倒霉蛋路易十四被不小心挖掉大部分下颌那样)。他也确实重新设计了许多经典的牙科工具,还发明了一些新的工具以达到最佳效果(图 4.4)。此外,牙医拔牙前不会吓唬人,更多的是去安慰患者。正如牙医路易·拉福格所说:"我对病人说……你可能会失去这颗牙齿,我们不得不帮你处理掉。"对于必须接受手术的人来说,这似乎更温和。"拔牙"显然是一个被禁止使用的词,因为它在这个敏

感的世界中显得太可怕了[而且,法语"arracher"(将某物连根拔起)听起来也确实有点可怕]。

只有在所有选项都失败的情况下,福沙尔才会决定拔牙,[27] 在他看来,失去牙齿几乎是与人类悲剧相同的水平:

> 我只有被迫无奈时才决定拔牙,这不是因为手术的创伤(这从来都不是什么大事),也不是因为它引起的疼痛或任何副作用。我对拔牙犹豫不决,甚至推迟和逃避做出这种决定,完全是因为我非常看重牙齿本身的实用性和重要性。

病人脆弱的身体和口腔都会挑动牙医敏感的神经。安塞尔姆·茹尔丹就一直把保护牙齿挂在嘴边——实际上,他可能是继福沙尔之后那个世纪最具科学才能的牙医——他向人展示"那些最小的破坏如何抵达牙齿上敏感的神经"。掉落一颗牙齿,对于牙医和病人来说,就好像掉下一滴眼泪,只能说些安慰的话,抚平紧缩的眉头。避免使用蛮力拔牙算是新式牙医的重要标志,此外还要凭借有效的操作、智慧和科学洞察力来尽可能保护牙齿。

用他们自己的话说,这一代感性的牙医拥有细腻、机智、高超的拔牙技巧,以及真正的感同身受的能力。[28] 牙科手术的其他方面,也因病人的感受而谨慎地做出了改进。根据福沙尔的建议,牙科工具必须远离客户的视线,以避免引起病人的恐慌。牙医们还要非常小心,不要让冰冷的金属器械过分粗暴地闯入病人脆弱的口腔——在某些情况下,应该用布遮一下工具,这样,在接触脆弱的软组织时病人不会那么害怕。如果可以选择,手术可以从更强壮的下颌开始动手。梅西耶的例子也说明,对于牙科诊所来说,不再在公共道路作业同样很重要。偏好在公众场合拔牙的时代已经过去了:病人可以在私下里抽泣和哭泣,保留自己最后的尊严。他还建议医生将诊室设在高一点的楼层,这样街上就不会听到病人的尖叫。

不仅如此,迪奥尼曾经要求病人坐在地板上,以便他可以用膝盖夹住他们的头(必须指出,连大托玛还给个低凳子坐)(图3.1)。福沙尔曾经严厉批评过牙医行列中这种普遍存在的做法("不得体""肮脏")。同时,雷克吕兹也认为很多拔牙陋习非常令人震惊,比如用手臂环绕客户的脖子,把他们的头夹在腋下;对于女患者来说尤甚。僵硬粗鲁的拔牙匠与牙医的轻柔形成了鲜明对比。牙医在病人身上操作时手脚轻巧柔软,神不知鬼不觉选择最佳的角度——如何做到"于病人最少痛苦、于手术最高效率",是一个重要标准。诊所必须要有垫有软垫的扶手椅,甚至为了处理后牙,还有一个可以躺下的沙发。柔软的家具是牙科治疗中必不可少的。

"感性牙医"的企业精神

巴黎牙医深得客户的信任,因为他们不仅标榜自己在医学与科学界的地位,而且主动融入巴黎中产圈,成为感性礼仪的一部分。他们在患者敏感的口腔、身体和心灵周围,如绅士般施展自己的科学技艺。在巴黎人的文明社会里,这样的人并不少见。

牙医们总会选择城市中最有消费能力的群体建立客户群。[29] 在牙医旧秩序的最后几十年里,城中约有一半的牙医聚集在卢浮宫北面的圣奥诺雷街附近。这一带不仅是市民精英的购物与时尚中心,也是引领全城潮流的地方。这里有国家经济金融的重要机构人员(如总包税人①等)的豪华住宅,还有一些老贵族的产业。约四分之一的巴黎

---

① 总包税人是一个由私人金融家组成的财团,通过竞标从王室获得征税权。他们预先向国王支付一笔固定税款,然后通过向民众征收间接税赚取差额利润。——编者注

牙医居住在城市东部的玛莱区，那里聚集了许多城中的法律精英，尤其是巴黎议会的许多成员。还有四分之一的牙医则位于新桥左岸，或靠近新市区圣日耳曼的精英圈。该地区以西住的都是老贵族，以东则与圣雅克街毗邻，巴黎的出版社云集于此：可以想见，通过印刷品进行自我推广是一个特别重要的考虑因素。

　　尽管牙医们对巴黎精英社区表现出强烈的归属感，但18世纪时那些地方比日后要鱼龙混杂得多。穷人们依然流落附近街头，或住在最有钱人的阁楼里，不过他们也因此成功进入了新牙医们的服务范围之内。例如，作为一个平民小男孩，未来的玻璃制造商与"无套裤汉"革命者雅克-路易·梅内特拉在牙齿有问题时，他的母亲便带他去牙医让-巴蒂斯特·里奇那里看病。[30] 同样，许多牙科学者的研究对象中都有来自下层社会的人们，这足以表明他们拥有广泛的客户群。牙医们还在他们的书籍、小册子和广告中宣传他们为穷人提供的无偿医疗援助。他们强调自己坚决不会对那些穷人置之不理，巴黎社会中的穷人们理应获得与有钱人一样的牙科待遇。

　　巴黎文化十分强调在社交舞台上保持光鲜时尚外表的重要性，这也使得优质、专业的牙医服务成为人们竞相追逐的优质资源。巴黎人在各个场合中摄入的许多食物都对牙齿有害，这让他们对牙医的需求更加旺盛。尽管大多数牙医并不认为这是一个问题，但自从糖通过咖啡、茶、冰激凌、软饮和各种甜食进入饮食后，上自精英阶层、下至广大市民的牙齿似乎都遭受了严重的破坏。烟草也带来了有害的影响。考古证据[31] 表明，在整个人类史上，人们的牙齿从未如18世纪时那么糟糕过。牙痛可以说是世纪之病，[32] 是时代之症。牙痛的影响更具破坏性的是，它威胁到了正在成为启蒙时代社会通行证的露齿微笑。25岁的瑞士-荷兰作家伊莎贝尔·德·沙里埃[33] 饱受牙痛的折磨，她歇斯底里地向朋友倾诉自己的困境：

对于一个有勇气遭受如此痛苦的英雄，我们能说些什么呢……疼痛遍布嘴里、脖子上和脑海里；在平静地度过了近 15 个月而没有任何牙痛的日子之后，她绝望地发现自己漂亮的牙齿根本出了状况；她每时每刻都担心会失去它们；她晚上做梦都会梦到这个；她每天看它们一百次；她想着如果失去了完美的牙齿，自己仿佛就变得一无是处；一想到这样的人都能交上朋友或者找个爱人或丈夫时，她都感觉不可思议。

作为卢梭的忠实崇拜者，德·沙里埃显然担心自己无法达到《新爱洛伊丝》中朱莉甜美微笑的标准。那些感性的文学和图像，无疑抬高了牙齿在外貌中的权重，增加了人们关注口腔健康的焦虑。不再微笑，不再社交，似乎已经成了对个人存在的一种威胁。

在卢梭的《新爱洛伊丝》没能引发年轻姑娘们的微笑焦虑的地方，[34] 牙医们尽力补上了。牙医儒勒·里奇于 1780 年生动地描述了那些失去牙齿者的未来：

最美丽的嘴巴一旦失去牙齿，就会失去魅力；原本由这些小骨头支撑起来的脸颊，会塌陷下去；下巴变长变尖；以前甜美而响亮的发音变得困难；口腔中的气息流动不再像以前那样可控，因此声音变得尖锐、虚假、令人不适；最后，唾液在说话时总是要从嘴里流出似的，就像一个老人一样。

这里故意以一种夸张和恐怖的方式描绘了嘴里无牙的吓人景象。启蒙派牙医销售的关键策略，就是有计划地在客户群中公开制造焦虑。

牙科服务当然确有很大的需求，但里奇的例子显示，牙医还会通过巧妙的商业头脑刺激扩大社会需求，进一步哄抬他们的必要性。拔牙匠在城市的市场上和十字路口兜售的服务就是他们给自己打的广告。但即使在街上挂上招牌,牙科诊所也会因为其封闭性而牺牲自己在公共领域的宣传效果。不过,这些问题在印刷媒体的介入后,已不能称之为问题。印刷广告使牙医能够更高效地扩大客户群,传播有关他们服务的信息,这比仅仅依靠口口相传要高效得多。资产阶级公共领域中,充满了热心读者和浏览消费者,他们刚还盯着克拉丽莎洁白的微笑,一会儿又转去看牙膏广告。

印刷广告将各个领域渴望拥有时尚产品的供应商和客户聚集到了一起,[35] 这无疑为牙医们提供了一种潜在的成功商业模式。随着时代的发展,牙医出版物的科学性开始明显降低,而商业性有所提高,其目标读者也不再是外科和科学界的同行,而是国内的高端消费群体。例如,大科学家艾蒂安·布尔代于 1752 年出版了一本小册子《口腔清洁护理入门》,旨在推广他的生意,顺便宣传牙医科学(1786 年,他出版了一本非同寻常的足部护理书籍。毫无疑问,许多面带微笑、健步如飞的人应该都买过这两本书)。像这样在平民主义中融合明显消费主义倾向的例子还有克洛德-吉约姆·博普雷奥的《论牙齿的清洁和保护》(1764)、勒鲁瓦·德·拉福迪尼耶的《保护和治疗牙龈和牙齿疾病的方法》(1766;新版 1772)和让·埃贝尔的《公民牙医》(1778)等等。那些更普及的书籍,如让-弗朗索瓦·博托的《牙龈化脓观察》(1770)、皮埃尔·奥泽比的《牙痛治疗》(1771)和让·埃贝尔的《反驳新牙痛治疗法》(1773)等等,只能算是他们专有漱口水的广告。尽管这些印刷品用科学语言进行了包装,但它们与大托玛的广告单并没有太大区别。

试图将牙科出版物严格划分为"科学"和"商业"两类或许有点牵强,因为它们之间有很大的重叠。可以想见,即使是牙科科学的守护神福沙尔也无法抵御广告的诱惑。事实上,这种商业精神在报纸广告上体现得尤为明显。这些广告是连接生产者和消费者的"伟大的购物链"[36] 得以形成的关键,尤其是从 1750 年左右开始,巴黎的广告商《巴黎公告》和"外省公告"相继发行。各省新闻报纸通常会整版转载这些广告,从而形成以印刷广告为驱动力的全国市场,将各类商品囊括其中。

广告宣传不仅将信息传递给公众,也让一系列旨在引起公众兴趣的争论得以表达。健康,尤其与美相关的健康,是这个虚拟市场中最有活力的领域之一。牙科服务和商品在这个领域中占据了相当大的比重。广告里强调,好牙齿是好相貌的必要条件。医疗广告中经常明确宣称,美丽的洁白微笑——正如感性文学畅销书中所描述的那样——不仅是小说家的幻想,还可能成为日常的现实,成为巴黎上流社交界中个人身份的光辉徽章。"伟大的购物链"催生了"伟大的微笑链"。

这对女性尤其如此。一口洁白的牙齿是女性面容最好的武装,正如 1790 年一位日内瓦牙医所说:"那赋予她们微笑的优雅。"[37] 然而,口腔美容适用于巴黎公共领域中的每一个男男女女。艾蒂安·布尔代说,"牙齿的美丽不是一种媚态",[38] 而是男女皆宜。茹尔丹表示,"不仅女性会因失去牙齿而不再美丽……男人也会更加不幸"。此外,当脸上剃掉胡须,牙齿会显得更加突出,在这方面,这种风格仍然是在模仿凡尔赛宫。

巴黎的感性世界包括各色男女,这是因为健康洁白的牙齿不仅仅好看。它们还有助于生活的方便、舒适和健康。[39] 克洛德·热罗迪列举了牙齿护理使个人融入公共社交圈的多种方式:

> 牙齿不仅有助于身体健康,而且还能带来愉快的面容、悦耳的声音、轻松而清晰的发音、清新的气息和优雅的气质,因而牙齿非常适合城市生活中的民间商业。

在儿童牙齿方面，牙医们形容自己正在为国家进行一场艰苦卓绝的战斗，[40] 敌方就是孩子父母无知愚昧的观念。不仅是无知的穷人，许多中产阶级家庭也忽视了他们孩子的牙齿，例如比农认为牙垢可以增强（而不是削弱和病灶化）牙齿。那些对牙科不感兴趣的人还指出，牙齿最好的孩子是邋遢的街头混混小萨瓦人，他们见到牙医也认不出来。成年人可能会对甜味剂的警告嗤之以鼻：据说博福尔公爵活到70岁时，所有牙齿还都完好无损，但他平均每天摄入4千克糖。牙科作者敦促学校抵制这种反对正确口腔护理的逆向宣传。雷克吕兹认为学校校长应该每年带学生去看一次牙医。有人认为这种节奏太过宽松，应该实行每月一次的制度。

强调牙齿在个人和集体层面上的社会功用的牙科文献，常常会提及言语和发音的问题。[41] 正如狄德罗的《百科全书》所指出的，"牙齿的缺失会让嘴巴畸形，并损害……发音"。人们需要牙齿才能发出许多单词的音，至少这点能够理解。例如，如果沙龙或咖啡馆的常客没有或只有几颗牙齿，他们究竟要如何正常交流呢？正如我们所见，这也是困扰加利亚尼神父的一个问题。不仅是老年人会受到口腔卫生问题的影响。牙齿不好还意味着口臭。此外布尔代还指出："无论男女，都喜欢大笑或交谈，但如果没有唾液伴随，他们就无法发出某些单词的音，甚至会引起最令人作呕的场面。"缺牙会导致唾液从嘴角流出，以及其他不得体的动作，这在礼貌的谈话中让人反感。

健全的牙齿使面部保持了惯常的秩序和规律——没有牙齿，嘴唇、脸颊和下巴都会不吉利地凹陷下去，正如里奇所指出的那样。失去牙齿是走向被社会剥夺公民权的一步，甚至会更糟。[42] 雷克吕兹指出，牙齿的脱落"会导致口腔畸形，使其处于一种令人不悦的状态，一看到这种情况，就好像在宣告这个人即将毁灭"。在巴黎的公共领域，无牙似乎意味着社会身份的丧失。那张令人愉快的嘴——能露出新的微笑的嘴——与个人的主体性密不可分。"我们难道看到的还少么?"牙医奥诺雷·库尔图瓦问道,"女性个体只要一开口说话,哪怕只是说最简短的一句话,或只是微微一笑,都会让所有人看到她们对牙齿的疏于保养。因此,面部的可识别性和吸引力需要牙齿的存在,即使嘴巴紧闭,看不见剩下的牙齿也依然如此(这一点在路易十四的肖像画家亚森特·里戈那里也不会被忽略)。"在启蒙时代面对面的接触中,牙医提供了一种令人安心的自我感觉。

牙科作者将他们的工作装点成与爱国及社会改良有关的叙事,引领了全社会的卫生启蒙。例如,《公告》的编辑用尽修辞的手法,强调广告商如何将愉快(l'agréable)与有用(l'utile)结合起来,而牙医正是这样呈现他们自己的服务和商品的。在这方面,他们从当时其他手工匠那里得到了启示:假发制造商特别强调他们的商品如何提供美丽、舒适、方便和健康。因此,原本个人为了融入巴黎社交世界而配置的牙齿、嘴巴和微笑,成为一种更广泛意义上的社会资产,为每个人寻求进步和社会幸福奠定了基础。

牙医因此成为一位身体工匠,热衷于让人们更适应现代生活的要求。他们工作的前提,就是健康洁白的牙齿对所有成年人来说都是一项优质资产。拥有好的(最好是洁白的)牙齿,能够绽放耀眼的微笑,只是一系列社会优势的其中之一。牙科广告从社会效益以及个人健康和福祉等方面出发,将不良牙齿归结为各种疾病的症状和原因。牙医们强调,保护牙齿很重要,因为它们能够帮助咀嚼和消化。年迈的人牙齿掉落,便会患上慢性消化不良,使身体的健康状况恶化。另一方面,从学术到通俗的牙科文献中,儿童牙科领域无疑是最受关注的焦点。优质的牙科医学可以预防婴儿因出牙期间的流感和脱水而夭折。这也符合当时政府对人口问题的关切。

从18世纪中叶开始,巴黎涌现出大量牙科广告,读者看过后会得到一种清晰的印象,即牙医只需挥动魔法棒,就能实现一系列小奇迹。

曾经的丑陋变得优雅体面;曾经的消化不良之痛变得舒适;难以理解的口齿含糊变得流畅通达;唾沫之雨变得怡然自得;让人厌恶的口臭也将消失得无影无踪。如此梦幻般的愿景,成为每个勤奋的巴黎公民可以企及的目标。因为拥有好牙齿和令人愉快的微笑是每个人都可以掌握的技能,而不再是遥不可及的幻想。

　　大家都认为,保护和美化牙齿应该从家庭开始,[43] 牙科广告则为此提供了指南,告诉人们如何、多久以及在什么条件下清洁牙齿。大多数牙医倾向于使用温暖的海绵加上非金属牙签(如果可能的话,还有舌刮器,后者是雷克吕兹发明的)。然而,此时此刻又诞生了一种全新的自助技术,注定在长久的未来影响西方文明:不起眼的牙刷。初代牙刷的构造与今天并无二致;他们既能保护牙釉质,又能高效、安全地深入牙齿间隙,很快成为日常盥洗的必备品。牙刷特别的优点就是精巧便携。正如牙医埃贝尔所指出的,牙刷的这些基本特质与作用,使每个启蒙时代的人都能成为自己的口腔医生。[44]

　　但对于牙医来说,向客户推荐口腔的自我护理,看上去无异于"自断财路"。[45] 事实上,即便不像马基雅维利那样狡猾也能意识到,提高公众对保护牙齿的热情是为了服务而非颠覆牙医的利益。因为许多口腔状况其实需要更专业的护理,不是外行所能解决的。他们的商业逻辑是,自行处理只能取得有限的效果,一旦牙齿保护的理念在客户中扎根,他们必然会寻求更多的牙科治疗。从理论上讲,如果一个人在年轻时养成了良好的口腔清洁习惯,那么他一生都会拥有健康的牙齿,这样未来几代人可能会不再需要牙医。但牙医并不这么认为。在世界上,良好的口腔卫生习惯仍然推广缓慢。此外,口腔疾病的影响可能会降低,但不太可能消失。即使是那些启蒙运动中最坚定的人性完美主义者,也很难想象永远消除牙齿疾病。

　　此外,尽管牙医们并没有太过在意,但许多个人护理牙齿所需的商品确实是由牙医提供的。他们不仅提供服务,还销售个人口腔护理用品，[46] 例如，热罗迪提供了一种"清洁和美白"牙齿的灵丹妙药；一种特别的漱口水，可以"保持牙齿清洁，预防疼痛和消除口腔异味"；以及一种"抑制牙痛"的镇痛剂。所有这些都装在方便携带的三磅罐子里。热罗迪狡猾地声称，他是在其助手加莱小姐的推动下，才走上了这条商业道路（不知出于什么原因，加莱小姐实际上是 18 世纪唯一被授权在巴黎行医的女牙医）。但事实上，这种扭捏的说辞站不住脚。当时的报纸上到处都是美容产品的广告（男女都有）。我们发现大量有关牙粉和牙齿美白剂（以及突出牙齿洁白的口红）的广告，包括漱口水、口气清新剂、牙签、舌刮器以及新式牙刷。此外，尽管在宫廷中，化妆品仍仅限于在脸上甚至嘴唇上涂上可怕的白色粉剂。但市场上已经出现了胭脂，它不仅能为双颊增彩，还可用作口红。红宝石般的红唇衬托出美丽洁白的牙齿。仅在 1781 年法国就售出了两百万罐胭脂[47]——现在的焦点不仅有嘴唇，还有人们的脸颊。

然而，无论牙科出版物如何追求科学性，商业考虑却从未远离。许多牙医从这些来源获得的收入，可能要比从牙科手术中获得的收入更多[48]（对于一些拔牙匠来说，情况可能也是如此）。勒鲁瓦·德·拉福迪尼耶是药剂广告商中的老油条，生意遍布巴黎和外省地区；波尔多、格勒诺布尔、梅斯、皮卡第和诺曼底的《公告》中，他都会推销自己的商品。1786 年去世时，他的验尸清单上写道，楼梯下面有一间实验室，里面装满了不少于 5 500 个小瓶子（还有一个装满肥皂精华的大瓶子，其他 21 个厚玻璃瓶子和 44 个锡罐）。同样，牙医皮埃尔·比拉尔在 1751 年去世时，他的动产中最有价值的部分是 57 磅河马牙齿，用于制作人们的假牙。这些例子表明，牙医更像是推销员而不是科学家。如果可以在启蒙时代的巴黎谋得一个微笑事业的岗位，那一定是因为市场足够有活力和牙科行业利润高，而不是科研制度和机构多么完善。

此刻的凡尔赛宫……

人们不禁要问，皇家宫廷在微笑的重大变革中究竟身处何地？毕竟，正如我们之前指出，路易十四的凡尔赛宫曾经是法国社会精英的文化模板。然而，事实却与之渐行渐远。凡尔赛宫现在只能亦步亦趋，而不再能勇立潮头、领航前行了。从前都是巴黎紧跟宫廷时尚，现在情况正好相反：新思潮与行为方式从城市渗透到宫廷，从市场到皇宫，从中产阶级到贵族。正如梅西耶所说，宫廷已经成为"围绕旋风旋转的卫星"。[49] 旋风的中央当然就是巴黎。

一个世纪以来，启蒙色彩的公共领域所创造的流行牙科学在城市中非常醒目，但对宫廷的影响却很有限。凡尔赛宫中早已存在的身体和面部行为准则依然顽固不化，就好像对宫廷礼仪的批评只能让国王越发固执己见。路易十四的继任者们都绝对忠诚于"伟大路易"为宫廷生活各方面所制定的礼仪惯例。1775 年后，即便路易十六自己都觉得尴尬，他依然要求朝臣们举办那些早已过时的宫廷仪式。面对变革，他们开始自我麻痹。这在官方肖像画中表现得很明显，这些肖像画通常是有意模仿里戈的名画《路易十四》所展现的神气姿态，以及那双美腿（但有趣的是，这些肖像画从未像里戈那样着力刻画国王衰老、无牙齿的嘴巴）。巴黎公共领域中产生的时尚品位可能已经渗透到了宫廷传统中，并且正如我们所看到的那样，许多宫廷贵族试图将自己融入巴黎公共领域。然而，这些发展并没有推翻宫廷现有的行为方式。[50] 假发的形式和风格发生了变化，但仍然得戴着。化妆品继续统治着宫廷的面孔，事实上，甚至越来越多的男性也开始使用。在宫廷中，人们脸颊上都涂着胭脂，也就美人痣点的具体位置有所不同。

宫廷的面容体制与巴黎社交圈中摒弃涂脂抹粉的潮流形成了巨

大的反差。在巴黎,人们关注的是更为自然的面貌,这意味着品德高尚。真实与自然善良的理念带上了卢梭式的色彩,得到广泛的认同。过去,只有化妆品能为皮肤暗沉的人带来白皙肌肤,但现在化妆品供应商提供的产品可以实现自然的面庞,不会过分漂白。一种名为"美容霜"[51]的产品发明者强调,其主要卖点是"人们轻易无法察觉这种美来自艺术"。脸颊应该呈现自然的颜色,传统胭脂那令人毛骨悚然的亮度已经不合时宜,即使"自然"的透明度有时也需要整正。无论如何,宫廷圈子中以白皙肌肤为自然与美德象征的观念,正在巴黎公共领域中受到挑战,因为这里更看重牙齿的亮白。

在私人和非正式场合,确实出现了一些背离路易十四模式的动向。[52] 路易十五本人意识到宫廷礼仪的束缚着实生厌,于是便减少了在凡尔赛宫度过的天数,更多地把时间花在法兰西岛周围的小宫殿(如枫丹白露、舒瓦西、拉米埃特、特里亚农等)。在那里,他的情妇蓬帕杜夫人(后来是杜巴利夫人)以及一些亲信与他相伴。即使在凡尔赛宫的漫长岁月里,他也会出去打打猎,不参加国家宴会,而是与亲信们共进简餐、打牌,去小剧场看戏。在这种情况下,国王便不会那么忧郁,甚至可以相当放松——"尽管他依然保持着一种不愿放弃的庄严",一位朝臣如是说。

在这种情况下,许多贵族现在更愿意逃离单调的宫廷仪式,沉浸在巴黎放纵和绚丽的新世界;即使这意味着把自己改造成公共领域的一份子,而不再是贵族。逃离凡尔赛的"难民"们开始接受巴黎公共领域形成的礼仪规范,部分是模仿,也有部分是对宫廷礼仪和规训的抵制。这让他们有资格进入巴黎的启蒙思想社交圈——事实上,在某些情况下他们甚至是圈子的主导者。但正如我们所见,社会上的普通人很难相信,这些贵族与自己同属一个阶层,他们过分的热情与礼貌,被大家认为不够真诚,有点虚伪。事实上,鉴于男性朝臣愈加流行遵循宫廷化妆的惯例,每日对镜自照,涂脂抹粉,男人女性化也成为另一个被竞相吐槽的焦点。雅克-安托万·迪洛尔，一位启蒙时代罕见的大胡子爱好者，[53] 就认为年轻"小绅士"对剃光脸部胡须的热衷，威胁到了道德规范，导致了更多的同性恋："性别之间的相似性，似乎使男人倾向于那些可耻的淫乱行为，而那些行为曾玷污过希腊和罗马的荣耀。"

凡尔赛宫的朝臣和"小绅士"们[54] 所展现的娘娘腔特质，也遭到了其他来自更为正统派观点的攻击。卢梭在谈到性别时，[55] 强烈批评男人允许女人参与超出家庭领域的活动，而家庭是她们钟爱的卢梭式栖息地：这一指责不仅针对像蓬帕杜夫人这样的王室情妇，而且还针对公共领域中所有的沙龙女主人。男人应该主导公共领域，女人则应该满足于家庭生活的乐趣——事实上，这一愿景与启蒙时代的社交模式背道而驰。卢梭有关性别的作品，也隐含地批评了当时男子气概的缺失导致的女性在公共生活中发言过多。此外，越来越多的神经医学家们也确认，女性本不适合承担任何此类责任。在 18 世纪中叶，感性是一个无性别的概念：男人和女人一样容易公开表达感情。然而，在旧制度的最后几年里，人们倾向于认为，相比更加稳定的男性情感，女性和儿童的神经系统过于敏感（甚至有点歇斯底里）。

这一观点得到了其他方面的有力支持，因为男性阳刚气概的新理想化形式[56] 也进入了艺术审美的公开辩论。从 1760 年代起，德国艺术理论家温克尔曼的作品重现了古希腊雕像平静、无表情的美，将其作为身体美的理想典范。那些雕塑的面部几乎没有表情，而美则体现在它们理想化的身体和优雅的姿势上。稍后几年，备受欢迎的雅克-路易·大卫所创作的历史画卷也在某种程度上受到这种影响，朝着同一个方向发展。同样从古典中汲取灵感，大卫更加关注罗马的雕塑与绘画，他在法国艺术学院学习时经常去那。大卫早期的绘画作品，持续受到夏尔·勒布伦的影响，人物表情丰富，但从 1770 年代开始，他成熟后的历史画作品中，人物面部的绘制则更加克制，鲜少成为画面的焦点。现在的焦点不再是那些（相当固执的）面部，而是那些肌肉发达、雕塑般的身体,及其表现出来的有力姿态,这些姿态无疑深受罗马和希腊前辈的影响。此外,大卫也努力使他的绘画成为一种公共艺术,具有更广泛的教育和道德影响力。

不难想象,大卫的新古典主义风格完全可以被法国君主用作宣传工具:大卫笔下的英雄们,与路易十四的官方肖像画相比也不遑多让。事实上,大卫确实也收到了大量来自皇家的赞助,许多宫廷精英也对其青睐有加。但实际上,他并不认同法国君主制度提倡的价值观,而更倾向于古罗马的共和制。1789 年后,他将自己的才华投入法国共和制中[57]——这让微笑的受欢迎程度大打折扣。

皇家礼仪的相对固定与宫廷礼仪的轻浮,让贵族身份经常成为人人攻击的靶子。牙医服务在凡尔赛宫中,远没有其在巴黎公共领域受重视,即使牙医创造的微笑是那么迷人、有礼貌,摄人心魄。皇家宫廷远远落后于时代,尚未充分意识到巴黎牙医的技艺已经脱胎换骨。正如我们所见,在 18 世纪期间,路易十五对医学机构的重组[58]给予了相当的支持,以促进高质量外科手术的发展。然而,君主制度对牙医的支持还远远不够。

宫廷在扭捏中也做出了些许改变,一个早期迹象是宫廷医疗队伍中的老式拔牙匠逐渐被新式牙医所取代。[59]1719 年 11 月 18 日,让-弗朗索瓦·卡佩隆花费约 3 万里弗购买了一份保险证书,使自己成为国王的牙医,继任了夏尔勒·杜波瓦的职位(路易十四那位著名的颌部破坏者)。他一直担任这个职位,直到 1760 年去世,但早在那之前,这位"拔牙匠"已经更乐意自称"牙科-外科医生"。目前还不清楚此事发生的确切时间。但是在 1747 年,路易十五宫廷的忠实记录者吕依纳公爵注意到,国王女儿们的医疗随从中出现了一个空缺。他轻率地说:"那就是他们所说的牙科-外科医生,或者用更通俗的说法,拔牙匠。一直以来,都是卡佩隆担任这个职位,伺候国王。"公爵轻蔑的注释突显出福沙尔的新名称在宫廷圈子中的进展。

据记录，1742年，在重新调整牙齿时，卡佩隆弄坏了国王的两颗牙齿[60]（"人们已不是第一次抱怨他出现这种情况了"）。然而，这并没有阻止他的稳步上升——三年后，国王封他为贵族。他还在卢浮宫中获得了梦寐以求的住所，以及凡尔赛镇上的房产，在那里他建造了一座豪宅。接替他的是克拉多克夫人引荐的艾蒂安·布尔代，[61] 我们知道，这是一位具有强大科学背景的出版作者。他也在未来因业务成功最终被封为贵族。1783年，他与巴黎牙医文森·迪布瓦·富库签订了合同，由此富库将成为他的继任者，担任国王的牙医。（布尔代于1789年去世后，富库确实成为路易十六的私人牙医。）在1783年，富库为担任国王牙医一职支付的保证金高达120 000法郎，相当于卡佩隆在1719年支付的四倍。这表明了宫廷对牙科服务的需求已显著增长（虽然相对于巴黎而言，这种增长可能有些迟缓）。

此时，王室家庭中牙医的职位数量，以及王室成员和高级贵族的随行牙医人数都在增加，这充分体现了巴黎牙医得到了法国王室的支持。[62] 根据吕依纳公爵的说法，国王通常会为他家族的其他成员选择不同的牙医，"通过增加职位数量来激发竞争"。正如我们在前面提到的全面效仿宫廷的逻辑，其他贵族纷纷在自己的医疗随从中增加了一名外科牙医。例如，1747年，巴黎牙医兼作家罗伯特·比农担任了"公主的牙医"的职位。比农很快就去世了，这个职位由切斯特菲尔德勋爵的牙医克洛德·穆东接任。热罗迪似乎也在1740年代被任命为奥尔良公爵的牙医。他的继任者是王家牙医布尔代，后者还为普罗旺斯伯爵（即路易十六的兄弟，未来的路易十八）提供服务。

然而，关于凡尔赛宫中牙齿观念的变化有多快，还是一个有争议的问题。编年史学家达让松侯爵讲述了一个关于艾吉永公爵的故事，这位公爵来自法国最辉煌的公爵家族之一，他的情妇是孔蒂王妃，孔蒂亲王（曾是王室成员）的遗孀。达吉永注意到，公爵厌倦了他的情妇，[63] 情妇也厌倦了他：

> 于是公爵让她另寻新欢。他自己则回到了都兰的韦雷茨的
> 庄园，并请来了一名拔牙医生。他把自己与医生关在一起，提议
> 让医生把他的所有牙齿都拔掉，尽管这些牙齿非常好。拔牙医生
> 拒绝了，但公爵威胁说要用剑刺穿他，于是，拔牙医生进行了手
> 术。艾吉永先生把牙齿装在一个包裹里，寄给了王妃。他说这一
> 切都是为了避免给他带来不便的变化。他现在看起来很可怕，几
> 乎不说话，也不笑。

达让松是贵族出身，曾担任过王室大臣，他对宫廷政治持严厉批
评的态度。对于艾吉永的行为，他显然和拔牙医生一样感到震惊。但
这正是问题所在。在宫廷里，贵族对牙齿问题其实并不上心，他们不
苟言笑，只相信牙医秩序下根深蒂固的宿命论（尽管这个故事中有施
虐受虐的成分）。在巴黎，没人相信牙齿终将掉落的宿命论，而凡尔赛
宫则选择无所谓地接受。

路易十五似乎对自己的口腔状态毫不关心[64]（这是他承袭了路易
十四习俗的又一个例子）。1742 年，他拔掉了一颗给他带来麻烦的牙
齿。达让松注意到，这颗牙齿的缺失，"会毁掉他说话和大笑时的脸"。
但整个事件中，让君主最为恼火的却是被迫待在家里整整两天，不能
外出打猎。国王对情妇们也漠不关心，18 世纪 40 年代，他的一位情
妇万蒂米勒公爵夫人风流成性，祸乱宫闱。路易十五的继任者所经历
的与前任们几乎没有什么不同。据路易十六的一位侍从所说，新国王
的"腿非常强壮还很好看"（堪比路易十四式的腿），他的"脸也很讨人
喜欢"。相比之下，"他的牙齿很不齐整，笑起来非常难看"。至于阿图
瓦伯爵，即未来的查理十世，他"经常张着嘴，光看脸似乎不太聪明"。

然而，事情正在起变化。王室开始利用牙医服务，特别是为他们

的孩子,[65] 牙齿问题会严重威胁到孩童的健康。1748 年,奥尔良公爵的小女儿玛丽·特蕾莎在断奶期间,因为脸颊发炎,最终在凡尔赛去世。验尸报告明确指出"牙齿是死亡的唯一原因"。吕依纳公爵在同一年报道了另一则相关事件,幸好没有那么致命。在克洛德·穆东(公主的牙医)决定拔掉 15 岁的维克托瓦公主一颗牙齿时,年轻的公主想尽一切办法推迟手术,至少推迟了一天。然而,吕依纳回忆道:

> 最后,国王决定在晚祷后去看她,并陪了她两个半小时。王储跪在维克托瓦公主面前,苦口婆心地劝她不看僧面看佛面,再不济也要顾及手足、骨肉之情,比如他的国王父亲,本可以命令强行给公主拔牙,却更愿意迁就她的软弱和无知,纵容她的任性。国王也确实没有下令拔牙,时间一再推迟,维克托瓦公主心中感激不尽。她提议,要国王亲自为自己拔牙。可以说这是一场伤感喜剧。王后……看到国王依然无法下定决心,也来向他进言,这牙非拔不可。维克托瓦公主意识到她只剩下一刻钟做决定,终于同意拔牙。但她要求国王抓住她的一侧,王后抓住她的另一侧,阿德莱德公主(她的姐姐)抓住她的腿……手术结束后,维克托瓦公主说:"父王真好。如果我有一个像我这样蠢的女儿,我绝对不会这么耐心地忍受她……"

至高无上的君主与年轻的女儿因为拔不拔牙而陷入对峙,女儿这么做可能是应激反应,或者只是任性和固执。最终(但似乎只是勉强)是绝对君主赢得了胜利。尽管阴郁的路易十五以喜欢谈论"葬礼、死亡和外科手术"而闻名,[66] 但他在看到鲜血时,确实还有些胆怯。在另一场合中,当年轻的王太子拔掉一颗乳牙时,吕依纳讲述了一个顾问医生如何"在看到国王脸色苍白时,递给他一瓶随身携带的鲁斯水(一种抗痉挛剂)"。

1770 年,另一个变化的征兆出现在刚刚嫁给普罗旺斯伯爵的约瑟芬·德·萨伏依公主的身上。萨伏依国王驻法国宫廷的大使向他的主人报告,批评了公主的打扮,尤其是她的头发和牙齿的保养。"这些在别的地方被认为是鸡毛蒜皮的事,在这个地方(指凡尔赛宫)却成了大事"。[67]

路易十四如果知道女性的口腔卫生已经成为王家宫廷的"基本事务",他可能会在坟墓里辗转难眠。然而,这恰恰表明即使转变仍在试探之中,但态度已经开始改变。玛丽-安托瓦内特皇后就是最好的例子。[68]正如我们所见,她在婚前就对牙齿进行了修复,以改善口腔的外观。她和她的嫂子一样敷衍法国宫廷礼仪,还引发过针对她的宫廷危机。尽管她对自己不守成规、特立独行的态度非常自豪,但也没有表现得特别出格。由于反对路易十四的礼仪传统,她倒是可以在肖像画中微笑示人,但也很明确没有露齿。

当伟大的浪漫主义作家和后来的复辟时期外交官夏多布里昂还是一个年轻人时,他曾在 1789 年 7 月中旬到过凡尔赛宫,当时革命的高潮即将来临。他后来回忆说,玛丽-安托瓦内特皇后"向我投来了一个微笑的目光"。他接着说:

> 玛丽-安托瓦内特皇后微笑时,嘴唇的形状非常清晰,令人毛骨悚然。以至于当 1815 年发掘出这位不幸女子的头颅时,我回忆起那笑容,马上就认出了这位公主的颚骨。

哈布斯堡家族的下颚的确与众不同,我们可以在一幅她被斩首的头部剖面图中清楚地看到。这幅图是大卫在 1793 年 10 月她被处决后的几分钟内草草勾勒出来的。[69]王后的微笑是由她的下颚线条决定的,而不是她的牙齿,我们可以肯定地说,她将牙齿牢牢藏在紧闭的嘴唇之下。巴黎公共领域正在酝酿的微笑革命,尚未打破王家宫廷仍在强制执行的面部制度的传统规范。

第五章　短暂的微笑革命

　　路易-塞巴斯蒂安·梅西耶在他 1781 年所著的《巴黎画卷》中曾指出，如果特洛伊的海伦失去了一颗门牙，特洛伊战争可能永远不会爆发。[1] 这则富有哲理的历史掌故还有一个额外的优点，它点出在 18 世纪末的法国，微笑在很大程度上已经可以决定美貌与身份的层次，尤其那些充满感情、咧嘴露齿的微笑。因此，这个段子足以证明巴黎社会正在进步，不仅有新兴的牙科技术推动其间，还有对情感世界的重新评估。1789 年，伟大的政治和社会革命即将来临之际，巴黎似乎正处于实现微笑革命、结束皇室冷漠的表情管理制度的边缘。

　　1787 年和 1788 年，法国正处于政治生命中所谓的"革命前夕"。[2] 在这一阶段，法国社会精英们极力阻止了王室大臣们为解决国家即将破产的问题所做的尝试，并迫使不情愿的路易十六召开了 1789 年的三级会议，这预示着该年夏天大革命的爆发。然而，即使在如此动荡的时期，巴黎人也很少完全投入地关注政治事务。从 1770 年代末到 1785 年，弗朗兹·安东·麦斯麦提出的奇特而（据称）对性有破坏性的健康疗法，即所谓的"催眠术"引起了不小的轰动。1783—1784 年，载人热气球的热潮让所有人都为之着迷。在 1787 年和 1788 年，似乎进一步强调了梅西耶那句随口说出的话的深意，城里谈论最多的话题，似乎总是微笑——尤其是露出洁白牙齿的微笑。有一对看上去并不甚般配的情侣，在此时引得人们议论纷纷：他们是画家伊丽莎白·路易丝·维热·勒布伦和巴黎外科医生尼古拉·迪布瓦·德·谢曼，这名医生专职制造假牙。他们两人看来在用各自不同的方式,担负着与法国大革命同步进行的"微笑革命"的先驱者责任。如我们将会看到的那样,尽管他们尽了最大努力,但在其最终取得胜利的时刻,微笑还是失去了其作为文化符号的地位。微笑革命最终只是一个虚无缥缈、转瞬即逝的肥皂泡。

女艺术家和假牙制造者

在18世纪80年代初的绘画学院中[3],剧作家和评论家让·弗朗索瓦·德·拉阿尔普盛赞维热·勒布伦拥有"维纳斯式的微笑"。那倒不是因为她本人笑起来有多美,而在于她在画布上的所表现出来的形象。在我们之前讨论过的那个事件中:她在1787年巴黎沙龙展出的自画像(其中她的维纳斯式微笑明显露出了洁白的牙齿)引起了艺术界大哗,认为这种创新不合时宜(图0.1)。

勒布伦的画引发了两方面的不满。首先,它与18世纪60年代以来兴起的新古典主义美学[4]和公共艺术观念格格不入,它们更倾向表现庄重典雅、情感内敛的面部表情。我们看到在18世纪70年代和80年代,这种观念融合了雅克-路易·大卫历史图景的方法,从而强调了戏剧性的肢体动作,淡化了通过神态所表达的情感。事实上,一种对绘画中面部表情的自然主义的怀疑浪潮已经出现:启蒙运动作家狄德罗批评肖像画尽是"傻笑",艺术家卡尔蒙泰勒则批评画中女性"多愁善感",装出"一时的感性"。

那些反对矫揉造作、扭曲纯粹感性概念的人们,在后来的大革命中大出风头。在最初阶段,这些人被保守主义者所压倒,后者认为勒布伦的肖像画似乎有违古老的传统,她画的露齿微笑不得体,甚至让微笑变得更平民化、更疯狂(或者至少没有完全处于理性控制之下),

像被某种特别强大的激情驱使似的。

　　到了 1780 年代,关于描绘微笑的嘴的旧传统已经日益受到压力。露出洁白牙齿的感性微笑,已经在法国文化中流行了半个世纪;正如前几章提到过的,艺术鉴赏家和肖像画家只能算新兴启蒙运动微笑盛宴中的后来者。巴黎精英中的许多人在受到感性表达及畅销小说(如理查森的《克拉丽莎》和卢梭的《新爱洛伊丝》)中"灵魂之笑"[5] 的启发后,都开始像这样微笑,在生活中也是如此。巴黎牙医这一新职业的出现,则证明了这一现象在更广泛的文化生活中的影响。他们是微笑革命的技术专家,所提供的专门服务使人们能展示洁白、保养良好的牙齿和他们明朗、健康而又美丽的微笑。用今天的眼光来看,维热·勒布伦的画像几乎可以被视为巴黎牙科医学的广告。她不仅欣然接受了微笑,而且热情地接受了整个社会对于感性的崇拜。她的回忆录特别讲到她在婚后阅读理查森《克拉丽莎》时所产生的强烈情感,而她女儿朱莉(在 1787 年的画作中显示)的命名就是致敬卢梭的《新爱洛伊丝》。在后来的人生中,她多次前往日内瓦湖周边进行文学朝圣,那里正是该小说的叙事场景地。

　　此外,新的微笑已经开始悄悄地渗透到艺术创作中,不过为了调和与最负盛名的主流艺术流派传统之间的冲突,微笑被低调处理了。在摄政时期,让-安托万·华托看起来昏昏欲睡的微笑肖像预示了这种变化,而古怪的社会肖像画家康坦·德·拉图尔在此基础上进一步发展(图 5.1)。在他众多微妙而生动的肖像画中,[6] 牙齿总是焦点所在。拉图尔追随华托,把自己描绘成德谟克利特的化身:[7] 一个嘲笑着世上愚蠢行为、露出洁白牙齿大笑着的聪明的傻瓜。激进唯物主义哲学家朱利安·奥弗雷·德·拉美特利也故意以这样的德谟克利特方式描绘自己。类似的非传统艺术家还有如让·艾蒂安·利奥塔尔、约瑟夫·迪克鲁和让-雅克·勒克等。他们在接下来的几十年里,也在自画像中做出了同样的姿态。德国雕塑家弗朗茨·克萨韦尔·梅

图 5.1　康坦·德·拉图尔，《自画像》

塞施密特也是如此，这笑容只是他所描绘的一系列夸张表情中的一种。德谟克利特的鬼脸成为攻击当前宫廷习俗及其乏味而标准化的表情制度的象征性方式。

　　然而，在艺术圈里，追求感性的白牙微笑的艺术家还远不止那些怪咖。让-巴蒂斯特·格勒兹倡导的风俗画中[8]，这种微笑已经无处不在。我们都知道，格勒兹在 18 世纪 50 年代末和 60 年代初初登画坛，感性的微笑正是此时从理查森和卢梭的小说中走出，而戏剧舞台上的感伤喜剧正在演变为中产阶级戏剧。与此同时，夏尔·勒布伦也在修正他提出的影响深远的历史绘画中情感表达的规则。艺术家、鉴赏家和新兴的艺术评论家团体（如艾蒂安·德·拉丰·德·圣耶讷和启蒙运动作家狄德罗）批评勒布伦的表达范式沉闷、呆板又矫揉造作，缺乏细微差别。正常情感通常是复杂的，各种感情交织在一起，勒布伦的分类无法完全涵盖这些情感。曾经影响勒布伦的笛卡尔及其生理学研究，到了启蒙运动时期也已经不再受欧洲待见。当务之急是发展出一套能够容纳感性思想相关的新兴神经学理论的话语。毫无意外，《关于一般及特殊表情的讲座》对于微笑这种复杂多面的事物几乎没有帮助。

1759年，著名鉴赏家和艺术赞助人凯吕斯伯爵在皇家绘画学院内设立了一个竞赛奖项，以表彰最佳"面部表情"的创作，这显示出人们对此问题的普遍关注。年轻艺术家似乎需要一些这样的创作刺激，以便能够在创作人物面部时描绘出所谓的"面部表情"（必须承认，部分原因是受了勒布伦的影响）——即面部外观开始包含一系列微妙的自然情感，那要比勒布伦不知道高明多少。在该奖项设立的早期，凯吕斯伯爵显然更倾向于将重点放在"温和的激情"，而不是勒布伦提出的"强烈的激情"上，这些"温和的激情"包括痛苦，温柔，同情，关注和快乐的情感，最适用于巴黎公共领域丰富的社交场景。

康坦·德·拉图尔为颇受争议的歌手和歌剧名人索菲·阿尔努[9]在1766年歌剧芭蕾《泽林多尔》中的形象创作肖像画，运用了更大胆的面部表现方法（不幸的是，这幅画已经失踪，但仍有版画存世）。拉图尔可能参考了卡尔蒙泰勒1760年给阿尔努画的水彩画像，那时的她在弗朗克尔和勒贝尔的歌剧《皮拉摩斯和提斯柏》中出演提斯柏一角，画像中她的目光朝上看向天空，[10]诸多知名画家如拉斐尔、雷尼、勒布伦、格勒兹都曾尝试表现这个姿势。拉图尔复制了这种看向天空的眼神，但加入了歌手张嘴露出牙齿的动作。据说，伟大的雕塑家让·安托万·乌东在1774年为格鲁克的歌剧《伊菲革涅亚在陶里斯》中伊菲革涅亚一角制作了一尊雕塑肖像，很明显依据的也是拉图尔创作（已不是卡尔蒙泰勒）的形象——而索菲·阿尔努刚刚在这部剧中走上职业生涯的巅峰。她的牙齿清晰可见（图5.2）。1775年，这尊半身像与乌东所雕的格鲁克像一起在沙龙公开展出，然后直接进入了收

图5.2　让·安托万·乌东,《索菲·阿尔努》(1775)

藏者手中。

　　索菲·阿尔努是法国多位贵族的情妇,显然这不仅没让她受到尊重,事实上还适得其反。再者,因为她职业歌手的身份,露出牙齿微笑的行为仍然在传统的艺术礼仪可接受的范围。[11]此外,她毕竟只是个演员。在法国大革命之前的几年里,大多数以这种方式展现微笑的人物艺术作品都没有可辨识的身份,这也使得这些作品不那么令人震惊。例如,在1787年的沙龙中,让·安托万·乌东展出了他的"一个年轻女孩的头像,石膏"[12](据标签上写的),其中也展示了一个年轻女子露齿微笑的形象(图5.3)。乌东并没有透露这个"少女"实际上是他的新婚妻子玛丽-安热·阿尼,这尊半身像似乎一直放在他家中。在同一次展览中,维热·勒布伦则为她的大胆付出了代价,吸引了从乌东塑像前无功而返的评论家们众多的炮火。值得注意的是,让-巴蒂斯特·格勒兹画布上标记主题的地方也是空白的,据称是普适的女性形象(母亲、新娘、未婚妻等)。他画得更多的是风俗画而非肖像画,这也让他避免了像维热·勒布伦1787年自画像引起的那样的麻烦。

图5.3　让·安托万·乌东,《一个年轻女孩的头像(乌东夫人)》(1787)

维热·勒布伦是一个疯狂追求时尚的怪人,时常引起争议。[13] 然而,值得注意的是,尽管她为玛丽-安托瓦内特皇后绘制了30多幅肖像画,但她从未将她的牙齿露出分毫,这让人们无从窥探皇室牙齿的任何线索。但正如我们所见,玛丽-安托瓦内特皇后仍然是抵制感性微笑的宫廷文化的典型代表。保守的艺术评论家最多只会在她把穿衬衣的皇后搬到画幕前才会有些许震惊;有些评论家认为该肖像画展现的是皇后穿着内衣的样子。

这种观点还以其他方式呈现。以往,肖像画中人物身份的认定并不仅仅通过外貌,往往还要通过服装和装饰品。1787年的维热·勒布伦夫人的自画像打破了这一传统。因为她的服装有异国风范,而她将自己描绘成一位年轻的母亲(尽管眼中闪烁着一丝笑意)。该观点在此后的1792年得到了艺术理论家皮埃尔·夏尔·勒维克[14]的强烈赞同。他认为,法国艺术家之前"创造了一个虚假的自然"。而维热·勒布伦夫人的自画像表明,"他们正在回归真实,最为美好的真实"。微笑的胜利是自然之美的胜利。勒维克进一步提出了一个有趣的观点,正是由于这种生活的真实性,"最近公众看到勒布伦夫人和她女儿入画时,都显得非常高兴",他接着说道。言下之意是,公众的评价远比那些八卦贵族、鉴赏家和艺术评论家更可靠:被启蒙思想家们称为人类理性最高境界的公众舆论,也扩展到了审美品位的问题上。按照这种逻辑推论,那些持不同观点的人,就是片面、偏见和反民主的。

在启蒙运动晚期,优质艺术品,尤其是肖像画开始供不应求,肖像画创作业已成为许多画家谋生的主要手段。他们经常抱怨,模特们越来越多想要他们画出各自期望的角色形象,却不想按照学术标准来画。[15] 模特们被一股感性的浪潮所吸引,希望这种感性也能从他们的肖像中呈现出来。这种情况显然为维热·勒布伦的革命性创作铺平了道路。

包括维热·勒布伦夫人在内的不少艺术家都沿着她1787年肖像

画的方向继续前进，[16] 露齿而笑成为她作品中的一个标志性姿态。而且改变不止于此：尽管维热·勒布伦所画的微笑在 1787 年的沙龙中引起了轩然大波，但她在 1781 年和 1782 年的自画像，以及 1783 年的波利尼亚克公爵夫人肖像中，依然专门画出了微笑。随后还有其他例子（例如 1790 年的《演员帕伊谢洛》、1791—1792 年的《艾玛·汉密尔顿》、1808 年的《斯塔尔夫人》等）。其他艺术家也开始自由创作微笑：例如，雅克-路易·大卫在 1795 年的德·塞里齐亚夫人肖像中展示了牙齿（图 5.4）；热拉尔在他 1796 年的巴比尔-瓦尔博纳夫人像中，以及安格尔在他 1806 年的一幅"妇女肖像"中都画出了牙齿。通过维热·勒布伦夫人这位微笑革命家的行动，西方肖像艺术认可了张

图 5.4　雅克-路易·大卫，《德·塞里齐亚夫人》(1795)

开嘴露齿的微笑表情。没有任何一幅画中的微笑能如维热·勒布伦这般带来如此强烈的冲击——甚至连《蒙娜丽莎》也不及。

然而,维热·勒布伦夫人并不是1789年前唯一一位致力于微笑革命的人。与她同时,在另一个毫不相关的领域中有一位叫做尼古拉·杜波瓦·德·切芒[17]的人进入了公众视野,后来的人们将他誉为"瓷托牙"的发明者。他的白色假牙让人显现出白牙微笑,虽然远不及维热·勒布伦夫人式的微笑那般美丽动人,但也有其独特的震撼之处。

杜波瓦·德·切芒后来回忆道,当他在一个晚上遇到一位因为口含假牙而产生强烈口臭的女性时,他感到异常震惊,由此萌发了一个大胆的想法:"瓷托假牙"。假牙本身当然并不是什么新事物——事实上,从法老时代就能找到例子。[18]文艺复兴时期,像安布鲁瓦兹·帕雷这样技艺精湛的外科医生就构思出了各种千奇百怪的口腔器械。然而,正是皮埃尔·福沙尔在牙科科学学方面的成就,吸引了人们对假牙的关注。福沙尔开发了一系列经过试验和验证的牙科设备,包括弹簧全口义齿套装。

这一类牙科装置存在一些问题。虽然假牙可以帮助咀嚼并保持面颊的丰满,但在美观度及抑制口气方面都比较欠缺。正如杜波瓦·德·切芒亲身经历过的尴尬时刻,食物会卡在固定假牙的线缝或金属丝中,并产生强烈的恶臭,观感也让人不适。对于那些没有全口换上义齿套装的人来说,自身牙齿与假牙的颜色不一致也是问题。启蒙运动时期,人们更多是从动物身上取下骨头,磨成人类牙齿的形状来制作假牙。河马下颌骨向来被视为最好的选择,因为它又白,又不易变色,还坚固耐用。实在不行,还可以使用牛骨、象牙和海象牙,以及木料(当然,只有像乔治·华盛顿这样偏远地区的人才会使用木质假牙)。即使是福沙尔的弹簧全口义齿套装也存在问题。佩戴者需要有相当强壮的颌肌,才能使嘴巴完全闭合;事实是他们的嘴巴只能经常

　　　　　　　　　　　微笑革命:18世纪的巴黎与牙医

张着,十分有碍观瞻。弹簧义齿还有一个棘手的老毛病,一不留神就会猛地从主人嘴里跳出来,为沙龙生活里的日常增加戏剧性的一幕。

知情人士称,由于假牙的恶臭和视觉上的肮脏,它们必须每年更换一次,不然谁都受不了。杜波瓦·德·切芒设想,如果一座歌剧院里坐满了 500 个人,他们都戴着腐烂的河马骨制假牙——就相当于屋子里放了一整只河马。他认为,累积的恶臭会对公共卫生构成严重威胁。此外,人们开始怀疑移植的假牙会传播疾病,特别是那些从医院、太平间、墓地和妓女改造所中采集的牙齿。杜波瓦·德·切芒认为,这种植入式假牙的表面菌群会因为口腔温度引起的发酵逐渐溶解,从而使戴假牙的人感染上犬瘟热。他援引了著名英国外科医生约翰·亨特的话支持自己的说法,即人造牙齿经常"含有梅毒或淋巴结核病毒"。传染梅毒,对于所有敢把其他人的牙齿放进嘴里的人来说,都是一种威胁。

为了弥补牙齿脱落而发明的假牙安装技术,普及的速度让人震惊。福沙尔曾提出,将病人患齿拔下来后,可以清理干净,填充蛀洞,再重新装回去。之后人们意识到,除了自己的牙齿可以重新装回去,别人的牙齿似乎也可以(虽然实际上不同人的口腔之间对这种植入的适应度相当有限)。在 1685 年,英国第一次有人发表研究讨论高级拔牙技术,[19] 作者提到,狗、绵羊、山羊和狒狒的牙齿都可以用于制作假牙。很幸运这些提议似乎都没有被采纳,不过丢弃的人类牙齿确实获得了巨大的市场。牙医们只要打广告征求,就能收到成千上万的牙齿。18 世纪 80 年代法国演员塔尔马的兄弟曾在伦敦当牙医,他写信给塔尔马,让他在巴黎的医院搞到几百颗牙齿。从战场尸体上拔出的牙则成为另一个特别兴旺的供应源。所谓的"滑铁卢牙"以及从美国内战战场上的尸体上拔下的牙齿在整个 19 世纪都臭名昭著,简直骇人听闻。

还有人从穷人嘴里拔取牙齿,提供给富人。[20] 一颗闪亮的白色牙齿,从巴黎街头的贫穷的萨瓦人孤儿嘴里拔出来,然后放置到资产阶级人士张开的牙床上。这种做法在道德上就很有问题,正如英国漫画家托马斯·罗兰森在 1787 年的一幅作品中所表现的,画中伦敦的一个小烟囱清洁工就扮演着这种萨瓦人孩子的角色(图 5.5)。人们还认识到,这种做法不仅在医学、美学上存在弊端,更重要的是违反了道德伦理。那样的牙齿不容易移植成功;即使成功了,也很容易变色。

图 5.5　托马斯·罗兰森,《牙齿移植》(1787)

在这种背景下,杜波瓦·德·切芒"矿物牙"的魅力就显露了出来。我们知道,在 18 世纪 80 年代中期,巴黎就已经开始试图寻找人类和动物牙齿的替代品。杜波瓦尝试了一种新技术,这种技术在十年前或更早时就由圣日耳曼昂莱的药剂师阿列克西·迪沙托试验过。迪沙托和杜波瓦遇到的最大技术难题之一,就是假牙的烧制会导致不均匀收缩,使得装入假牙时平添艰难痛苦。其他诸如保持颜色、表面开裂和过度易碎等问题也都存在。杜波瓦尝试过硬质瓷,这种材料是法国 18 世纪 60 年代末由于高岭土的发现在利穆赞大区刚刚发展起来的。他决定直接前往位于塞弗尔的皇家制造厂,那里是法国高品质瓷器的生产地。塞弗尔的工人建议他,让他先给客户口腔制作蜡模,然后用石膏制模。他们还帮助杜波瓦在工厂内部造了一个小型熔炉,他用它进行了一系列试验,来获得最理想、最逼真的色泽、最有韧性的糊剂,以及令人信服的假牙外观。

1788 年,杜波瓦·德·切芒准备推出一种新产品,并请求皇家医学学会、皇家科学院和巴黎医学院批准。这些机构赞扬他的假牙坚固、方便、卫生又美观;尤其美观这一优点,确实是意想不到的赞誉。[21]但杜波瓦的这一系列优势,早已出现在当时牙医以及类似的半奢侈品厂商的广告宣传中,简直一模一样。(如剃须刀制造商、疝气支架制造商和假发制造商等。实际上,一些假牙制造商声称,假牙很快就会和假发一样在大众中普及了)[22]。杜波瓦拿到证书后,开始宣传他的商品。他的《新型清洁无臭假牙及支架的优点浅析》于 1788 年出版(图5.6),它实用和令人愉悦的特质符合启蒙运动的正确方向,正如后来一位 82 岁的诗歌爱好者所宣称的那样:

即使是无助的婴儿,在我们推动摇篮时,

也会长出珍珠般的牙齿,

并在整个青春的假期中忠实于它的信任。

但岁月在流逝,牙齿在腐烂,

神秘的大自然如此命令,

切芒于是带来了第二春,

切芒万岁,我们的朋友。

他精通智慧之爱,使实用与甜蜜在此碰撞,

而他使实用与甜蜜相融,这是他艺术的最高境界。

当岁月把我们的军械库剥得光秃秃的时候,

新的研磨机和新的切割机出现了；

切芒小心翼翼地走到我们面前；

我们用它来欢笑，用它来进食，

万岁，救我们于患难的朋友切芒。[23]

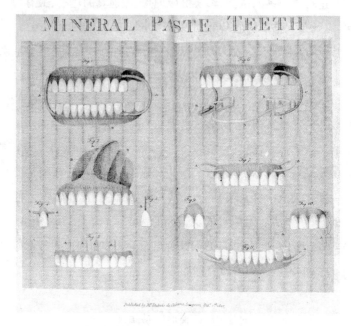

图 5.6　杜波瓦·德·切芒，"矿物牙"，来自他的
《关于假牙的一般性论述》(1797)

　　杜波瓦·德·切芒的宣传口号是他做的假牙外观自然。正如我
们所见，这也是这个时期化妆品行业采取的方法。杜波瓦对自己的假
牙充满信心，每天戴着它们，在行走、说话和微笑之间为自己代言。他
在巴黎市中心"超级时尚"的皇家宫殿开业。皇家宫殿为奥尔良公爵
所有，当时已成为巴黎公共社交的顶尖场所与国际旅游业的圣地。就
这样，"瓷托牙"来到了巴黎公共领域的核心位置。此外，1789 年 7 月
12 日，年轻的律师和记者卡米尔·德穆兰正是站在皇家宫殿里的咖

啡馆桌子上，[24] 呼吁他的巴黎同胞拿起武器，因为路易十六威胁要包围这座城市并镇压革命。两天后，巴士底狱被攻陷，波旁王朝的绝对君主制也随之崩溃。皇家宫殿是巴黎微笑革命全盛时期与激进的政治和社会变革之间的交汇点；颇似悖论的是，在这场变革中，微笑却成了政治上被怀疑的对象。

怀疑之下的微笑

1789 年，启蒙剧作家马蒙泰尔的名言"人民的微笑比国王的赏识更宝贵"[25] 似乎一语成谶。革命为法国男女带来了自然而喜悦的微笑，这似乎是在欢迎人类历史的新时代，也是对一场旨在改变社会、经济和政治秩序以造福整个国家的运动的完美回应。比如，在攻陷巴士底狱的第二天，当革命的胜利似乎已经成为定局时，"所有人眼中都含着泪水"，[26] 一位观察者指出，"陶醉的情感无处不在"。一两天后，另一位观察者注意到，人们混合着"微笑和哭泣"，展现出"一种无法用言语表达的感性而幸福的特质"。一位记者观察到，无论在哪都可以看到巴黎人充满了"欢乐和喜悦"，因为他们推翻了旧制度，迎来了人权的新时代。皇家法令不再限制人们的表达和情感。自然、进步、感性、文明价值观——当然还有良好的牙科——不仅已经战胜了神权专制，还要把微笑塑造成激进变革的象征。

伴随着旧制度及其枝蔓被根除，人们感到启蒙运动所描绘的社会改良与自我实现已经臻于完美。现在，主权已与君主无关，而是体现在国家的抽象实体中。一个以人权为基础的新社会，[27] 将使人类得以再生。一个配得上这些划时代的变化的"新人"[28]——这就是所用的术语——会在他的脸上挂上微笑，这既象征着对人类自然友谊的信仰，也是对所有人未来幸福的虔诚希望。巴黎人在 18 世纪逐渐恢复的快乐，现在似乎已经要成为主流。

微笑革命与1789年爆发的影响社会、政治的大革命似乎完全有希望相互促进。1789年8月26日，国民议会批准的《人权和公民权宣言》并没有完全蹈袭1776年美国《独立宣言》中的措辞，其中，"生命、自由和追求幸福"，被确定为社会组织和个人行动的基本准则。但文件的主旨基本相同。一位热情的革命者宣称，"幸福是欧洲的新理念"；人们普遍认为，与美国相比，在法国幸福可以得到更好的保障，因为美国还保留着奴隶制制度，放弃了彻底的社会变革。国民议会的一位发言人居高临下地指出，美国《独立宣言》为"新半球树立了一个伟大的榜样"，但现在该由法国人来解决全人类的问题了。

法国大革命在社会正义与和谐事业上取得了巨大成就，这一点无须赘述。除了人的权利之外，封建主义的废除（以及1794年之后对奴隶制的废除）、自由主义的建立、法律面前的平等、人才开阔的职业前景等，都有力地证明了这一点。微笑革命和政治革命似乎是同一项规划中的一分子。然而，这种幸福的结合并没有持续下去。如果政治革命是从微笑开始的，那么微笑很快就会受到压力，快乐很快就从议程上消失了。事实上，微笑很快就成为政治争论的焦点。1789年6月，国民议会通过了一项法令，规定辩论中不得发出笑声。[29] 尽管议会的记录显示，在其成立后的两年内，该规则被违反了400多次（第一次发生在该规则出台后不到48小时），但这一规则仍然延续了下来。国家的代表们应该以严肃和庄重的态度行事，遵循在大卫史诗般的新古典主义绘画中为人钦佩而又道德高尚的罗马共和主义者的普遍风度行事，这一点似乎很重要。

国民议会禁止公开笑声，当然并没有排除微笑，因为根据行为准则，微笑不涉及任何噪声或身体动作。实际上，在新的政治文化中，记者约瑟夫·塞鲁蒂所称的"微笑面容"对许多人来说仍然是一种令人愉悦的民主声明。许多作家和记者试图将新政治与法国，特别是巴黎的传统欢乐精神结合起来。塞鲁蒂认为，"总是开心地笑"是一种国民特性，因此"一种真正具有爱国情怀的欢快"这一说法并不自相矛盾。革命记者安托万-约瑟夫·戈尔萨同样试图从法国人的"平静和温和的欢乐"中塑造出他所谓的"爱国之笑"；一个人应该"冷静、坦率、开放"，但他的表情应该偏向"欢乐气压计"中"晴天"的那一侧。

然而，许多革命者认为这一划时代的过程值得采取更合理、更严肃的方法。至少在政治精英内部，人们往往不太喜欢巴黎公共领域的礼貌，而更喜欢雅克-路易·大卫画作中所描绘的那种庄严的姿态：下巴突出、胳膊伸展、上唇僵硬，比颤抖的微笑更招人喜欢。大卫未完成的巨幅画作（现仅存草稿和素描）记录了 1789 年的"网球场誓言"，[30] 当时处于萌芽期的国民议会，发誓抵制国王，拒绝解散议会，所有代表都以英雄姿态出现，他们的表情庄严而冷静。

随着启蒙时代的社交性所激发的温情被革命的激情所取代，微笑似乎也变得过时，转而进入防御状态。一位小册子作者在 1789 年评论说："这个国家，如此快乐，如此机智，如此乐于欢笑"，[31] "容易受到严肃、反思和高尚热情的影响……到目前为止，这个国家一直在开玩笑，因为理性是一种罪行，它只被允许开玩笑，而被禁止学习或关注公共福利。"从这个角度来看，幽默、诙谐和微笑仿佛是这个国家成长过程中在幼年时期必须要经历的疾病。

在巴黎的公共生活中，微笑革命带来的开放、温和、文明的姿态，出现得越来越少。微笑也逐渐被那些语带讥讽而又刺耳、好斗、恶毒的笑声所取代。感性的微笑一直意味着温和；但现在，"温和"却成了一个肮脏的词。[32] 在革命词汇中，"温和派"是"人民的假朋友、宪法的敌人"，他们越来越受到怀疑。

反对革命的记者安托万·德·里瓦罗尔指出："法国不再笑了。"[33] 然而，在巴黎，情况恰恰相反。里瓦罗尔作为备受争议的路易十六的忠实支持者，他是一位小册子作者所说的"笑声战争"的积极参与者,这场战争在革命初期一度非常有代表性。虽然先前的特权已经在革命漩涡中被扫除,但贵族和教会秩序的发言人们却利用 1789 年《人权宣言》中规定的新闻自由,攻击革命事业的各个方面。保皇党人和公开反对革命的印刷机和报纸——尤其是里瓦罗尔写的民粹主义《使徒行传》——对革命的方方面面进行了讽刺和挖苦:革命政治家、革命法律、革命词汇、革命措辞、革命的任何事物,都是幽默磨坊的原料。《使徒行传》对革命者来说无疑如芒在背,因为该报纸不仅极端反动,而且还真的挺有趣,吸引了广泛的观众。在这种情况下,幽默似乎成为反革命宣传的武器。正如一位小册子的作者所说,笑声似乎正在成为"反革命的标志"。

1792 年 4 月,当法国与欧洲大陆大部分地区宣战[34] 后,许多革命者认为通过印刷机传播的那些保皇党人的嘲笑声,显然非常不合时宜。1792 年至 1794 年间,革命的形势异常脆弱;战争威胁到了整个革命计划,并引发了恐怖主义,即由公共安全委员会(1792 年至 1795 年间的法国国民议会)统治的暴力镇压政权。这样严峻的情况下,哪怕是善意的嘲笑似乎也不被接受了。后遗症之一,就是 1792 年 8 月 10 日国民议会推翻路易十六并宣布共和国成立后所做的第一件事情,就是关闭保皇派反革命报纸和出版社。贵族和反革命的笑声在包括印刷品在内的任何地方,皆无立锥之地。

然而,彻底摆脱攻击性的笑声,在新共和国内远没有那么容易。事实上,反革命报纸中那些贵族式的嘲笑和自上而下的幽默,已经与巴黎激进群众运动产生的洪亮的平民幽默[35] 融为一体。漫画家笔下的平民激进分子或巴黎"无套裤汉"的笑声,就是要抹去贵族脸上的微笑(图 5.7)。

这种趋势始于 1789 年像让-保罗·马拉和卡米尔·德穆兰这样的报纸记者,但幽默的集大成者,则是激进巴黎政治家雅克-勒内·埃贝尔所经营的臭名昭著的《迪歇纳老爹报》。他伪装成一个致力于革

图 5.7　"该死的革命"/"啊,好法令"(1789—1790)

命、粗鲁但极端爱国的"无套裤汉"党人,无论在哪里都渴望镇压反革命,总是在政治队伍中寻找有软弱和背叛迹象的人物。

埃贝尔甚至在同行中寻找敌人——尤其是他那些微笑着的同行。1793 年 3 月,便于迅速镇压反革命的革命法庭成立,10 月 7 日,政治小册子作者、新闻记者及后来的国民议会成员戈尔萨被法庭判处死刑。他被一辆囚车运到了革命广场(今天的协和广场),将在为镇压反革命罪行而设立的断头台上接受处决。他在绞刑架上泰然自若,坚称自己无罪——甚至还微笑了一下。[36]绞刑架上的微笑承认了他提倡的"平静而温和的欢乐"和"爱国笑声"的计划宣告失败。这是一次失败,也是一次微笑。《迪歇纳老参报》对其极尽嘲讽:"这个混蛋在刀刃面前一点不怕,都是因为喝醉了酒。去他的!国家剃刀很快就终结了这个滑稽的玩笑。"

戈尔萨当然不是因为微笑而被处决。但人们对他被处决时微笑的反应,却象征着一种前所未有、冷酷严肃的态度,这种态度自从革命初期的快乐微笑时代以后,便笼罩了政治和社会生活。微笑曾经意味着公开和透明。感性的微笑甚至带有进步和平等的色彩。但现在的微笑令人怀疑。圣佩拉吉监狱的狱卒对刚到此地的政治嫌疑人说道："笑容满面的人，不能算是真正的共和党人。"[37]

杰出的马克西米连·罗伯斯庇尔的坚实盟友路易-安托万·圣茹斯特，[38] 同样是一位年轻的政治家、公共安全委员会成员，在他看来，微笑并不意味着光明正大，而代表着某种掩饰："虚伪者微笑，天真者哀伤。"因此，必须系统地质疑微笑。圣茹斯特重新利用了人们对人为微笑的争论，这种争论针对的是一种前革命年代宫廷中随处可见的虚伪奸笑。但是现在，平头百姓和落魄士族也都成了攻击的目标。公共安全委员会中，罗伯斯庇尔和圣茹斯特的亲密盟友库东，也持有类似的观点，他表示："所有的好公民，必须懂面相学。"不过，他们仔细审视外表的能力，不是用来品评他人的性格身份，而是为了确认政治上可靠。真诚的观点必须通过外表来寻找。每个人都需要高度警惕，铲除隐藏起来的犯罪和反革命意图。

绞刑架上的微笑正在成为政治抵抗的象征，这似乎也证明了人们对微笑的不信任。坐上囚车，[39] 押上断头台，像一幕幕日常的连续剧，时刻警醒着巴黎人。很多人因此崩溃，场景惨烈。例如路易十五最后的情妇杜巴利夫人。刽子手亨利·桑松说，她吓得牙齿直打战，"哭声是前所未有的凄惨"。她歇斯底里地大声叫喊，恳求旁观者救救她，声音大得连塞纳河对岸都能听见。更令人印象深刻的是，许多人面对死亡时，表现出的异乎寻常的冷静。刽子手桑松对 1794 年初被送上断头台的一大群巴黎和外省高等法院的法官们表示了极大的敬畏："他们没有眼泪，没有呻吟，没有责备，没有无用的手势。他们带着罗马人平静的骄傲等待着高卢人行刑。"他们中的一位名叫马勒泽布的人，是启蒙运动时期哲学家的朋友，但出于道德责任感，他在审判中为国王辩护，呈现出更加悲壮的景象：他死时"带着圣人般的微笑和坚定，以及源自良心的平静"。

刽子手桑松发现,行刑时最令他不安的地方,就是受害者的微笑。当他出现在革命监狱里时,他发现许多囚犯都"冲我微笑",认为下一个要上断头台的可能就是自己。"这些微笑(他继续说)让我感到诡异。我虽已习惯行刑带来的恐惧,但如果有人为此准备感谢我,我就很难下得去手。"他在书中写道,成为最优秀的男人,要么像马勒泽布和他的同仁那样,面对宿命时坚贞不屈;要么就在厄运面前大笑,干掉杯中酒,吃下一盘牡蛎,像参加婚礼那样,从容走上断头台。然而,他发现,许多被他带上刑场的知名女性政治家,她们善良而坚定的意志更让人动容。她们的微笑,就像理查森和卢梭教导她们的那样,现在更是增添了女性的坚忍风格。她们也许眼含泪花,但在眼泪的背后也有微笑。

德·伯尼奥伯爵虽然没有上断头台,但在巴黎的监狱里当过囚犯,他发现那些女犯人的行径更加感人:

> 她们对待厄运就像对待一个顽皮的孩子那样一笑而过;所以她们公开地嘲笑想当圣人的马拉,像个神职人员的罗伯斯庇尔,还有故作高深的富基埃(革命宫廷的公诉人)。她们似乎在对这群该死的爬虫说:你们想杀我们就杀吧,但你们永远无法阻止我们变得可爱……[40]

1793 年 10 月,伯尼奥看到玛侬·菲尔彭,也就是人们熟知的罗兰夫人,带着灿烂的笑容走上了断头台。罗兰夫人和维热·勒布伦夫人是同龄人(维热·勒布伦夫人比她多活了将近半个世纪)。和她一样,她也有过自己的"新爱洛伊丝时刻"[41]——那是在 18 世纪 70 年代中期,她 21 岁的时候。她后来回忆说:"即使这本书会让我发疯,我也不想要别的书。""它为我提供了唯一的寄托,为我解开在阅读他之前的种种感受,只有他才能把这些感受发泄出来。"卢梭笔下的朱莉,为她指明了一条激动人心的人生之路，让她成为充满爱的妻子、养育孩子的母亲，以及充满激情的爱人。恰如其分地，她走上刑场时，一边虔诚地模仿朱莉，一边又回忆起她珍视的普鲁塔克笔下的共和国英雄。在通往断头台的路上，她被恶语相加，但她仍"带着轻蔑的微笑听着"。最后，她带着"痛苦的微笑"说："哦，自由！天下多少罪恶都假借你的名义而行！"对于一位虔诚地模仿卢梭《新爱洛伊丝》来生活的女人来说，还有什么比"嘴角挂着微笑，眼中噙着泪水"，这句卢梭用来描写朱莉临终场景的台词更恰当的描述呢？

罗兰夫人也绝非例外。仿佛这一代的卢梭爱好者[42]与朱莉模仿者们，都在这个时刻把微笑作为他们人性的卓越象征——当然，卢梭就是这个意思。面对刺杀马拉的凶手夏洛蒂·科黛的崇高勇气，刽子手桑松鞠躬致敬。同样，露西尔·德穆兰（与她的丈夫、激进的记者兼政治家卡米尔形成鲜明对比）临死前笑容满面。伊丽莎白夫人，国王的妹妹，在受审和行刑的过程中，始终保持着甜美的微笑。对桑松来说，"她像从天堂降临的圣徒"。这些人在生命的最后一刻，让断头台成为表达真实自我的场域。而最终呈现这种果敢与力量的方式，便是启蒙至今被赋予更崇高、更坚韧意义的感性微笑。

因此，在"恐怖统治"最激烈的时候，革命政治生活陷入了困境，一边是公开的民粹主义与激进主义，另一边是反革命们刺耳的冷嘲热讽。而且这时的微笑也被反革命者占为己有，成为他们反击的武器。出乎意料的是，微笑的政治立场已经改变，即便它曾是革命的象征。微笑不再代表统一平等的革命文化。因为革命文化变得太过严肃，已无法容纳太多的微笑。相反，微笑已经成为政治受害者的共同象征，成为詹姆斯·斯科特所说的"弱者的武器"，[43]即无权者对有权者进行象征性批判和讥讽的一种隐微的书写。革命者以他们对国家的坚忍承诺而自豪，现在却发现坚忍的武器在断头台面前转向了他们自己。

　　　　　　　　　　　微笑革命：18世纪的巴黎与牙医

微笑的意义逆转后，当权的革命者变得更加严肃，不苟言笑。最明显的表现便是官方庆典。[44] 革命文化不断地颂扬自己的功绩。7月14日和8月10日等关键日期是官方欢庆的大日子，而在革命先驱如米拉波和马拉的忌日，也安排了规模宏大而复杂的纪念仪式。随着时间的推移，这些仪式越来越多，也变得越来越严肃。1790年7月14日巴士底狱被攻陷的首次周年庆，点燃了公众极大的参与热情。"我们必须通过唱歌、跳舞和笑声，驱逐专制主义的最后一口气。"一位记者说道。像这样的全民狂欢随着时间的推移，变得越来越少。在恐怖统治下，庆祝活动往往具有严格的教育目的，好像节日庆祝主要是通过精心策划的寓言表演，来规训人民自觉讲政治守道德。根据1789年前巴黎集体狂欢的传统巴黎人曾被纳入早期庆祝活动，但之后他们却沦为旁观者和配角，而不再是参与者，尤其当艺术家雅克-路易·大卫成为官方艺术领袖之后。[45] 尽管人们依然崇拜革命，但类似这样的节日还是让人觉得极度虚假。

大卫想为革命节日注入两个重要的观念。首先是与旧制度相联系的新古典主义，提倡艺术的公共性和改善社会的力量。其次则呼应大卫的政治导师、"不朽者"马克西米利安·罗伯斯庇尔[46] 及其个人气质、观念立场。罗伯斯庇尔对自己的严肃举止颇为自豪。恐怖统治后很久，罗伯斯庇尔的妹妹夏洛特说他总是面带微笑的，他1791年担任代表时的肖像画确实显示了嘴角略微上扬。然而，罗伯斯庇尔的革命同行大多表示，从未看到过他微笑或大笑。严重的面部抽搐使他的脸看起来像扭曲的鬼脸，尤其是在压力下更甚。有趣的是，大卫自己也有类似的情况：唇部周围的肿瘤[47] 使他的脸看起来肿得不对称，他不笑显然很明智。这对严肃冷峻的革命兄弟发现，自己生理上似乎不可能绽放笑容。

罗伯斯庇尔至少在法国微笑革命中，学会了关注口腔卫生；那时的他掌握了微笑革命的核心技术：拥有一把牙刷。[48] 他在国民公会中的同事，代表巴拉斯讲述了自己如何在恐怖统治最激烈的时候，访问罗伯斯庇尔，试图让他支持温和党。巴拉斯发现他正在刷牙。他注意到罗伯斯庇尔在清洁牙齿时，漫不经心地向身边的同事脚边吐漱口水。按照巴拉斯的说法，这一举动表明罗伯斯庇尔对那些不如自己的人过于蔑视，毫无平等可言，明显缺乏礼貌。这也暗示了波旁宫廷的特征：即公开展示自己的私人领域。罗伯斯庇尔的表现，既具有可憎的波旁王朝风格，又透露出无可救药的野蛮与未开化。

尽管罗伯斯庇尔注重口腔卫生，但微笑革命似乎已经渐行渐远。公共安全委员会开始斥责左右两派的反对者，说他们恬不知耻、吊儿郎当，只知道整天嬉皮笑脸。激进的记者埃贝尔当然就是这样，他一直渴望对戈尔萨垂死的微笑嗤之以鼻。六个月后，在"恐怖统治"达到顶峰时（1794 年 4 月），埃贝尔本人因激进政治行为被送上断头台。警察探子也很厌恶他，嫌他的行为"像最软弱的小女人"。[49] 其他猥琐的人也有着明显相似的轨迹。例如，罗伯斯庇尔的公共安全委员会成员埃罗·德·塞谢勒，在此时也受到审判和处决。罗伯斯庇尔的盟友圣茹斯特说，"埃罗在国民公会内是严肃的；在其他地方就变成了小丑，并会不停地笑，以掩盖他什么也没说的事实。"

笑也被认为隐含着叛国的含义，这种说法在罗伯斯庇尔的校友、激进记者卡米尔·德穆兰被免职处决后流传开来。他在走向断头台时，抱怨自己曾怂恿他人嘲笑对手，所以才受此大刑。

与德穆兰一起被处决的还有罗伯斯庇尔最大的竞争对手、野蛮好赌的乔治·丹东。行刑前一晚他在监狱里疯狂地怒吼，粗鲁地取笑罗伯斯庇尔所谓的纯洁和严肃。他告诉狱友托马斯·潘恩，他会"快乐地走向死刑"。一幅描绘他在走向断头台途中的画显示，他面露微笑，嘴里漆黑，看上去已经没有了牙齿。他可能走上断头台前正与其他犯人开玩笑。好像只有那些注定要死的人，才会允许自己拥有奢侈的微笑。

革命黄昏的拉瓦特主义

第二年热月9日(1794年7月27日),罗伯斯庇尔的公共安全委员会被推翻,[50] 史称热月政变。政变为那种不苟言笑的政治文化,带来了喘息之机。恐怖统治有所缓和,巴黎无套裤汉运动也进一步瓦解。热月党人与督政府(1794—1799)见证了公民社会的重建,富裕阶层开始自由享乐,纸醉金迷,他们现在可以炫耀而不是隐藏自己的财富,可以尽情享乐而不必感到内疚。但是,重回微笑革命是不可能的。1789年,微笑似乎还是团结和民主的姿态,于文化建设、社会进步和与政治昌明皆有裨益。相反的,在1790年代中后期,微笑却成为公开的反革命,文化、政治意义已荡然无存。尽管私下里微笑没有问题,但公开微笑已不可能成为新时代的政治标志。从1790年代开始的剧烈政治变革,直到1799年拿破仑上台,公开场合一直都不太适合出现感性的微笑。

自理查森和卢梭以来,感性微笑的文化影响力根植于这样一种信念:这种面部表情表达了个性的本质,是每个人身份的象征。相比之下,从1790年代中期开始,人们转而认为表情会迷惑人,甚至经常是在故意误导人。正如库东、圣茹斯特和罗伯斯庇尔强调的,[51] 真诚的表情下才能说出真心的话。而微笑则可能是最容易误导、骗人的表情,它已经不再被信任。

这时,对微笑揭示自然性格和美德的特质最可怕的攻击,并不是政治压力,而来自科学界。这个时期,面相学正在复兴。[52] 在18世纪中叶,受到夏尔·勒布伦关于冲动表情作品的影响,"physionomie"(或"phisionomie")一词被用来描述面部的瞬间表情。自古代以来,相学判断个人性格,倾向于通过面部形态而不是短暂的表情。这时的改变事实上曲解了传统相学的原意。启蒙运动时期，所存的古代面相学被认为不合时宜，荒诞不经，几乎遭到完全否定。法国博物学家布封曾讽刺相术说："一个人不那么聪明，是因为眼睛小、嘴巴大吗？"然而，这种死而未僵的知识形式，在欧洲文化中迎来了意想不到的复兴，并对微笑带去了灭顶之灾。很大程度上，正是瑞士牧师约翰·卡斯帕·拉瓦特带来的。

拉瓦特的影响是巨大的。1801年去世前，他已成为欧洲最著名的人物之一，接待过来自各国的国王、王子、大旅游家和游历者。到1810年，在当时人所称的"相面热潮"中，拉瓦特1778年出版的《相面札记》已经被译成所有欧洲主要语言，相继出版了56个版本，从昂贵且图文并茂的大画册，到便携式口袋书籍，不一而足。例如，1806年的法国，随处可见《口袋本拉瓦特》和雅克-路易·莫罗·德·拉萨特编辑的豪华十卷典藏版拉瓦特作品集。

拉瓦特主张将精神世界与科学解释融为一体。他认为人类面孔是"造物的精华，所有优秀品质都汇聚于此"，体现了神的旨意。因此，面相学家的工作等同于发现、赞美上帝的卓越作品。只需通过理解自然的字母表，人们便既可欣赏上帝的仁慈，又可促进社会和谐。但是面相学家还发现，自然中的秩序和规律可以通过数学方法切近。因此，拉瓦特不再看重丰富多变的神态表情，而更青睐稳定不变的身体。因此，尽管拉瓦特在书中借用了夏尔·勒布伦有趣的插图，但他视面部表情为纯粹的"病态"，对其毫无兴趣，认为这种表情无法开发民智，只会误导人们。他完全反对勒布伦的激情理论，认为勒布伦过分强调了面部表情的重要性。勒布伦认为，眉毛是衡量每个人心中激情最重要也是最敏感的指标；拉瓦特却不这么认为，他觉得依据眉毛做判断，在相学上站不住脚。

拉瓦特认为，从性状上看，牙齿比微笑更能反映一个人的性格。[53]他一直强调，"干净、白色、整齐的牙齿……体现的是甜美而优雅的性格和一颗善良诚实的心"。他坚持认为,在某些情况下牙齿不好的人也应该获得相应的尊重。但坦率地讲,牙齿不好基本就意味着"要么有疾病,要么是道德有某种缺陷"。具有讽刺意味的是,他的观点显然受到了微笑革命的影响,因为他对健康的白色牙齿赞不绝口。不过,感性的微笑背后隐藏了多种信息,但拉瓦特只读出了微笑有如镜子一般照出"侍臣般的世故"。尽管微笑具有很多积极的内涵,但拉瓦特认为,它在本质上只不过是"一种嘲笑、讥讽、轻蔑和讽刺的元素"。总的来说,在确定个人性格和身份时,微笑这种不确定的表情远不如面部和头部的骨骼结构准确,拉瓦特认为后者是"唯一可以确证命运的方式"(这一表述突出了他的思想中有神学方面的考量)。拉瓦特重视牙齿、嘴唇和眼睛的形态。在拉瓦特看来,鼻子和耳朵显然比动态的微笑或眼神更能反映个人的性格(图5.8)。

图 5.8 嘴巴,来自约翰·卡斯帕·拉瓦特的《论面相学》(1806)

对于拉瓦特来说,面相学分析需要面部基本保持静态,而不是满脸活色生香。[54] 重要的不是脸上瞬息万变的神情,而是其稳定的基础特征。启蒙运动的前辈们强调面部和身体的活力机能,而拉瓦特更喜欢伟大的解剖学家外科医生泽维尔·比沙所说的"器官的沉默"。分析死者肯定比活人更准确，睡眠者之于清醒者同样如此。拉瓦特为了求证这种面相学本质，用了许多方法。他制作死者的蜡像和面模，用这种方法评估死者的性格。他认为，"死亡停止了身体与灵魂结合时的躁动"，[55] 并因此受到了面相学大师的青睐。他还将人物剪影作为一种额外的分析方法。这种技术在1760年代作为一种聚会游戏流行开来，游戏时全程不需要面部表情。颅测术——也就是对头骨进行校准——在拉瓦特的研究中也起着关键作用。

因此，脸就不像以前那么重要了，也不再是知识诞生的原始资料库。根据拉瓦特面相学的名著，要想科学地解读人物性格，最好是在那人眼神呆滞、面相僵硬、闭着嘴（或者说带着骷髅般神情）凝视时（图5.9）。从判断性格的角度来看，微笑根本无关紧要。在判断性格或身

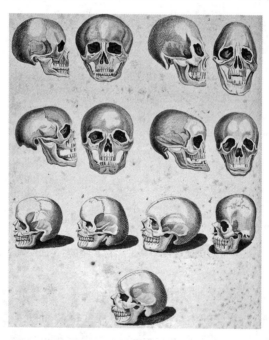

图 5.9　头骨收藏，来自约翰·卡斯帕·拉瓦特的
《论面相学》(1806)

　　　　　微笑革命：18 世纪的巴黎与牙医

份时,完全没有参考价值。的确,拉瓦特最看重的面相学技术中,是不存在微笑的。它已经失去了自微笑革命中获得的意义。

感性的微笑曾是一种平等主义的姿态,是一种追求人文精神与未来进步时所付的定金。但拉瓦特通过测量面部构造,将道德和人种分为三六九等。他醉心于新兴学科颅测学,也因此获得了科学证书。到1780年代和1790年代,受到拉瓦特影响的学者,如彼得·坎珀和约翰·布卢门伯格(他们反过来也影响了拉瓦特),提出了"种族科学"[56]的范畴,这些学科的阴暗恶果将给19世纪和20世纪蒙上阴影。例如,拉瓦特、坎珀和布卢门柏格一起普及了将人类划分出种族类型的观点;布卢门柏格的高加索人、美国人、蒙古人、埃塞俄比亚人、马来人和非洲人存在时间最久。在他们的人类价值滑尺上,高加索人名列前茅,非洲人("埃塞俄比亚人")垫底。拉瓦特的理论框架还涵盖了社会等级制度:大众阶层在道德上明显很差。性别也分高下:拉瓦特承认自己对女人感到困惑[57]("我很小的时候就逃离了她们,我从来没有恋爱过")。在他的大多数标准中,认为女性就是低人一等。尽管存在这些偏见,但拉瓦特的面相理论在新兴的精神病学领域中,被精神病学家菲利普·皮内尔的门徒[58]们所接受,从而获得了额外的支持。

拉瓦特理论中有一种内在的政治逻辑,[59]虽然听起来令人沮丧:即身体决定论限制了个人自由的范围。人类只是"像笼中的鸟一样自由",被上帝赐予的身体所束缚和约束。人"只能活在各自理性与感性的圈子中,无法逃脱。就像人的身体有轮廓的界限一样,每个人的思想也有其活动的范围,界限明确"。这一理论显然很适合18世纪90年代末逐渐形成的后革命价值观运动。在这个决定论的拉瓦特宇宙中,微笑没有发挥作用,没有占据任何位置。它无法向世界传达任何信息。它会撒谎。一个完整的循环过去了。微笑革命结束了。

第六章　微笑革命之后

1811 年,英国讽刺画家托马斯·罗兰森创作了一幅彩色版画,题为
《法国牙医展示他的假牙和假腭》(图 6.1)。在"矿物牙"的标题下写道:

> 巴黎的"魅力"先生承诺可以无痛安装假牙,无论只装单颗还
> 是装满一嘴。杜波瓦先生可以安装假腭或玻璃义眼,他也能把它
> 们摘下。[1]

罗兰森经常用的那种广义社会讽刺有其特定的目标,例如这幅作

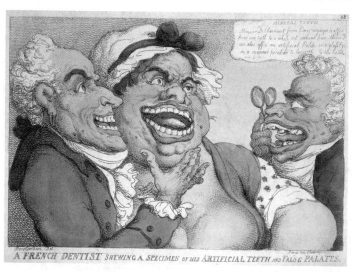

图 6.1　托马斯·罗兰森,《法国牙医展示他的假牙和假腭》(1811)

微笑革命:18 世纪的巴黎与牙医

品特别瞄准了"魅力先生",即"杜波瓦先生",揭示了他的假牙对英国面孔所造成的滑稽影响。我们不难发现,这幅作品背后的真正灵感来源就是尼古拉·杜波瓦·德·切芒。这位巴黎的义齿医师自"恐怖统治"以后便一直在伦敦工作。版画的焦点就是他制作的那些华丽义齿,他按照惯例进行展示,让它们在他和他的大客户嘴里闪闪发光。

罗兰森的讽刺画揭示了1790年代和1800年代微笑走向没落的迹象。事实上,曾经被认为是微笑革命先驱的杜波瓦·德·切芒和维热·勒布伦夫人在生活和事业上的不幸遭遇就是典型案例。他们最终都逃离了巴黎,远离了革命,成为法国革命的流亡者。

错误的先兆

法国大革命开始时,杜波瓦·德·切芒的职业前途一片光明。1791年9月,根据由国民议会颁布的国家法律条款,他获得政府的许可,可以生产和销售一种"无味耐腐蚀烤瓷假牙",[2] 为期十五年。然而,巴黎营商环境正迅速恶化,阻碍了他新产品的一切更新。杜波瓦的义齿售价高昂,可能高达1000里弗,是普通工人年薪的三倍,只有社会精英才承受得起,其他人只能望洋兴叹。这种面向巴黎上层社会的昂贵新产品显然没有遇上合适的时机,无法追逐长期效益;上层社会正处于动荡之中。随着革命变得更加激进,人们不再打扮得华丽,避免炫耀,无心追求时尚;[3] 着装也有返璞归真的趋势,以免露富引人注目。来巴黎看牙顺便旅游的游客如今大幅下降。巴黎的富人精英正在流失,许多宫廷皇亲国戚都选择逃离法国如火如荼的政治动乱。

杜波瓦将他在巴黎皇家宫殿的住所搬到了西岱岛对面、左岸的孔蒂堤,那里仍然保留了时尚的气息。但迫于时局艰难,他决定扩展业务。搬家的同年,他在伦敦成立了一家姐妹公司,位于苏豪区弗里思街的办公场所内。1791 年 5 月 11 日,他用以制作假牙的瓷浆在英国获得了专利。从某种意义上说,杜波瓦只是为了追随他的客户群,才把公司开到伦敦的。苏豪区到处都是法国的男男女女,他们因法国的局势变化被迫移民至此。事实上,逃离正在革命的法国到伦敦定居的移民中有五分之一[4] 居住在这里,这一带早在 17 世纪法国胡格诺派教徒流亡者涌入后,便已经高度法语化。此外,我们起码知道杜波瓦一个客户的名字:亚瑟-里夏尔·狄龙,革命前尊贵的纳博讷大主教,[5] 他在 1790 年代初逃到伦敦。

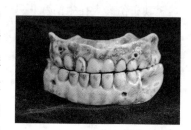

图 6.2　大主教狄龙的假牙

1806 年狄龙去世后,被埋葬在圣潘克拉斯公墓。2006 年,欧洲之星铁路圣潘克拉斯火车站建设挖掘中,发现了他的遗骸,嘴里还带着一副相当完好的杜波瓦·德·切芒的假牙(图6.2)。

　　1792 年 4 月,法兰西议会宣布与欧洲大部分国家开战后,假牙生意在革命巴黎的文化氛围中每况愈下。这对杜波瓦绝对是致命一击。1792 年 8 月 22 日,路易十六被推翻后不到两周,盟军正在向首都推进。杜波瓦被发现曾向议会赠送了自己的一匹战马。但那也是他最后一次在大革命两边下注。不久之后,他崩溃了,在 1792 年“九月屠杀”之后逃离了这个国家。“九月屠杀”是革命党出于对军事前景的担忧,针对巴黎监狱中政治犯和普通重罪犯的残酷屠杀。暴徒们当然没空露出白牙微笑,甚至再也没有机会接触到假牙。

　　在英格兰设立销售点已使杜波瓦·德·切芒成为政治嫌疑人。1793 年 2 月法国和英国开战后,他移民伦敦的越轨行为更是让他的处境雪上加霜。亲英的污点意味着杜波瓦对于法国来说,至少在恐怖革命及战争结束前肯定是不受欢迎的。1797 年,他决定加入英国国籍(像伊桑巴德·布鲁内尔和奥古斯都·普金的父辈那样,成为法国裔移民社群中采取这一步骤的极少数人之一）。这位塞弗尔陶瓷匠的忠实学徒，在这十年后转而与同样著名的韦奇伍德公司合作，提供最优质的瓷浆。[6] 曾经承诺给数百万失去牙齿的法国男女带来微笑的人却离开了法国，来到英格兰追求微笑之业——尽管在那里最终毁誉参半。在他的祖国法国，微笑，曾经是他产品的主要卖点，但此时已成为政治上的嫌疑对象。

之前还有人说假牙很快就会像假发一样普及[7]，这种豪言壮语也早就过时了。甚至在18世纪80年代，假发行业曾因产品看起来太假而被人诟病过。到1815年，随着拿破仑战争的结束，大多数法国移民回到了祖国，把戴着假牙的大主教狄龙留在了伦敦。尽管假牙行业曾经取得过一定成就，但它们从未迎来预期中的黄金时代，并且在整个19世纪法国社会中，只保留了一个小众市场。1816年，杜波瓦称他在过去十年中销售了超过12 000副全口义齿（1797年，即他入籍的那一年，这个数字为3 000）。到19世纪40年代，杜波瓦的后继者和竞争者们从巴黎出口了50万副假牙，也就是说，假牙行业在巴黎存续了下来，并与这座城市共同繁荣；"矿物牙"也在事实上成了"巴黎牙"。

当时，杜波瓦·德·切芒发明的瓷质假牙已经得到了普遍认可。[8]1804年，他的产品甚至得到了天花疫苗发现者爱德华·詹纳的认可。尽管在巴黎行医的意大利牙医达·丰齐在1809年推出了单个瓷牙，理论上比杜波瓦的义齿套装更具灵活性和实用性，却很少在日后的专业文献中被引用。英国外科医生兼牙医约瑟夫·墨菲在1811年[9] 明确指出："'矿物牙'是由德·切芒先生发明的，他不仅是首创者，在制作和改造的手艺上也没有对手。"

然而，批评很快就出现了。[10]1802年约瑟夫·福克斯指责杜波瓦·德·切芒的假牙口感不够自然，嘲笑假牙制作就是伪科学。他说："当一位作者充满活力，坚信自己的发明充满价值，那我们应该给予相当的包容。"19世纪后期，专著《牙齿保护》的作者约翰·格雷也对他这个说法表示赞同：

> 所谓的"矿物牙"或"犹太假牙"，大部分已经改成瓷质；但它们不论看起来还是实际上，都与真的牙齿永远存在区别……如果这些牙和真牙相互摩擦，很快就会磨损掉了。

杜波瓦·德·切芒瓷质假牙的设计缺陷可能是没法忽略的，这些缺陷不仅被他的竞争对手刻意放大，某种程度上肯定也影响到用户体验感：假牙与口腔的适配度不佳而引起的疼痛和不适；与真牙间的咬合磨损；说话时上下牙相碰而发出的咔哒声；以及咀嚼时摩擦瓷质发出的刺耳噪声。全套假牙分量过重也是问题，会导致口腔各种不适。这套假牙装置还未成为他自诩的"革命性角色"。

此外，罗兰森画于1811年的漫画犀利地指出，杜波瓦假牙外观可能丑得让人吃惊。这个笑话显然与近代早期的拉伯雷式幽默[11]有关，也强调了牙医的旧秩序从未消失的事实。对感性的崇拜和牙科手术的兴起只是巴黎的奢侈品，对全法大多数人（以及欧洲其他地区）几乎没有影响。从19世纪初开始，巴黎精英在旧政权的最后几十年中享受的牙科福利逐渐消弭，甚至连精英群体本身也不能幸免。

此外，罗兰森的漫画还透露着英国人的"恐法症"，这源自革命前英国对法国人热衷微笑的极度厌恶。由于与伦敦的商业联系，杜波瓦·德·切芒的巴黎生意于18世纪90年代正式结束。但在英国，他将永远成为"恐法症"调笑的对象。罗兰森其实早在1792年就把杜波瓦视为目标了。在他的漫画《修面六步走》（图6.3）中，他讽刺道，只要用上假睫毛、假发、化妆品和一整套假牙，一个尖叫的老妇人（右上方）就会变成最爱微笑的年轻小姐，诱人地展示着她那极具光泽的洁白牙齿。

罗兰森将这幅漫画献给了莎拉·阿彻女士，她是伦敦著名的交际

图6.3 托马斯·罗兰森,《修面六步走》(1792)

花,且嗜赌成性,但最终竟成功转型成了早期微笑革命先驱之一、维热·勒布伦夫人式的人物。在那幅挑衅性地咧开嘴笑的自画像中(图0.1),她满头秀发、歪着头、露出一口洁白的牙齿,罗兰森可能早在1787年的巴黎就亲眼见过她这样的形象。[12] 我们可以看到,描绘微笑的学术肖像画之门已经为这个微笑开启。然而,维热·勒布伦的微笑并没能冠绝当时,这多少受到了她1789年后个人命运的影响。

正如前文所述,18世纪80年代末,新式微笑就被视为对皇家宫廷和文化机构明目张胆的挑战。尽管维热·勒布伦与宫廷关系良好,是玛丽-安托瓦内特女王最喜欢的肖像画家,但大多数人都认为她只是个资产阶级暴发户,她在首都的公共领域里保持着一种波希米亚式的古怪气质。然而,1789年秋,因对这里的政治文化感到厌恶,她在革命即将爆发时离开了法国。[13] 1792年战争爆发后,她和其他移民一同被看作国家的叛徒。事实上,在整个18世纪90年代到19世纪初,维热·勒布伦被认为是一个彻头彻尾的流亡海外的"反动分子",她一边游历欧洲,一边诋毁她同胞们的革命活动。我们认为,1787 年她画中的微笑,是针对皇家宫廷文化僵化的一种态度。但在那以后,它竟与行将没落的、恋旧的贵族生活方式联系在一起,被严肃、暴力的革命浪潮狠狠扫进了历史的垃圾堆。更广阔的大背景是一种从快乐到讥讽的转变。奥尔良公爵的前情妇让利斯夫人说过:"在以前,快乐就是那么轻松简单,自然天真;现在只有尔虞我诈,愚蠢残酷。"[14]

在雅克-路易·大卫的观点改变中,我们能看到对感性微笑历史类似的重新阐释。他说,自己在 1789 年之前,对具体描绘某个人的外貌特征没有兴趣:"我给(它们)涂上现代沙拉酱,调个味出来,就像人们经常说的那样。[15] 我稍微加深了眉毛,提亮了颧骨,微微张开嘴巴(sic 原文如此),最后赋予了他们现代人所称的'表情',我现在称之为'怪相'。"在这种刻薄的选择性记忆中(还是出自一个嘴唇扭曲的男人之口),感性微笑成为令人恶心的贵族式邪魅之笑。感性微笑曾是个人身份认同的标志,甚至是开明和民主的社交性的象征,这种观念看来已变得遥不可及。

哥特式的邪魅一笑

维热·勒布伦夫人已然展示了张嘴微笑的迷人吸引力。但是,在革命政治降低了微笑的政治和文化意义的同时,拉瓦特的面相学也剥夺了微笑成为个人气质与身份认同的机会。对于拉瓦特来说,张开的嘴是一种死亡的象征。此外,在 1790 年代兴起的艺术文化中,微笑稍不留神就被看成是鬼脸,如果张开了嘴,再加上哥特风[16] 自带的阴险扭曲风格,就会变得更加诡异,让人心生不安。

哥特风最早出现在 18 世纪中叶的英国,霍勒斯·沃波尔在伦敦郊野草莓山建了一座别墅来存放他的古董藏品,就是最早的哥特风建筑。不过,在 18 世纪,哥特风主要表现在散文体小说之中。沃波尔的

《奥特朗托城堡：一个哥特故事》(1764年)确立了这一流派的主要特征：夸张的行文、悬念和恐怖、摇摇欲坠的城堡和其他风情奇异的场所，地下通道、窒息和变态的性行为、落难的少女，等等。威廉·贝克福德的《瓦泰克》(实际上他于1782年先用法语写成，又在1786年至1787年在英法两国出版)是该流派的进一步发展，其中加入了东方情调。该流派中举足轻重的作品还有马修·刘易斯(绰号"修士"刘易斯)的《修道士》(1796年)和安·拉德克利夫的《奥多芙的神秘》(1797)。

　　早在大革命之前，哥特风就以对微笑的新颖而又与众不同的感知[17]开始在法国引起注意。法国文学作品中开始出现"令人不寒而栗""食人魔般""可怕""实在乏善可陈"的微笑。这些特定的例子正是来自贝克福德的《瓦泰克》，不过其他一些本土法国作品明显也成为"感性的温床"。例如，约瑟夫·德·洛阿塞尔·德·特雷奥加特的催泪小说《多尔布鲁兹》(1783年)用哥特式的代表元素重现了理查森和卢梭小说中的临终场景。小说结尾，主人公正准备火葬他心爱的妻子时，"在那一刻，我死去的妻子的脸上似乎被天光照亮。我看到她的脸色变得生动起来，(她的)嘴角向我露出微笑……"确实是一种哥特式的姿态。

　　在革命之前，许多法国男女对英国的哥特风作品都怀着虽然可以作为消遣，但并不真心喜欢的态度。到了1790年代末，他们读到的作品发生了根本性的变化。1790年代，臭名昭著的萨德侯爵[18]曾涉足这一文体，在他的色情小说《朱斯蒂娜，或美德的不幸》(1791)和《新朱斯蒂娜》(1799)中尤为明显。这两部作品同时也是理查森和卢梭感性小说的邪恶仿品。萨德的出现，有力地解释了哥特风和法国的黑色小说的命运为什么在此时发生突然转变，以及18世纪90年代现实主义题材的小说为什么开始销声匿迹。在他看来，现实简直超越了小说，尤其是在巴黎："几乎活着的每个人，在过去的四五年所经历的不幸遭遇，都比一个世纪以来最著名的小说家写出来的还要多"，因此，哥特风是"大革命席卷全欧洲所带来的必然结果"。萨德补充道，在"恐怖统治"之后的"钢铁时代"，传统小说将索然无味。为了引起读者兴趣，增加关注，"有必要求助于地狱，以寻找有趣的标题及魔幻的场景"。19世纪初，浪漫主义的拥护者和哥特小说的实践者夏尔·诺迪埃也提出了类似的论点："曾经创造了历史的人们，"他写道，"渴望强烈的情感体验，以及正义战胜邪恶的伟大胜利。"对于那些经历过恐怖统治，"仍然能闻到火药味和血腥味的人来说，他们迫切需要恢复情绪与秩序，就像戒掉旧习一样摆脱从前的阴影。"

诺迪埃的后一句话出自他于1840年代初写给勒内·夏尔·吉尔贝·德·皮克塞尔库尔的戏剧集的导言；皮克塞尔库尔的《森林之子维克托》(1798)通常被认为是法国第一部现代情节剧。[19] 他在19世纪上半叶写了大约一百部这样的戏剧，为这一日后风靡剧坛的文体奠定了基础。某种程度上讲，(加入了音乐的)情节剧就是"感伤喜剧"和市民剧传统的延续，但表达的情感比这两种旧剧种要丰富得多。情节剧的特点是情感强烈、充满悲情，而又心理极端、性欲病态，最后当然还是正义战胜邪恶。旧的两大剧种里的微笑，对于这样的情节剧来说太过索然无味，已经无法满足需要了。为了增加恐怖的色彩，情节剧还采用了哥特式小说的特征场景(地牢、城堡、废墟、修道院、黑暗的森林、荒野等)。

因此，情节剧增强了哥特式黑色小说自1790年代末以来在法国观众心目中的影响。情节剧与哥特小说也渗透并影响了后1794年代的人们对大革命，特别是恐怖统治时期的记忆方式。各种诡异的事件与反雅各宾派的历史叙事，基本朝着同一个方向发展。比如奥诺雷-让·里乌菲所写的非常受欢迎的后恐怖统治时期的囚禁故事《一个囚犯的回忆录》[20](1794年)，讲述了一段恐怖统治时期真实的监狱生活。此外，洛阿塞尔·德·特雷奥加特的流行小说《多尔布鲁兹》

(1783)在19世纪90年代末激起了众多讨论,话题也有些令人毛骨悚然,围绕恐怖时期被斩首的人头在与身体分离后是否还能表达面部情感。有传言说,当刽子手举起暗杀马拉的夏洛蒂·科黛被砍下的头颅,[21]在人群面前拍打其脸部时,头颅因此蒙羞而变红。这引发了一场学术性的(虽然瘆人)讨论,持续到了那个年代末期,讨论的焦点最后成了科黛死亡的实际时间。有人声称他曾目睹试图将被斩下的头重新缝回去的场景,据称这一实验引发了头面部抽搐——这倒是启发了玛丽·雪莱写作她著名的哥特式小说《弗兰肯斯坦》。

正如小说《瓦泰克》中所提到的,事实证明,在大革命中那些令人不寒而栗、像食人魔一样、可怕的嘴(如果不是微笑的话)随处可见,而且这些嘴里说不出好话。大革命中流行的一些最残酷的黑色幽默段子,集中在对革命受害者的嘴和脸的残害上。例如,在攻占巴士底狱后不久发生的暴力事件中,杰出的行政官员富隆的头被钉在长矛上,他的嘴里塞满了稻草,作为对他说过的"如果穷人饿了,他们应该吃稻草"的惩罚,这是艺术家安-路易斯·吉罗代特捕捉到的一个画面[22](图6.4)。

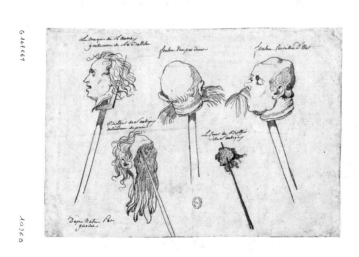

图6.4　吉罗代,《富隆等人的断头》

同样能表明哥特元素侵入了革命经历的脉络以及后续对这段经历的回忆的,还有维热·勒布伦夫人在绘制并展示自己自画像的1780 年代所绘制过肖像的一些主人公的命运。[23] 这其中,波利尼亚克公爵夫人于 1793 年在奥地利英年早逝,死因可能是肺结核。在她去世前,公爵夫人听说了她的庇护人和挚友玛丽-安托瓦内特被处决的消息,后者也是维热·勒布伦最钟爱的肖像画模特。玛丽-安托瓦内特王后在革命法庭上遭到了莫大的羞辱,她不仅被指犯有叛国罪,还被指控与她儿子乱伦——她的儿子也是维热·勒布伦的肖像画模特之一。之后她的儿子继续被关押在巴黎圣殿监狱,遭受了狱卒令人发指的虐待,最终在 1795 年因肺结核病去世。另一位维热·勒布伦于1787 年绘像的模特杜巴利夫人,也被送上了断头台,并在台上对人群发出歇斯底里的咆哮。

　　更悲惨的是玛丽-安托瓦内特女王的闺蜜朗巴勒公主的遭遇,[24]维热·勒布伦在 18 世纪 80 年代曾多次为她绘像。在 1792 年的九月大屠杀中,报复心切的人们在拉福斯监狱中找到了她,把她枭首,并把她的头颅拿到街上游行,然后带到圣殿监狱,用长矛枪尖挑起,挂在关押着她的女王闺蜜的房间窗外耀武扬威。18 世纪 90 年代末,这个故事无法证实的哥特式细节在巴黎乃至整个欧洲都广为流传,一直延续到 19 世纪。

　　罗伯斯庇尔的死[25] 也是如此,他于 1794 年 7 月 28 日在巴黎人群的起哄和嘘声中被带上了断头台,而前一天,这些人还在受他的奴役。在被捕的骚乱中,他曾试图开枪自杀,但只是打穿了下颚。审判时,他用宽大的绷带遮住了脸,然而,当他走上断头台时:

> 刽子手残忍地扯掉了绑在他下巴上的绷带。他发出一声嚎叫……那一刻,人们可以看到他脸色苍白,面目可憎,嘴巴大张着,牙齿掉落在地……砰的一声巨响……

这段恐怖的插曲在整个 19 世纪大革命史的叙述中，为不少人津津乐道，作为谈资（更现代的历史学家往往更注重细节，也更谨慎，描述起来当然也不那么哥特式）。他那野兽般的尖叫一举奠定了罗伯斯庇尔身上非人的兽性。对于整个 19 世纪许多思考过法国大革命的人来说，这是一个暴虐野蛮的怪物恰当的结局，它彰显了一种道德寓意，粉饰了这个传说。罗伯斯庇尔给世人留下最深的印象，并不是妹妹夏洛特回忆中那精心修饰过的感性微笑，而是曾经挂着微笑的地方豁开的那个哥特式黑洞。通过将罗伯斯庇尔降格为一个几乎丧失人性的存在，19 世纪的人们将生活在一种关于革命究竟为何物的充满强烈意识形态色彩的如噩梦般的想象之中。

在很短的时间里，从 1787 年维热·勒布伦夫人的微笑，到哥特式的叙述与回忆，再到恐怖统治时期有关严重毁容的嘴巴的记忆，这其中已经走过了很长的一段路，也象征着巴黎微笑革命已经结束。

消失中的牙科

在 1790 年代及以后，巴黎的牙医们开始经历极其困难的时期。尽管革命议会已经着手改善医学教育和培训的各个方面，[26] 但立法者议程上的首要任务显然不是白牙微笑。事实上，由于显而易见的原因，它的地位已经接近垫底。到 19 世纪初，曾经是欧洲奇迹的法国科学牙科已经失掉了原有的位置，这也导致革命后的法国面临着重新回到牙医旧秩序的危险，让牙齿脱落和满口蛀牙重新成为宿命。随着昔日精于制造洁白牙齿微笑的牙医群体陷入混乱，外科界可能真的要失去牙科这一颗璀璨的明珠了。

革命议会毫不犹豫地展现出决心，要摧毁饱受诟病的旧政权下的医学等级制度。培养医生的各大医学院先是停办，然后彻底重建，尤其是那些早年为巴黎外科医生带来荣光的著名教学实践结合的医学院。从 1794 年 12 月 4 日起，巴黎、蒙彼利埃和斯特拉斯堡各设立了三所新的"健康学院"，将旧的外科学院并入医学院。现代医学上的"临床医学"开始正式孕育。法国医学和外科学开始憧憬光明的未来，但牙科并未在其中找到合适的定位。

作为一个合法的职业工种，牙科与其他革命前的医学行业一起坠入了万劫不复的深渊。1791 年 3 月 2 日的《阿拉尔德法令》和 1791 年 6 月 17 日的《谢普雷法》，废除了全部现有的公司团体，从行业协会到外科医学院和社区，再到附属的"专家"小集团。阿拉尔德法令规定个人可自由"从事贸易和任何他希望从事的行业"。现在，任何个人都可以申请专营权——即做生意的权利，甚至是类似牙科这样与医学相关的行业。

一份大革命开始时医疗组织的报告，幸灾乐祸地写道，"随着外科医生社群的废除，眼科医生、膀胱切石术医生和牙医未来显然将不复存在"。[27] 医疗机构显然过于庞大，无法容纳如此卑微的人物。近一个世纪中，对医学科学统一性的强调导致医学分科化的呼声一直遭到贬低。比如，牙科就未被列入新的"健康学院"的课程表。1800 年，巴黎牙医路易·拉福格个人向内政部长吕西安·波拿巴发出个人呼吁，要求重新组织法国牙科学的教学和实践。他恳求说，牙科护理正"沦为经验主义者、江湖郎中，及任何能够赢得病人信任的牙科药物销售商的专属特权"。[28] 他还说，江湖郎中杀人的效率和拿破仑战争一样高（在给拿破仑兄弟的信中这么说，显然不够委婉）。

1802 年，国家创造了两种基本的医学从业者形式，作为漫长的医疗改革的成果。处于顶层的是在"健康学院"接受规培的医生，这些学院采用实践性的外科教学；而在底层的则是一群形形色色的"卫生员"。除了这个两级框架之外，唯一被法律承认的存在是助产士。这种机构的重组，意味着旧政权下精英级别的外科医生被提升为医生的上层，而较低级别的外科医生、理发师等则被与卫生员混为一谈。在资深的医疗立法者米歇尔-奥古斯坦·图雷看来，这种对比是"超凡和优越"的从业者与"日常和平凡"[29]的从业者之间的对比。拥有牙科训练的牙医，以及1699年之后的"专家"：切石医生和眼科医生，都混在那些基本上无法区分、实际上也并没有区分的卑微从业者群体中泯然众人。正如拉福格抱怨的那样，由于专营权的出现，专业牙医现在在法律上需要与那些花钱买执照的人平等竞争。

1807年便已成为一位杰出牙医的埃德姆-米歇尔·米尔直到在1830年的革命中死在街垒上，还在特别向内政部长请愿设立一个博士学位，以便他能够像旧时代的牙科-外科医生一样行医。部长告诉他，两级框架外的中间级已经不存在了。他可以从事牙科工作，但不允许进行任何正规的外科手术。这个职业明确排除了在1789年之前实践的各种专业知识。医学科学的进步使得"为了治疗人体的一部分，就必须掌握全部基础知识"。1820年代和1840年代后期，国家一直试图通过立法来保护牙科免受任何持有专营权的人的操纵，但均未成功。

18世纪的牙医们从高高在上的外科同事那里汲取的科学资本，正逐渐减少甚至化为乌有。这门学科失去了科学的优势。在旧政权的最后几年，牙科著作的商业价值已经初显，直到这时更是路人皆知。但法律和制度保护的缺失，意味着这个专业将来就要后继无人。因此，从此以后法国人的口腔几乎与福沙尔之前的"大托玛"之流盛行时那样，既缺少保障，也缺乏关注。

法国在口腔护理领域曾经的霸主地位在19世纪的确仍留有一丝痕迹，甚至还在某些方面得到了加强，那就是日常口腔护理用品[30]的生产，特别是牙刷、牙粉和漱口水。这些是巴黎的半奢侈品，在国内外市场上颇受欢迎。医学院在授权方面要求严格，但新成立的政府专利局和内政部的要求则不那么严格。从世纪之交开始，大量发明家开始申请与牙齿保健、口腔护理以及一般健康相关的产品专利。除了古龙水、美容护肤霜和香粉、发油、假发胶、抗皱霜等，还有胭脂、口红、牙齿美白剂、漱口水、牙粉和牙膏等。此外也有新的义齿配方（尽管雅克-皮埃尔·布鲁松采用碾碎的贝壳来制作假牙的做法未能成功推行），以及新的义齿胶水。牙刷设计也得到了提升：第一个牙刷专利于 1818 年 12 月 14 日颁发给了巴黎居民雅克-皮埃尔·诺丹（后一个专利颁发于 1819 年）。很快，从博韦到巴黎北部的地区就成为欧洲产量最大的牙刷制造产区之一，并拥有庞大的出口市场。

不过，即便彼时巴黎牙齿护理的商业颇为繁荣，也完全不能与 18 世纪牙科所享有的国际霸权同日而语。给拿破仑一世看牙的人，只是路易十六的牙医迪布瓦·富库[31] 的传人，这位 18 世纪的牙医也是著名义齿制造商杜波瓦·德·切芒极为鄙夷的对手。但到了 19 世纪中叶，拿破仑三世却转向北美的牙科专家，即费城培训的托马斯·埃文斯，[32] 以照料他和家人的口腔健康。这无疑突显出法国牙科界的声望和能力，已下降到何等程度。1789 年前，法国还曾向欧洲的君主和上层精英提供牙医，但从 19 世纪 40 年代起，这一位置就被美国人取代了。到了 19 世纪中叶，美国的牙科学及新产品已经冠绝全球。尖端的牙科技术已经转到了大西洋彼岸，早在 19 世纪 30 年代和 40 年代，美国就已具备专业牙科的所有形态（牙科学校、专业组织、学术期刊等）。从那时起，美国就在牙科领域享有全球领先地位。[33] 与之形成鲜明对比的是，在法国，直到 19 世纪末——实际上是在 1892 年牙科才开始拥有自己的专业组织。福沙尔已被忘却。《外科医生》杂志自 1786 年停刊之后一直等到 1961 年才有了下一版！在接下来的一个多世纪里，法国牙科被国际竞争对手——赶超。

······微笑正在消失

法国大革命的爆发,彻底摧毁了 18 世纪建立起来的有效口腔医学的专业基础。此外,法国大革命,尤其是恐怖统治,更是完全摧毁了围绕口腔展开的积极文化氛围。

在大革命之前,咧开的嘴、白牙微笑——即感性的微笑——象征着一种全新、乐观而进步的社会相处方式。它根植于 18 世纪中叶出现的感性崇拜。起初只能在舞台上(在感伤喜剧和市民剧中)和书页上(在理查森、卢梭及其追随者的小说中)看到,后来被引入巴黎文化和社交精英的生活中。当雄心勃勃且颇具创业精神的巴黎牙医群体承诺会为巴黎人民提供更好的牙齿服务时,精英们立刻热切地给予了回应。白牙微笑提供了个人身份和道德价值的标准。起初,全新的感性微笑可能只是个人的成就,但正如我们所见,通过微笑的传递,它也成了巴黎市民公共领域中社交的润滑剂,进而成为巴黎快乐的象征。维热·勒布伦夫人 1787 年展出的著名肖像画,似乎标志着微笑最终成为西方艺术的经典,同时也是一种合法的公开姿态。这种姿态也具有强烈的政治意味,因为它似乎直接反对了波旁王朝君主代表的一成不变的紧闭双唇的面部制度对抗。

可悲的是,启蒙时代对人性与人类完美性的乐观看法,甚至早在 1789 年就受到了压力,在恐怖统治的阴影下,更是看起来毫无希望。在 1792 年到 1794 年那段动荡的岁月,凶残与暴力试图将感性微笑从法国人的嘴唇上抹去(尽管,正如我们所看到的,作为道德和政治抵抗的武器,微笑自身也负隅顽抗了许久)。现在,微笑不仅被视作伪装的武器,而且演变成实实在在的威胁,既可以是出自嘲讽的反革命者,也可以来自聒噪激进的无套裤汉,而无论哪种都伴随着暴力斗殴的出现。巴黎欢乐的主旋律黯然失色。整个 19 世纪的大部分时间里,人们眼中的巴黎人不再是欢乐和愉快的典范代表,而是充满威胁、危险嗜血的"危险阶级"[34]暴民,对此,英国漫画家詹姆斯·吉尔雷曾发表过一篇极具讽刺意味的评论(图 0.5)。

巴黎的劳动阶级作为"危险阶级"的骂名,在整个 19 世纪间歇性爆发的革命性暴力事件(1830 年,1848 年,1851 年和 1870—1871 年间)中,将被不断强化。感性微笑已经从公共生活中消失,甚至集体记忆中也没有它的身影,作为巴黎生活的象征,微笑被某种非常不同、非常令人不快的东西所取代。此外,拒绝接受感性微笑的不仅仅是那些反对革命或与革命保持距离的人;即使是那些将革命带到 19 世纪的人们也这样做。拿破仑就是以僵硬不屈的形象示人的,他曾巩固了许多大革命的成果,同时也摧毁了许多其他成果。他当然知道如何去放松:当夏多布里昂在 1800 年左右首次见到他时,觉得他的微笑"感人而美丽"。[35] 我们知道,拿破仑会非常谨慎地确保自己的微笑状态。他的日常梳洗面面俱到,包括用牙刷刷牙。伦敦的韦尔科姆收藏馆就收藏了一把他用过的牙刷,上面刻有他的姓名缩写(图 6.5)。

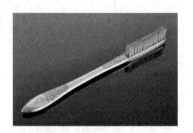

图 6.5　拿破仑的牙刷

刷牙对拿破仑究竟有多大好处尚不清楚。1815 年负责通知拿破仑他被流放到圣赫勒拿岛的军官亨利·邦伯里爵士记载,"他的牙又糟糕又脏,基本不会露出来"。在圣赫勒拿岛时,他的牙很快就开始脱落。比拿破仑私人生活的这些细枝末节更重要的是,在他的统治期间,微笑在集体与公共生活中失去了地位,即便其保住了作为私人姿态的传统形象。个人形象在拿破仑时代延续了新古典主义的罗马风,但面部表情更像罗马帝国,而不像罗马共和国。雅克-路易·大卫毫不犹豫地从罗伯斯庇尔倒向拿破仑,成为其政权宣传的喉舌。拿破仑的动作大气磅礴且极具戏剧性。微笑是人们最难想象他会在公共场合做的事。因此,从那时起,维热·勒布伦的微笑就被认为展示了旧政权下特有的贵族生活气息——即使在当时,情况并非如此。

拿破仑的继任者也没有改变这种情况。1815 年,波旁王朝复辟,路易十八(路易十六的兄弟和继承人)继位,人们熟知的一种说法是,他"什么都没学到,什么都没记住"。这种倾向也让路易十四时期许多严格的宫廷礼仪死灰复燃。程序化的烦琐仪式容不下一丝微笑。甚至,要直到 20 世纪末,白牙微笑才被法国政治人物所采用。

不愿在公众场合微笑,源于 18 世纪末开始的阳刚之气的观念。从 19 世纪初开始,男性的严肃举止在服饰方面进一步得以凸显,这体现在所谓"男性伟大的克制"[36] 上,即用深色西装取代装饰繁复、色彩鲜艳的服装。穿上黑色西装后,笑容就显得轻浮而不那么阳刚。作为必然结果,受卢梭影响的"领域区分"观念试图将女性挤出公共生活,并将她们禁锢在家庭、家务和个人私德的世界中。[37]

从这一时期开始,性别制度发生了结构性转变,其中一个结果是,笑容不仅越来越多地被从公共生活中抹去,而且越来越被女性化。当然,在西方文化中,微笑天然与女性联系在一起;但我们也看到,在启蒙时代,在各种非正式社交场合中,感性微笑是跨越性别的。当愤怒的英国游客无法忍受法国人无休止地对他们微笑时,他们更多地是针对男性而不是女性。在革命前,巴黎公共领域的微笑不仅仅属于法国女性,而是全体法国人的常态。然而,到了 1789 年,早期两性角色与行为的转变已经开始显露。例如,医学研究指出女性比男性更敏感(甚至更容易激动)。"领域区分"观念的发展,加上对阳刚之气更为严格的全新要求,似乎证实了这样一个观念:微笑的男性是软弱的。因此,在缓慢但广泛增长的性别压力下,世纪之交的几十年间,微笑的女性化趋势逐渐到来。

这些影响也让肖像画变得更加沉闷。维热·勒布伦夫人的确彻底打破了高雅艺术的惯例，除了穷人、疯子或癫狂之人外，其他人也可以开口微笑。正如我们所看到的，在她之后的艺术家们赶上了这种新发现的自由。不过从整体来看，19世纪的画家很少有人注意到这一微笑自由的存在。[38]甚至，维热·勒布伦夫人的微笑曾经试图取代的有关微笑限制的陋习，似乎已经重新出现。直到19世纪最后几十年，画家们才开始在肖像画中大规模地描绘白牙微笑。19世纪公共生活的阴郁、不苟言笑且时常枯燥的氛围，依然在给灿烂笑容充当糟糕的背景。

在1789年，法国大革命曾经有过幸福的时刻，那时大革命似乎要将18世纪末于巴黎形成的新微笑，作为其变革影响的标志。那笑容似乎象征着一个正在形成的更公平、更幸福的社会。但这并未成为现实。不过，需要强调的是，在正视巴黎微笑革命时，需要清楚那一刻有多少因素交织，情况有多么不同寻常。首先，尽管其他西方社会在18世纪都出现过感性崇拜，但很少有国家在本土产生了政治革命——也没有一个像法国，特别是巴黎那样，经历了牙科的兴起与繁荣。如果要论"微笑革命"会在哪里发生，那答案只有巴黎。其次，尽管我们在本书中探讨的各类发展之间存在着相互关联，但共同促成微笑革命发生的一系列现象的范围非常广泛。这涉及外科和科学的进步；社会、经济和政治显著的发展；以及情感、表达行为、自我和性别观念的变化。每个因素都必然遵循不同的发展轨迹和特定的发展节奏。因此，微笑革命如同微笑本身那样，转瞬即逝，雁过无痕，也就不那么令人惊讶了。

甚至在1800年之前，微笑就已经被从公共生活中抹去很久了。然而，微笑虽然消失了，但它几乎不会被遗忘。从大革命起的十年里，微笑在性别上的差异日益显现。从长远来看，穿着深色西装的男性将把牙齿和微笑排除在他们的公众形象之外，使得温和的白牙微笑成为一种典型的女性特征，它最好沉浸在平静的家庭生活中。如今，微笑重新进入了公共生活，并同时进入男性和女性的行为中，尤其是在 20世纪中叶以来，然而，却缺少了在 1789 年革命变革的风口浪尖上，微笑在公众生活中所享有的那种清晰的民主承诺感。可以这么说，今天的微笑已经"赶上"了民主。但它实现这一点的途径，恰恰突显了 18世纪巴黎的微笑革命到底有多么与众不同。

尾声　走向 20 世纪的微笑革命[1]

历史证明,18 世纪晚期法国的微笑革命不过是虚幻的曙光,或水月镜花。直到 20 世纪,微笑才以惊人的速度卷土重来。起初,这是一个缓慢的过程,但到世纪中叶,20 世纪的"微笑革命"已经完成。与 18 世纪的前身一样,它是一种复杂的现象,涉及社会和文化以及科学和技术的变革。法国不再像以前那样处于变革的前沿。近些年来,无疑是美国引领着变革的潮流。

1787 年,勒布伦夫人结束了西方肖像画对白牙微笑的禁令。此后,我们看到肖像画中确实出现了微笑,但这仍然是少数人的品位。[2]而且,它仍然带有浓厚的性别色彩。女性可以偶尔露出洁白的牙齿微笑,但对于男性来说,这仍然属于不雅的举动。在法国,没有哪个艺术运动能像例如英国的拉斐尔前派那样全心全意地接受白牙。现代主义艺术没有为微笑预留多少表现的空间,因为他们大体上回避自然主义和具象描绘。奇怪的是,继爱德华·蒙克的《呐喊》(1893)之后,那些在其艺术作品中着重表现张开的嘴的艺术流派,是表现主义、达达主义和超现实主义。对他们来说,张开嘴并露出牙齿更可能与龇牙咧嘴的怪相、德谟克利特式的嘲讽微笑或哥特风的孔洞联系在一起。[3]

英国维多利亚女王以那句"朕可没觉得好笑"而闻名,[4]她的官方肖像当然也非常死气沉沉。事实上,在 1843 年,她曾委托德国宫廷画家弗朗茨·克萨韦尔·温特哈尔特为她绘制了一幅私房肖像,作为送给新婚丈夫阿尔伯特亲王的特别礼物(图 7.1)。

图 7.1　弗朗茨·克萨韦尔·温特哈尔特,《维多利亚女王》(1843)

她选择了斜倚的姿势,露出迷人的微笑和牙齿。这可能使她成为第一位在肖像画中露出勒布伦式微笑的欧洲君主。不过,这幅肖像画的创作环境非常重要。维多利亚将这幅画作为私人礼物送给阿尔伯特,并将其悬挂在他们的私人套房中。这幅画在她生前从未公开展出过。温特哈尔特也为拿破仑三世的皇后欧仁妮绘制了多幅著名的迷人的肖像画,它们是被公开展出的。我们知道,皇后还曾享受过皇帝的私人牙医托马斯·埃文斯的服务。但这不再是拥有健康美丽牙齿的问题,而是在公共场合露出牙齿是否得体的问题。欧仁妮皇后和维多利亚女王一样,在公共场合紧闭着嘴巴,她的继任者们也是如此,直到下一个世纪的来临。

直到 19 世纪末,牙齿和笑容才开始怯生生地出现在肖像画中。有趣的是,贝尔特·摩里索和玛丽·卡萨特等女艺术家似乎在其中发挥了主导作用。在肖像摄影方面,变化的步伐最初较为缓慢。也许有些奇怪的是,尽管这种新媒介更具自然主义,甚至纪实性的潜力,白牙仍未能在19世纪的摄影艺术中站稳脚跟。这其中有技术上的原因。整个19世纪,尤其是早期,被拍摄者需要长时间保持姿势(最初需要30分钟)。到19世纪60年代和70年代,被拍摄者经常戴着护颈、臂章和束腰以确保静止不动。即使曝光时间缩短到一分钟或更短,也无法实现瞬间或自动地捕捉人像。灿烂的笑容很可能会变成傻笑或龇牙咧嘴。19世纪的摄影师们所能追求的最出色的情感表现,也就是若有所思、目光坚毅或者是端庄贤淑这类仪态。

然而,比这些技术问题更重要的是,绘画作为一种表现方式仍然享有相当的文化资本,这也是摄影师对拍摄微笑保持沉默的原因。出于尊重,摄影师倾向于照搬,而不是挑战或取代他们所能接触到的经典绘画传统。因此,相比于开始涉足其他领域的画家,摄影师的创作更正式、更体面,也更严肃。摄影工作室的设备与艺术家的工作室大同小异,人物摄影也会在显著位置放上石膏像、希腊圆柱、帷幔、华丽的家具、流苏、异国情调的服装,与绘画的模式如出一辙。在这种情况下,微笑也许只能在情色摄影中展现身姿,但在这些类型的摄影中,面部表情往往只是附属。话又说回来,我们之前提到过,达尔文在1872年的《人类与动物的情感表达》中所呈现的那幅"微笑的猿猴"[5] 不得不进行了修图处理——因为当时没有其他可靠的方法来表现真实且真诚的微笑(遑论猿猴了)。不知怎么的,在一个似乎已经放弃了笑容的时代,这好像已经不成问题。

真正推动微笑发展的动力,来自20世纪初的照相机技术革新。[6] 从19世纪80年代到20世纪初,一系列创新改变了原先摄影呆板静态的传统。明胶干版的成像速度比以往任何时候都要快,这使得普通摄影第一次可以捕捉运动中的人体。因此,多变而富有表现力的面部才真正成为拍摄对象。此外,新相机可以批量生产,价格低廉,而且手持就可以使用。这使它们成为业余爱好者的首选。

然而,如果说彻底改变个人拍照方式的摄影设备已经就绪,那让人们在镜头前摆出更自然的姿势,时间则出乎意料地久。传统的审美和文化,仍然制约着创新。在快照相机技术上,最大胆的创新者往往是异类,比如雅克·亨利·拉蒂格,[7] 他喜欢拍摄朋友或亲戚从栏杆上滑下来、在空中跳跃、在水中潜水、从自行车上摔下来,诸如此类。不过那时的拉蒂格还默默无闻,毫无影响力。除了这些为数不多的亮点外,静态的、严肃的、缺乏表现力的庄重神情仍然占据主导地位。此外,19 世纪 80 年代和 90 年代警察和法医摄影[8] 的发展也加强了这种倾向。巴黎警察局长阿方斯·贝蒂荣设计了一种非常特殊的身份识别摄影方式,其影响力经久不衰。贝蒂荣的面部技术借鉴了当时种族人类学和退化论的科学主张(退化论仍受到拉瓦特相术的影响),渴望捕捉个人的真实本质(图 7.2)。看来,警方的嫌疑犯照片似乎从不说谎,它也不展现微笑。

在这种情况下,需要出现新的文化模式来刺激变革。在 18 世纪,对感性的崇拜起到了触发作用:人们想要像小说中的男女主人公那样哭泣和微笑。20 世纪初,新兴的媒体扮演了这一开创性的角色。其中最重要的是电影和与之相关的棚拍摄影媒体。[9] 电影甚至比小说更能激发人们对于明星或角色人物生活与身份的认同与向往。第一次世界大战前,好莱坞的电影制片厂开始将明星们摆拍的形象制作成具有大众吸引力的媒体产品。微笑逐渐成为这一新兴媒体的主要特征,并在特写镜头大行其道的二战期间蓬勃发展。当时,擅长露齿微笑的仍然是女性,大多数男性更喜欢个性狡黠的闭口微笑。但是,洁白光亮的牙齿——还可以被修饰得更加完美——最终在男女视觉文化中变得无处不在。

电影明星带头,个人也紧随其后,尤其在二战期间;甚至一些政治

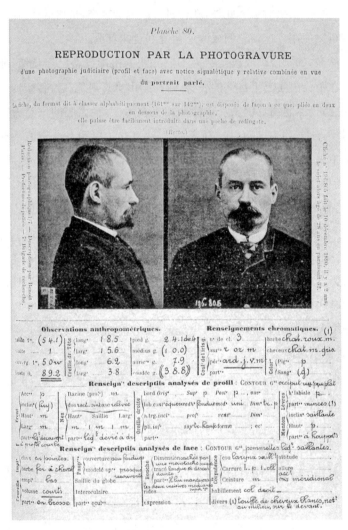

图 7.2 阿方斯·贝蒂荣,个人档案

家也开始顺应潮流(不过,希特勒、墨索里尼、列宁和斯大林等富于个
人魅力的人物更倾向于展现出神秘且不动声色的庄重神态)。第二次
世界大战开始时,人们开始在镜头前说"cheese"。在摄影中露齿已成
为电影演员和观众共同的常态。

特别是在 1945 年之后,视觉广告和大众心理学与电影媒体一起成为变革的驱动力。西方的企业——尤其是世界上最富有的美国——意识到视觉引导在促进销售方面的重要性,开始在广告上花费巨额资金,而且还在不断增加。似乎一个微笑就能卖出任何东西。若是遵循自助心理学的规律,甚至是自己也可以卖个好价钱。美国中西部农场男孩戴尔·卡耐基凭借其影响巨大的《如何赢得朋友和影响他人》[10] 成为百万富翁。这本书于 1936 年首次问世,在 20 世纪四五十年代,在美国达到了鼎盛时期,影响遍及社会各个阶层和世界各地。微笑是卡耐基式让别人喜欢你的主要方法之一;而喜欢你是你影响他们的第一步(可能还会向他们推销一些东西)。如今,公众人物和普通人在展示自己的个性时毫不遮掩,而在过去,却是避而不谈(尽管这体现出法国当时落后于其他国家的程度,但 20 世纪法国最有名的公众人物戴高乐[11] 在公开场合确实从不以微笑示人,私下里也不怎么笑)。微笑越来越多地从广告板上进入普通人的生活;通过电视,微笑渗透到了私人家庭,安稳地占据了每个人的梦乡。

完美洁白的牙齿与微笑,为牙科商业化提供了巨大的发展空间。19 世纪,牙科在美国早早地实现了专业化,因而 20 世纪的大部分时间里,美国一直引领着牙科发展。[12] 据暗示,美观健康且极具魅力的牙齿和微笑,能为那些牙科病人铺就一条通往财富、回报和幸福的道路。当然,这也为许多牙医企业家带来大量财富。其他国家看到世界领先的美国牙科后,很快竞相效仿。美国人的牙齿和笑容越来越精致,牙齿又匀称又整齐,并且色泽超乎寻常的白皙,这无疑成为后冷战时期,美国软实力中不容忽视的部分。

20 世纪"微笑革命"的胜利刺激了 20 世纪 60 年代初后现代主义对"新微笑革命"的反应。1962 年安迪·沃霍尔以一种颇具讽刺意味的平淡手法描绘了 32 个金宝汤罐头,这一作品既讽刺了当时艺术界的创作手法和审美品味,也讽刺了广告制图只会无脑地复制抄袭。同样是在 1962 年,沃霍尔在他的玛丽莲·梦露双连画[13](图 7.3)中加入了额外的转变。作为对那个时代的一个巧妙评说,这件作品凸显了这位极具个人主义色彩且魅力非凡的电影明星的笑容其实就如同一罐汤一样,是可以被复制的。奇怪的是,这类肖像画作品中存在着一种被拍摄者的缺失感。这件艺术品同时赞美了平庸的名人和名人的平庸——以及神话般的无处不在的微笑。

图 7.3　安迪·沃霍尔,玛丽莲·梦露双连画(局部)(1962)

现代西方社会对沃霍尔含蓄的批评不屑一顾,21 世纪初,微笑在现代文化中的地位基本上没有受到挑战。微笑似乎无处不在,天经地义地成为现代生活的一部分,也一如既往地平平无奇。20 世纪末,一些社会潮流的出现[14]使微笑的外观变得复杂(穿孔、文身、口腔饰品、金属牙和其他牙齿保护装置),甚至使微笑的能见度降低。然而,如果说这些变化预示着现代世界对白牙微笑的爱即将终结,那未免有些难以置信。事实上,微笑的吸引力甚至还会增强。在本书写作时,微笑似乎还在。当然,退回到 17 世纪 80 年代末,维热·勒布伦夫人和义齿制造商杜波瓦·德·切芒可能也是这么想的。

注　释

缩略语：

AB：Archives de la Bastille 巴士底狱档案馆

AN：Archives Nationales（Paris）国家档案馆（巴黎）

ARTFL：The ARTFL/Frantext Database（＊）法兰西语库

BIUM：Bibliothèque Inter-Universitaire de Médecine（＊＊）跨大学医学图书馆

BNF：Bibliothèque Nationale de France 法国国家图书馆

DDAD：*Dents，dentistes et art dentaire: histoire，pratiques et représentations*，ed.
Franck Collard and Evelyne Samama（Paris，2012）《牙齿、牙医和牙科：历
史、实践和观念》，弗兰克-科拉尔和伊夫琳-萨马马编著（2012，巴黎）

ET：Etude（notarial practice）公证实践研究

MC：Minutier Central 巴黎中央公证处

n.d.：未标注日期

n.p.：未标注页码

INPI：Institut national de la propriété industrielle 国家工业产权研究所

＊ ARTFL/Frantext 数据库包含从 12 世纪至今的 3 500 多种法语文本。该数
据库在法国文学和文化经典作品方面尤为突出。可通过以下网址访问：
https：//artfl-project. uchicago. edu。ARTFL 网站还包括"Dictionnaires d'autrefois"
资源，其中收录了 16 世纪至今的法语词典（访问网址：https：//artfl-project.
uchicago. edu/content/dictionnaires-dautrefois）和狄德罗的《百科全书》（访问

网址：https://encyclopedie.uchicago.edu)。

＊＊跨大学医学图书馆网站包含大量医学文献，主要是法文文献。特别有用的是 Bibliothèque medica@。网站地址是：https://www.bium.univ-paris5.fr/histmed/medica.htm。在"Odontologie"下有一百多部牙科历史文献。在 https://www.bium.univ-paris5.fr/histmed/medica/odonto.htm 的"Sources de l'odontologie"部分，还有对 18 世纪和 19 世纪早期许多重要文献的评论。

绪论

1 ［Moufle d'Angerville］，*Mémoires secrets*，xxvi（18 September 1787），pp. 351－352.这段文字被复述于 Bernardette Fort，*Les Salons des 'Mémoires secrets'*，1767－1787（Paris，1999），p.321。参见第 5 章关于此事件的详细讨论。

2 最好的通用作品是 Angus Trumble，*A Brief History of the Smile*（New York，2004），它还包含一个非常有用的书目。关于面部和微笑的简短视觉报道包括 Marina Vaizey，*Smile*（London，2002）和 Alexander Sturgis，*Faces*（London，2005）。这些书籍分别利用了大英博物馆和国家肖像画廊的资源。关于《蒙娜丽莎》，特别参见 Donald Sassoon，*Mona Lisa: The History of the World's Most Famous Painting*（London，2001）。关于笑声的文献则要丰富得多，我将引用其中的一些内容。与之研究最为相关的成果来自 DDAD。

3 参见 Denis Diderot and Jean d'Alembert（eds.），*Encyclopédie，ou Dictionnaire raisonné des sciences，des arts et des métiers*，17 vols. + 11 vols. of plates（Paris，1751－1772），ARTFL。关于 ris 一词的字典定义，另可参见 ARTFL，'Dictionnaires d'autrefois'。

4 参见关于摄影的讨论，尤其是本书第 178—179 页。肖像画的模特面临类似的问题。Edouard Pommier，*Théories du portrait de la Renaissance aux Lumières*（Paris，1998）提供了关于肖像中真实再现价值和问题的有用讨论。又,参见 A. Niderst, "La ressemblance au XVIIe siècle" in J. M. Bailbe (ed.), *Le Portrait* (Rouen, 1987)。这些问题在 Richard Brilliant, *Portraiture* (London 1991); ShearerWest, *Portraiture* (Oxford, 2004) 和 Joanna Woodall, "Introduction: Facing the Subject", in Woodall (ed.), *Portraiture: Facing the Subject* (Manchester, 1997). 中有进一步讨论。

5 埃克曼在该领域已获得领先地位。我特别参考了他的 *Telling Lies: Clues to Deceit in the Marketplace*, *Politics and Marriage* (New York, 1985); Paul Ekman and Wallace V. Friesen, "Felt, False and Miserable Smiles", *Journal of Nonverbal Behavior*, 6(1982); Paul Ekman and Willibald Ruch, 'The Expressive Pattern of Laughter', in A. W. Kaszniak (ed.), *Emotion Qualia and Consciousness* (Tokyo, 2001)。对埃克曼"反文化主义"方法的批评见 Robert J. Barrett and Mary Katsikitis, "Foreign Faces: A Voyage to the Land of Eepica", in Mary Katsikitis, *The Human Face: Measurement and Meaning* (Boston, 2003)。另见 Vicky Bruce, *Recognising Faces* (Hillsdale, NJ, 1988);以及 Andy Young, *In the Eye of the Beholder: The Science of Face Perception* (Oxford, 1998)。

6 见 François Delaporte, *Anatomy of the Passions* (Stanford, 2008); François Delaporte et al. (eds.), *La Fabrique du visage: de la physiognomonie antique à la première greffe* (Turnhout, Belgium, 2010); M. Gervais and D. S. Wilson, "The Evolution and Function of Laughter and Humor: A Synthetic Approach", *Quarterly Review of Biology*, 80 (2005),特别有用;以及 Paul Ekman, Richard J. Davidson, Wallace V. Friesen, "The Duchenne Smile: Emotional Expression and Brain Physiology II", *Journal of Personality and Social Psychology*, 58 (1990)。

7 除了在前面引用的埃克曼和布鲁斯的作品中对婴儿早期发展的一些讨论,还可以参考 M. K. Rothbart, "Emotional Development: Changes in Reactivity and Self-regulation", in Paul Ekman and R. J. Davidson (eds.), *The Nature of Emotion: Fundamental Questions* (Oxford, 1994);以

微笑革命:18 世纪的巴黎与牙医

及 Pierre Rousseau，"Les Premièrs Expressions du visage du bébé à la naissance"，Delaporte et al.，*La Fabrique du visage*，pp. 159ff。

8 在此讨论中，我大量参考了 Marina Davila Ross，Michael J. Owren，and Elke Zimmermann，"Reconstructing the Evolution of Laughter in Great Apes and Humans"，*Current Biology*，19（2009）。

9 Charles Darwin，*The Expression of the Emotions in Man and Animals*（1872），ed. Paul Ekman（London，1999），微笑的猩猩见第 135 页。

10 "笑是人的本性"，见 François Rabelais，*Gargantua*（1534），"Avis aux lecteurs"。他改编了亚里士多德的短语："人是唯一能笑的动物"。

11 有人认为这一发展可能发生在 400 万到 200 万年前之间。

12 关于一般的微笑和"情感传染"，除了前面引用的作品（本书第 4 页），另见 Elaine Hatfield，John L. Cacioppo，and Richard L. Rapson，"Emotional Contagion"，*Current Directions in Psychological Sciences*，2（1993）；以及 James Fowler and Nicholas Christakis，"Dynamic Spread of Happiness in a Large Social Network：Longitudinal Analysis over 20 Years in the Framingham Heart Study"，*British Medical Journal*（December 2008 ［a2338］）。关于微笑和销售技巧，参见 S. Douglas Pugh，"Service with a Smile：Emotional Contagion in the Service Encounter"，*Academy of Management Journal*，44（2001）。

13 William M. Reddy，*The Navigation of Feeling: A Framework for the History of the Emotions*（Cambridge，2001）. 美国人类学家克利福德·格尔茨：Clifford Geertz，"Thick Description：Toward an Interpretive Theory of Culture"，in Geertz，*The Interpretation of Cultures: Selected Essays*（New York，1973）。

14 说"奶酪"这个词以产生微笑效果似乎可以追溯到 20 世纪 40 年代。

15 对于将糖作为"龋齿病因学"的主要"罪魁祸首"的概述，参见 Luis Pezo Lanfranco and Sabine Eggers，"Caries through Time：An Anthropological Overview"，in Ming-yu Li（ed.），*Contemporary Approach to Dental Caries*

(published online，2012)。一些具体的例子包括：Philip A. Evans and Kevin Wooldridge，*Saint Pancras Burial Ground Excavations* for Saint Pancras International，the London Terminus of High Speed 1（2002－2003）（London，2011），特别是 127 页及以后；D. K. Whittaker and T. Molleson，"Caries Prevalence in the Dentition of a Late Eighteenth-century Population"，*Archives of Oral Biology*，41（1996）；K. W. Alt，"Practical Dentistry in the Eighteenth Century：Historical Grave Findings from Saint-Hippolyte，Le Grand Sacconex"，*Schweizer Monatschrift für Zahnmedizin*（1993）；David Henderson et al.，"Archaeological Evidence for Eighteenth-century Medical Practice in the Old Town of Edinburgh"，*Proceedings of the Society of Antiquaries of Scotland*，126（1996）；K. Rönnbäck，"From Extreme Luxury to Everyday Commodity：Sugar in Sweden，Seventeenth to Twentieth Century"，*Göteborg Papers in Economic History*，11（2001）；以及 Z. Palubackaite et al.，"Dental Status of Napoleon's Great Army（1812）：Mass Burial of Soldiers in Vilnius"，*International Journal of Osteoarchaeology*，16（2006）。

第一章

1　Michael Levey，*Painting and Sculpture in France*，*1700－1800*（London，1971），该书第 4 页对此画有简短但出色的讨论。这幅肖像描绘了国王的两个身体——一个是生物的，另一个是永恒的，这在经典作品 Ernst Kantorowicz，*The King's Two Bodies: A Study in Medieval Political Theology*（Princeton，NJ，1957）中有所讨论。

2　圣西蒙公爵的话引用自 Dirk Van Der Cruysse，*Le Portrait dans les Mémoires du duc de Saint-Simon*（Paris，1971），p. 168。关于路易十四作为舞者的内容，参见 Régine Astier，'Louis XIV，Premier Danseur'，in David L. Rubin（ed.），*Sun King: The Ascendancy of French Culture during the Reign of Louis XIV*（London，1992）。

3　Saint-Simon，*Mémoires*，Grands Ecrivains de France edn，43 vols.（Paris，1879 - 1928），xxv，p. 182.

4　Pierre Fauchard，*Le Chirurgien-dentiste，ou traité des dents*，2 vols.（Paris，1728），Preface，n. p. 关于福沙尔的内容，见后文，尤其是第 3 章。

5　特别参见 Marcel Lachivier，*Les Années de misère: la famine au temps du Grand Roi*（Paris，1991）。

6　Jacques Guillemeau，*La Chirurgie française*（1594），转引自 Georges Dagen，*Documents pour servir à l'histoire de l'art dentaire en France，principalement à Paris*（Paris，1925），p. 48。参见 Micheline Ruel-Kellerman，"'Douleur des dents'：du vécu au commentaire. De Vésale à Fauchard"，in DDAD。

7　关于这个主题，特别参见 Jean-Marie Apostolides，*Le Roi machine: spectacle et politique au temps de Louis XIV*（Paris，1981）和 Peter Burke，*The Fabrication of Louis XIV*（Cambridge，1992）。

8　关于路易十四健康和身体状况的所有信息，参见 Stanis Perez，*La Santé de Louis XIV: une bio-histoire du roi-soleil*（Paris，2007）：关于出生牙，参见第 31—32 页。此作品取代了此前关于国王健康的描述，其中最好的是 Michelle Caroly，*Le Corps du roi soleil: grandeurs et misères de sa majesté Louis XIV*（Paris，1990）。关于国王的牙齿，还可参见 Colin Jones，"The King's Two Teeth"，*History Workshop*，65（2008）。

9　Burke，*The Fabrication of Louis XIV*，pp. 135 - 149 and 211 - 212；Perez，*La Santé de Louis XIV*，p. 366.

10　*Journal de santé de Louis XIV*，ed. Stanis Perez（Grenoble，2004），pp. 199 - 200. 参见 Perez，*La Santé de Louis XIV*，pp. 73 - 76，187。

11　*La Santé de Louis XIV*，p. 187.

12　[Jean Pinson de La Martinière]，*Estat de la France，comme elle estoit gouvernée en l'An MDCXLVIII*（Paris，1970 [1649]），pp. 85 - 86. 关于"皇室医疗团体"，参见 Laurence Brockliss and Colin Jones，*The Medical World of Early Modern France*（Oxford，1997），特别是第 241 页及以后；以及 Alexandre

Lunel，*La Maison médicale du roi: le pouvoir royal et les professions de santé*
(*XVIe - XVIIIe siècles*)（Paris，2008）。

13 关于宫廷礼仪和规矩，参见 Jean-François Solnon，*La Cour de France*
(Paris，1987)，第 356 页及以后；以及 Frédérique Laferme-Falguières，*Les*
Courtisans: une société de spectacle sous l'ancien régime（Paris，2007）。

14 例如，见于少量专门关于口腔护理的文本，如 Urbain Hémard，*Recherche*
sur la vraye anathomie des dents，nature et propriété d'icelles（Lyon，1581）；
Bernardin Martin，*Dissertation sur les dents*（Paris，1679）；以及 Sieur de
Fleurimont，*Moyens de se conserver les dents belles et bonnes*（Paris，1682）。关
于这些早期文本，参见 BIUM。

15 *Journal de santé de Louis XIV*，pp. 226 - 227；Pierre Dionis，*Cours d'opérations de*
chirurgie démontrées au Jardin royal（Paris，1708），p. 418.

16 参见 Perez，*La Santé de Louis XIV* 以及 Caroly，*Le Corps du roi soleil* 两本
书中的总体叙述。

17 参见本书第 2 章，第 63—64 页。

18 参见 Perez，*La Santé de Louis XIV*，pp. 186 - 187。Martin，*Dissertation sur*
les dents 以及类似文本只是偶尔注意到粘性食物对牙齿的有害影响。牙
痛的常用疗法曾包括蜂蜜。

19 参见 Brockliss and Jones，*The Medical World*，特别是第 2 章和第 3 章。

20 Dionis，*Cours d'opérations*，p. 417.

21 牙科的一般历史提供了关于这一群体的广泛、欧洲范围内的概述。例如，
参见 Walter Hoffman-Axthelm，*History of Dentistry*（Chicago，1981）；
Malvin E. Ring，*Dentistry: An Illustrated History*（New York，1985）；
Michel Dechaume and Pierre Huard，*Histoire illustrée de l'art dentaire:*
stomatologie et odontologie（Paris，1971）；以及 Dagen，*Documents pour servir à*
l'histoire de l'art dentaire。另见 Roger King，*The Making of the Dentiste，c.*
1650 - 1760（Aldershot，1998）。

22 这一事件见于 *Journal de santé*，p. 225；参见 Perez，*La Santé de Louis XIV*，

pp. 73 - 76；King，*Making of the Dentiste*，pp. 68 - 70；更多阅读参见 Toby Gelfand，*Professionalizing Modern Medicine: Paris Surgeons and Medical Science and Institutions in the Eighteenth Century*（Westport，CT，1984），p. 34。

23 引用自 Perez，*La Santé de Louis XIV*，p. 83n。

24 举例见于 Philip Riedler，*La Figure du patient au XVIIIe siècle*（Geneva，2010），p. 147。

25 参见 Véronique Boucherat，"Une dent contre elle: l'iconographie du martyre et du personnage de sainte Apolline à la fin du moyen âge" in DDAD，主要集中在西班牙，但有更广泛的意义。

26 Hémard，*Recherche*，p. 60；*Recueil et suite de remèdes faciles et domestiques recueillis par Madame Fouquet*，6th edn（Amsterdam，1704），pp. 266，338 - 339。该版本特别详细。

27 Vincent Milliot，*Les Cris de Paris ou le peuple travesti: les représentations des petits métiers parisiens*（*XVIe - XVIIIe siècles*）（Paris，1995）. 另见 Laurent Vissière，"Des cris pour rire? Dérision et auto-dérision dans les cris de Paris（XIIIe - XVIe siècles）"，in Elisabeth Crouzet-Pavan and Jacques Verger（eds.），*La Dérision au moyen âge: de la pratique sociale au rituel politique*（Paris，2007）。

28 《巨人传》作者的经典研究是 Mikhail Bakhtin，*Rabelais and his World*（Bloomington，IN，1984）。有关简要但相关的评论，请参见 Aron Gurevich，"Bakhtin and his Theory of Carnival" in Jan Bremmer and Herman Roodeburg（eds.），*A Cultural History of Humour from Antiquity to the Present*（Cambridge，1997）。另见 Georges Minois，*Histoire du rire et de la déraison*（Paris，2000）；Daniel Ménager，*La Renaissance et le rire*（Paris，1995）；Carol Clark，"'The Onely-languag'd Men of All the World': Rabelais and the Art of the Mountebank"，*Modern Language Review*，74（1979）。《巨人传》中的引文使用了 Urquart and Mottet 的翻译，*The Works of Rabelais*（London，n. d.），p. 80。

29 M. A. Katrizky, "Was Commedia dell'Arte Performed by Mountebanks? Album Amicorum Illustrations and Thomas Platter's Description of 1598", 以及 Jonathan Marks, "The Charlatans of the Pont-Neuf", both in special issue, ed. Katrizky, "The Commedia Dell'Arte", *Theatre Research International*, 23 (1998)。

30 特别参见 Claude-Stéphen Le Paulmier, *L'Orviétan: histoire d'une famille de charlatans du Pont-Neuf aux XVIIe et XVIIIe siècles* (Paris, 1893); David Gentilcore, "'Sole Secret of the Orviétan': Charlatans and Medical Secrets in Early Modern Italy", *Medical History*, 38 (1994)。

31 这个短语出现在法兰西学院的字典中,起始于 1694 年。参见 ARTFL *Dictionnaires d'autrefois*。

32 关于该机构的普遍历史,偏向于 18 世纪晚期,请参见 Vincent Milliot, *Un Policier des Lumières: suivi de "Mémoires de J. C. P. Lenoir"* (Paris, 2011)。

33 特别参见 Jean Verdier, *La Jurisprudence de la médecine en France*, 2 vols. (Alençon, 1762 - 1763), i, p. 497 and ii, pp. 75ff. 关于许可证制度,请参见 Brockliss and Jones, *The Medical World*, pp. 238ff.。

34 关于这一体系,参见 Verdier, *Jurisprudence de la médecine*, ii, pp. 144ff. 。王宫守卫卫局登记簿,编号 AN V3/191 - 198,详细记录了 17 和 18 世纪大部分时间内这些个人的情况。参见 Brockliss and Jones, *Medical World*, pp. 628 - 629。

35 Verdier, *Jurisprudence de la médecine*, ii, pp. 144ff, 以及 Brockliss and Jones, *Medical World*, 特别是第 627—629 页。

36 Edouard Fournier, *Histoire du Pont-Neuf* (Paris, 1862); Michel Sélimonte, *Le Pont-Neuf et ses charlatans* (Paris, 1980)。参见 Joel Coste, "Théâtre et Pont-Neuf. Charlatans et arracheurs de dents à Paris, 1580 - 1620", in DADD; Robert M. Isherwood, "The Singing Culture of the Pont-Neuf", in Robert M. Isherwood, *Farce and Fantasy: Popular Entertainment in*

Eighteenth-century Paris (Oxford，1986)，ch. 1。对于 17 世纪晚期巴黎的一般情况，参见 Colin Jones，*Paris: Biography of a City* (London，2004)；René Pillorget，*Paris sous les premiers Bourbons，1594 – 1660* (1988)；Georges Dethan，*Paris au temps de Louis XIV* (Paris，1990)；Leon Bernard，*The Emerging City: Paris in the Age of Louis XIV* (Durham，NC，1970)。

37　［Jean-Paul Marana］，*Lettre d'un Sicilien à un de ses amis*，ed. Valentin Dufour (Paris，1883)，p.57.

38　Sara Beam，*Laughing Matters: Farce and the Making of Absolutism in France* (Ithaca，NY，2007)，esp. pp.147 – 150，168 – 172.

39　*Oeuvres complètes*，ed. Gustave Aventin (Paris，1858). 也参见莫里哀的作品，《爱情是医生》《无病呻吟》等。

40　卡梅里娜的情节见 *Agréable récit de ce qui s'est passé aux dernières barricades de Paris* (Paris，1649)，p. 13。另外一本"话说马扎然"作品，*Le Ministre d'Estat flambé，en vers burlesques* (Paris，1649)，p.11，也提到了卡梅里娜、康图吉和另一位名为科尔米埃的操作者。有关巴里，参见 Dancourt，*L'Opérateur Barry* (1700)。

41　Martin，*Dissertation sur les dents*，p.62. 参见 BIUM。

42　我使用的版本是 Baldesar Castiglione，*The Book of the Courtier: The Singleton Translation* (London，2002)。参见 C. H. Clough，"Francis I and the Courtiers of Castiglione's Courtier"，*European Studies Review*，8 (1978)；Peter Burke，*The Fortunes of "The Courtier"* (Oxford，1995)。有关礼貌的一般讨论，以及礼貌转化为文明和礼貌的过程，经典文献仍然是 Norbert Elias 的 *The Court Society*，ed. Stephen Mennell (Dublin，2006)；以及他的 *The Civilizing Process* (Oxford，1994)。另参见 Roger Chartier，"From Texts to Manners：A Concept and its Books：Civilité between Aristocratic Distinction and Popular Appropriation"，in Norbert Elias，*The Cultural Uses of Print in Early Modern France* (Princeton，1987)；Jacques Revel et al.，"Forms of Privatization" in Roger Chartier (ed.)，*A History of Private Life*，III: *Passions of the Renaissance*（London，1989）。

43 Castiglione，*Book of the Courtier*，p. 106.

44 参见昆廷·斯金纳的精彩讨论，"Hobbes and the Classical Theory of Laughter"，in Quentin Skinner，*Visions of Politics*，iii: *Hobbes and Civil Science*（Cambridge，2002）。当然，拉伯雷本人也在这些讨论中做出了贡献。请参见 Gregory David de Rocher，*Rabelais's Laughers and Joubert's "Traité du Ris"*（Alabama，1979）。另请参见 Michael A. Screech and R. Calder，"Some Renaissance Attitudes to Laughter"，in Anthony H. T. Levi（ed.），*Humanism in France at the End of the Middle Ages and in the Early Renaissance*（Manchester，1970）。

45 引自 Ménager，*La Renaissance et le rire*，p. 174.。

46 这些词的演变可以在 ARTF，*Dictionnaires d'autrefois* 中找到。

47 Laurent Joubert，*Traité du ris*，*contenant son essance*，*ses causes*，*et mervelheus essais*，*curieusement recherchés*，*raisonnés et observés*（Paris，1579）. 该作品的英文翻译和讨论参见 Laurent Joubert，*Treatise on Laughter*，ed. and trans. Gregory David de Rocher（Alabama，1980）。法文文本中朱贝尔引文见第 20 页。另请参见 Colin Jones，"Laughing over Boundaries"，*Transactions of the Royal Historical Society*，21（2011）。

48 有关微笑面孔的引文在该卷前的无页码题献中；有关对笑声的消极描绘，请参见第 160—161 页。

49 参见 Dominique Bertrand，*Dire le rire à l'âge classique: représenter pour mieux contrôler*（Aix-en-Provence，1995），p. 71。关于动物比较，参见 Joubert，*Traité du ris*，p. 221。也参见 Marin Cureau de La Chambre，*Charactères des passions*（Paris，1663）。关于这一点，请参见 Skinner，"Hobbes and the Classical Theory of Laughter"，特别是第 146 页、第 156—157 页、第 162—163 页。

50 Bertrand，*Dire le rire*，p. 71；René Demoris，"Le Langage du corps et l'expression des passions de Félibien à Diderot"，in J. P. Guillerm（ed.），

Mots et couleurs（Lille，1986），p. 11；Adrien de Montluc de Cramail，*Discours académique du rire*（Paris，1630），p. 35；Jean-Jacques Courtine and Georges Vigarello，"La Physiognomonie de l'homme impudique"，in Olivier Burgelin and Philippe Perrot（eds.），*Parure*，*pudeur et étiquette*（Paris，1987，esp. for the vagina equation）；Jean Verdon，Rire au moyen âge（Paris，2001），p. 69（关于《玫瑰传奇》）；Ménager，*La Renaissance et le rire*，p. 188；Bertrand，*Dire le rire*，p. 161（关于亨利·埃蒂安）。

51　Skinner，"Hobbes and the Classical Theory of Laughter"，引文见第 142 页；Cureau de La Chambre，*Charactères des passions*，pp. 231－232。

52　参见 Chartier，"From Texts to Manners"，pp. 76ff；H. de La Fontaine Verwey，"The First 'Book of Etiquette' for Children，Erasmus' *De civilitate morum puerilium*"，*Quaerendo*，I（1971）。

53　参见 Lise Andries，*La Bibliothèque bleue au XVIIIe siècle: une tradition éditoriale*（Oxford，1989）。

54　德·拉·萨尔的教育文本有很多版本，例如 Oeuvres（Rome，1993）。但对这位圣人的历史研究却惊人地缺乏。请参见 Yves Poutet，*Saint Jean-Baptiste de La Salle: un saint au XVIIe siècle*（Paris，1992）；以及 Chartier，"From Texts to Manners"，第 88 页以后。

55　参见伊拉斯谟的版本，*La Civilité puérile*，bilingual edition，ed. Alcide Bonneau（Paris，1877），p. 23。

56　首版于 1671 年在布鲁塞尔出版。我使用的是 1679 年在阿姆斯特丹出版的版本。引文来自《第一声明》，无页码。另参见 Kamal Farid，*Antoine de Courtin（1622－1685）: étude critique*（1969）。

57　Courtin，*Nouveau Traité*，p. 115.

58　见 Minois，*Histoire du rire*，特别是第 9 章（《结束笑声》）。

59　Beam，*Laughing Matters*，第 125 页以后，包括对节日社团的攻击。另参见 Minois，*Histoire du rire*，第 288 页以后。

60　参见 J. Le Goff，"Jésus，a-t-il-ri?"，*L'Histoire*，158（1992）；Minois，

Histoire du rire,第 103 页以后。

61 其全名为《按照教会规则和教父的看法,可以允许或者必须禁止基督徒进
行的游戏和娱乐》(巴黎,1686 年)。参见 Minois, *Histoire du rire*, p.303。
顺便参见 Courtin, *Nouveau Traité*,第 150 页以后。梯也尔更著名的著作
《迷信论》(1679 年)也同样尖锐地攻击了留存的异教风俗,符合特伦托会
议后对流行文化过度的批评。

62 *Maximes et réflexions sur la comédie*(1694);*Politique tirée des propres paroles de
l'écriture sainte*, A. Philolenko ed.(Paris, 2003), pp. 81‒82。参见
Minois, *Histoire du rire*, pp. 321 ff。

63 Richelieu, *Testament politique*, ed. Françoise Hildesheimer(Paris, 1995),
pp.214, 197(另请参见第 195—198、248 页)。

64 Madame de Motteville,引自 Perez, *La Santé de Louis XIV*, p.66, n.4。
Visconti,引自 Jérôme Duindam, *Vienna and Versailles: The Courts of
Europe's Dynastic Rivals*, *1550‒1750*(Cambridge, 2003), p.164。

65 Georges Giraud(ed.), *Mémoires du curé de Versailles François Hébert(1686‒
1704)*(Paris, 1927), p.40.

66 Maurice Lever, *Le Sceptre et la marotte: histoire des fous de cour*(Paris,
1983),特别是第 238 页以后。

67 Molière, *Critique de l'Ecole des femmes*(1663).

68 关于她因为"我的发音随着我的牙齿而消失"而抱怨,请参见 Roger King,
The Making of the Dentiste, *c. 1650‒1760*(Aldershot, 1998), p.164。

69 vieille ratatinée 的翻译。这是奥尔良公爵的母亲帕拉丁公主的称呼。"老
垃圾""老巫婆"和"老废物",是她对曼特农的另一些精选表达。*Lettres de
madame la duchesse d'Orléans*, *née Princesse Palatine*, ed. Olivier Amiel
(Paris, 1981), pp. 26, 52, 244, etc.

70 见本书第 27—28 页的注释。

71 Toby Gelfand, *Professionalizing Modern Medicine*, p.34;*Journal de santé de
Louis XIV*, pp.76‒79;Perez, *La Santé de Louis XIV*, pp.76‒89.

72 Dionis，*Cours d'opérations*，p. 281.

73 De La Bruyère，"De la ville"，in id. *Les Caractères*（Paris，1696），p. 302.

74 ［Dominique Bouhours］，*Remarques nouvelles sur la langue française*（Paris 1675），p. 36；Courtin，*Nouveau Traité de la civilité*，"Avertissement"，n. p.

75 参见 Nicolas Faret，*L'Honneste Homme，ou l'Art de plaire à la cour*（Paris，1630），Introduction（n. p.）。关于反宫廷的讨论，请参见本书第 94—95 页。

76 ［Bouhours］，*Remarques nouvelles*，p. 33.

77 Ménager，*La Renaissance et le rire* 第 57 页以后，对这个问题有很好的讨论。

78 这些例子摘自 ARTFL/Frantext。

79 La Bruyère，'De la cour'，pp. 311，308. 拉布吕耶尔用"poli"这个词双关，它既可以指"光滑"也可以指"礼貌"。

80 参见 Patricia Philippy，*Painting Women: Cosmetics，Canvases and Early Modern Culture*（Baltimore，MD，2006）；Catherine Lanoë，*La Poudre et le fard: une histoire des cosmétiques de la Renaissance aux Lumières*（Paris，2008）。

81 请参见本书后续 50—52 页和 151—155 页的讨论；Jean-Baptiste Morvan de Bellegarde，*Réflexions sur le ridicule*，4th edn（Paris，1699）。

82 参见 Bernard，*Dire le rire*（包括拉罗什富科的部分）。

83 Madame de Sévigné，*Lettres*，Grands Ecrivains de France edn，14 vols.（Paris，1862‑1868），iv，p. 494（18 June 1676）.

第二章

1 Marcel Proust，*A la recherche du temps perdu，i: Du côté de chez Swann*，ed. Pierre Clarac and André Ferré，3 vols.（Paris 1954），p. 240. 图 2.1 所示的素描创作于约 1716 年，现存于卢浮宫（该博物馆于 1858 年购入）。在 19 世纪被"过度展出"，1863 年由龚古尔兄弟评论，后被普鲁斯特看到。此画收入 Pierre Rosenberg and Louis-Antoine Prat，*Antoine Watteau*，

1684 - 1721: catalogue raisonné des dessins，3 vols.（Paris，1996），ii，pp. 806 - 807。另参见 François Moureau and Margaret Morgan Grasselli（eds.），*Antoine Watteau（1684 - 1721）: le peintre，son temps et sa légende*（Paris，1981）。有关摄政时期与微笑之间的进一步关联，Verdun-Louis Saulnier，*La Littérature du siècle philosophique*，9th edn（Paris，1970）第16页写道，摄政时期是"一种喜爱沙夫茨伯里和丰特奈尔风格的微笑批评时代"。

2 Colin Jones，*The Great Nation: France from Louis XV to Napoleon*，*1715 - 1799*（London，2002），特别是第2章（关于路易十五在巴黎的初期人气，见第38页和74页）。关于摄政时期的文化影响，参见 Jay Caplan，*In the King's Wake: Post-Absolutist Culture in France*（Chicago 1999）；Roland Mortier and Hervé Hasquin（eds.），*Etudes sur le XVIIIe siècle: 26: Topographie du plaisir sous la Régence*（Brussels，1998）；Denis Reynaud and Chantal Thomas（eds.），*Le Régent entre fable et histoire*（Paris，2003）。关于18世纪巴黎的一般情况，参见 Colin Jones，*Paris: Biography of a City*（London，2002）；Jean Chagniot，*Nouvelle histoire de Paris: Paris au XVIIIe siècle*（Paris，1988）；以及 David Garrioch，*The Making of Revolutionary Paris*（London，2002）。

3 Antoine de Baecque，*Les Eclats du rire: la culture des rieurs au XVIIIe siècle*（Paris，2000），ch. 1，'Le Régiment de la Calotte，ou les stratégies aristocratiques du rire bel esprit（1702 - 1752）'.

4 伏尔泰的话引自 Jean Meyer，*La Vie quotidienne des français au temps de la Régence*（Paris，1979），p. 18。

5 我使用了 Comte de Shaftesbury，*Oeuvres*，ed. Françoise Badelon（Paris，2002，following the 1769 Geneva edn）：p. 381（"possesses a moral sense"）；p. 64（"amicable collision"）。参见 Vic Gatrell，*City of Laughter: Sex and Satire in Eighteenth-century London*（London，2000），特别是第163—171页。关于"戏谑"和"愉悦"，参见 Georges Minois，*Histoire du rire*

et de la dérision（Paris，2002），p. 409。

6 关于华托，特别参见 Julie-Anne Plax，*Watteau and the Cultural Politics of Eighteenth-century France*（Cambridge，2000）；以及 Thomas E. Crow，*Painters and Public Life in Eighteenth-century Paris*（London，1985）。

7 Michel Antoine，*Louis XV*（Paris，1989）pp. 162，435. 关于整个世纪的宫廷礼仪，参见 Frédérique Laferme-Falguières，*Les Courtisans: une société de spectacle sous l'ancien régime*（Paris，2007）。

8 Xavier Salmon，*Jean-Marc Nattier*，*1685 – 1766*（Versailles，1999），pp. 26 – 28.

9 1711 年，约瑟夫·艾迪生在《旁观者报》中对法国肖像画中普遍存在的"傲慢气息"表示不满。见 Melissa Percival，*The Appearance of Character: Physiognomy and Facial Expression in Eighteenthcentury France*（London，1999），p. 86。在他的《论绘画》中，狄德罗同样对这种"假笑"感到愤怒。见后文第 128 页。

10 关于蓬帕杜夫人及其梳妆仪式，参见 Melissa Hyde，"The Make-up of the Marquise: Boucher's Portrait of Pompadour at her Toilette"，*Art Bulletin*，82（2000）；Ewa Lajer-Burcharth，"Pompadour's Touch: Difference in Representation"，*Representations*，73（2001）；以及 Alden Gordon and Teri Hensick，"'The Picture within the Picture': Boucher's 1750 Portrait of Madame de Pompadour Identified"，*Apollo*，480（2002）。

11 夏尔·勒布伦的作品分析，见 Jennifer Montagu，*The Expression of the Passions: The Origin and Influence of Charles Le Brun's "Conférence sur l'expression générale et particulière"*（London，1994），这是一部经典著作。除 Percival，*The Appearance of Character*，尤其是第 2 章与第 3 章外；另参见 Stephanie Ross，"Painting the Passions: Charles Le Brun's *Conférence sur l'expression*"，*Journal of the History of Ideas*，45（1984）；Thomas Kirchner，*L'Expression des passions: Ausdruck als Darstellungsproblem in der französischen Kunst und Kunsttheorie des 17 und 18 Jahrhunderts*（Mainz，1991）；Louis

Marin, "Grammaire royale du visage", in *A visage découvert*, exhibition catalogue（Paris，1992）；以及 Paolo Bonvecchio, "Il corpo come luogo dell'espressione", in Paola Giacomoni（ed.）, *Immagini del corpo in età moderna*（Trento，1994）。

12 Martin Porter, *Windows of the Soul: The Art of Physiognomy in European Culture，1470 - 1780*（Oxford，2005）；Jean-Jacques Courtine and Claudine Haroche, *Histoire du visage: exprimer et taire ses émotions，XVIe - début XIXe siècle*（Paris，1988）.

13 概述参见 John Henry, *The Scientific Revolution and the Origins of Modern Science*（Basingstoke，2001）。关于笛卡尔和灵魂，见 Montagu, *The Expression of the Passions*，pp. 17 - 19。

14 见 *a visage découvert* 第 9 页，此外，特别是路易·马林的章节"Grammaire royale du visage"。

15 见本书第 14—15 页。

16 参见 Percival, *The Appearance of Character*，pp. 42，120。

17 Donald Sassoon, *Mona Lisa: The History of the World's Most Famous Painting*（London，2001）. 事实上，直到 19 世纪，《蒙娜丽莎》才真正被公认为美学的象征。

18 关于卡斯蒂廖内和文明的传统，见本书第 27—28 页。关于礼仪作为法国艺术惯例的必要条件，参见 Edouard Pommier, *Théories du portrait: de la Renaissance aux Lumières*（Paris，1998），特别是第 376 页及以后。当然，有一些著名的例外。但这些确实看起来是对非常系统地坚持的规则的例外。这一论点的证实来自 Etienne Jollet, "'Cachez ces dents que je ne saurais voir': la représentation des dents dans les arts visuels en France au XVIIIe siècle", in DADD.

19 更多讽刺粗俗农民形象的绘画在 16 和 17 世纪的荷兰艺术中尤其显著。参见 Catherine Veron-Issad, "Dents et soins dentaires dans la peinture néerlandaise du XVIIe siècle", in DADD. 另见 Guillaume Kientz, "Cris,

rires, rictus chez Caravage et les caravagesques"。

20 卡拉瓦乔的《拔牙人》收藏于佛罗伦萨,德·拉图尔的作品收藏于洛杉矶盖蒂博物馆。参见 Kientz, "Cris, rires, rictus"。关于更多欢乐的歌唱,参见皮耶罗·德拉·弗朗切斯卡的《诞生》,现藏于伦敦国家美术馆。

21 《宫廷小丑唐璜·德·卡拉巴萨斯》,由委拉斯开兹于 1637—1639 年绘制。这幅作品藏于普拉多博物馆。关于荷兰风俗画,除 Veron-Issad, "Dents et soins dentaires"外,参见 Mariet Westermann, "How Was Jan Steen Funny? Strategies and Functions of Comic Painting in the Seventeenth Century", in Jan Bremmer and Herman Roodeburg (eds.), *A Cultural History of Humour from Antiquity to the Present* (Cambridge, 1997)。哈尔斯的《笑骑士》藏于伦敦的华莱士收藏馆。除弗朗索瓦·布歇的一幅描绘一个男孩与胡萝卜的画作(藏于芝加哥艺术学院)外,还有其他儿童张开嘴的画作,包括哈尔斯的《笑着的男孩》、穆里略的《笑着的男孩》《笑着的儿童》等。鲁本斯描绘黑人微笑的画作中似乎隐含着一种暗示婴儿化的意味。

22 Michel Montaigne, *Essais*, 2 vols. (Paris, 1992), i, ch. 50. 著名的早期现代描绘包括鲁本斯(1603)、伦勃朗(1669:瓦尔拉夫-里哈兹博物馆和科尔博德基金会,科隆)和安托万·科伊佩尔(1692:卢浮宫)。朱迪斯·莱斯特的自画像(1630)似乎显示了一个令人惊讶的女性德谟克利特。关于华托,参见 Rosenberg and Prat, *Antoine Watteau*, *iii*, pp. 1390 - 1391. 对 18 世纪的一般性论述,参见 Anne Richardot, "Un philosophe au purgatoire des Lumières:Démocrite", *XVIIIe siècle. Numéro spécial: Le Rire* (Paris, 2000)。另见 Quentin Skinner, "Hobbes and the Classical Theory of Laughter", in Quentin Skinner, *Visions of Politics*, *iii: Hobbes and Civil Science* (Cambridge, 2002), pp. 153ff;Dominique Bertrand, *Dire le rire à l' âge classique: représenter pour mieux contrôler* (Aix-en-Provence, 1995), pp. 67 - 71; and Minois, *Histoire du rire*, pp. 49ff。德谟克利特的描绘有时与狄奥根尼的描绘重叠。

23 Montagu，*The Expression of the Passions*，特别是第 85 页以后，以及 Percival，*The Appearance of Character*，尤其是第 2 章。

24 *Encyclopédie*，xii，pp. 150－152. 有关相关图像，请参阅 vol. xx，Plates XXIV－XXVI（Pl. XXV includes "le ris"）。

25 Dene Barnett，*The Art of Gesture: The Practices and Principles of 18th-century Acting*（Heidelberg，1987），以及 hearer West，*The Image of the Actor: Verbal and Visual Representation in the Age of Garrick and Kemble*（New York，1991），特别是第 91 页以后。

26 La Bruyère，*Les Caractères*（Paris，1696），"Des ouvrages de l'esprit"，p. 145.

27 关于这一事件的叙述及其影响，参见 Anne Vincent-Buffault，*Histoire des larmes*（*XVIIIe－XIXe siècles*）（Paris，1986），第 66 页及以后。关于伏尔泰的观点，参见 Marivaux，*Journaux et oeuvres diverses*，ed. Frédéric Deloffre and Michel Gilot（Paris，1988），p. 617，其他反应，参见第 620 页。孟德斯鸠的意见及讨论见 Jean Ehrard，*L'Idée de la nature en France dans la première moitié du XVIIIe siècle*（1963），p. 277。

28 Félix Gaiffe，*Le Drame en France au XVIIIe siècle*（Paris，1910）；Félix Gaiffe，*Le Rire et la scène française*（Paris，1931），p. 135；Gustave Lanson，*Nivelle de La Chaussée et la comédie larmoyante*（Paris，1903）. 伏尔泰的话引自 Vincent-Buffault，*Histoire des larmes*，p. 68。

29 Gaiffe，*Le Rire*，第 137 页以下。

30 Gaiffe，*Le Rire*，第 137 页以下。

31 Gaiffe，*Le Drame*，p. 160. 一般状况参见 Scott S. Bryson，*The Chastised Stage: Bourgeois Drama and the Exercise of Power*（Stanford，CA，1991），以及 David J. Denby，*Sentimental Narrative and the Social Order in France，1760－1820*（Cambridge，1994）。梅西耶的引文出自他的 *Du théâtre*（Amsterdam，1773）第 103 页。

32 Lanson，*Nivelle de La Chaussée*，p. 282.

33 La Bruyère, *Les Caractères*, "De la ville", p. 302.

34 柯雷的话引自 Gaiffe, *Le Drame*, p. 295;伏尔泰的话引自 Vincent-Duffault, *Histoire des larmes*, p. 72;"另一位作者"是巴绍蒙,从 1764 年开始,引自 Gaiffe, *Le Rire*, p. 138。

35 Voltaire, *L'Ecossaise*, Preface, n. p.

36 检索 ARTFL-Frantext 文献数据库中的经典文学作品,我们发现,从 1650 年到 1720 年,"微笑"(sourire)一词的十年平均频率分别为 0.000 1% 和 0.000 07%,1700 年至 1710 年间没有出现,到了 18 世纪 40 年代的出现频率上升了 4 到 6 倍。又过了十年,18 世纪 50 年代至 80 年代末的情况有所不同,其中 50 年代和 70 年代的十年频率皆为 0.000 21%,而 80 年代则为 0.000 33%。谷歌的 n-gram 数据库中,1650 到 1800 年段的"微笑"频率也与其相仿;而从 1750 年开始,上升趋势并不明显,部分原因可能为其文学性较低。参见本书第 184 页。

37 理查森的作品滋养了英国的敏感文化,并间接影响了整个欧洲。研究这一现象有两本有用的入门书:Janet Todd, *Sensibility: An Introduction* (London, 1986)和 John Mullan, *Sentiment and Sociability: The Language of Feeling in the Eighteenth Century* (Oxford, 1988)。另一部关注英国的著作是 G. J. Barker-Benfield, *The Culture of Sensibility: Sex and Society in Eighteenth-century Britain* (Chicago, 1992)——不过参阅 G. S. Rousseau, "Sensibility Reconsidered", *Medical History*, 39(1995), pp. 375 - 377。对于法国,尤其参阅了 Anne C. Vila, *Enlightenment and Pathology: Sensibility in the Literature and Medicine of Eighteenth-century France* (Baltimore, MD, 1998)和 Jessica Riskin, *Science in the Age of Sensibility: The Sentimental Empiricists of the French Enlightenment* (Chicago, 2002)——这两本书在科学、文学和文化方面都极具参考价值。

38 Lynn Hunt, Inventing Human Rights: A History (New York, 2007), p. 42;以及 Daniel Mornet, "Enseignements des bibliothèques privées, 1750 - 1780", *Revue d'histoire littéraire de la France* (1910)。

39 有关卢梭小说的文献是庞大的。在与理查森关于感性问题的联系方面，请参阅 Hunt, *Inventing Human Rights*，尤其是第一章"情感的涌流"，第 35 页以下。关于 18 世纪的书信写作，参阅 Dena Goodman, *The Republic of Letters: A Cultural History of the French Enlightenment* (Ithaca, NY, 1994)。

40 沃伯顿于 1748 年写作。参阅 Michael Sonenscher, *Sans-culottes: An Eighteenth-century Emblem in the French Revolution* (Princeton, NJ, 2008), p. 72。

41 Diderot, "Eloge de Richardson", p. 900.

42 有关感性的医学和科学渊源，特别参见 Vila, *Enlightenment* 以及 Pathology and Riskin, *Science in the Age of Sensibility*。

43 见于 1760 年狄德罗写给他的爱人索菲·沃兰的一封信中，引自 Riskin, *Science in the Age of Sensibility*, p. 1。另见 Diderot, "Eloge de Richardson", p. 898.。

44 见第 29 页。

45 Catherine Duprat, "*Pour l'amour de l'humanité*": le temps des philanthropes. *La philanthropie parisienne des Lumières à la monarchie de Juillet* (Paris, 1993); 以及 Emma Barker, *Greuze and the Painting of Sentiment* (Cambridge, 2005), ch. 7。

46 *Lettres anglaises*。引文如下：第 1 卷，第 154 封信，第 481 页（"误导的甜蜜"）；第 1 卷，第 27 封信，第 280 页（"疯子还是疯子"）；第 3 卷，第 147 封信，第 408 页（"老撒旦和我"）；第 6 卷，第 304 封信，第 79 页（"温柔和关切"）；第 6 卷，第 347 封信，第 433 页（"一个甜蜜的微笑传达了喜悦"；以及一般来说关于临终场景）。我使用了 ARTFL 来编制这个列表。

47 Rousseau, La Nouvelle Héloïse, (1761, 6e partie), p. 319.

48 此部分主要参考了罗伯特·达恩顿的文章"读者对卢梭的反应"，见 Robert Darnton, *The Great Cat Massacre and Other Episodes in French Cultural History* (New York, 1985). 引文来自第 242—243 页。

49 Louis-Sébastien Mercier, *Du théâtre* (Paris, 1773), p. 133.

50 见本书第 3—5 页的绪论及其注释。

51 La Nouvelle Héloïse (1761, 2e partie), p. 401.

52 关于伏尔泰,参见本书第 60—61 页;Louis-Sébastien Mercier, *Mon Bonnet
    de nuit*, *suivi* "*Du théâtre*" *et de textes critiques*, ed. Jean-Claude Bonnet
    (Paris, 1999), p. 1237.

53 引文出自伏尔泰。

54 引文来自 *Nouvelles lettres anglaises* (1755):第 31 封信,第 309 页("她的第
    一个微笑");第 98 封信,第 416 页("每一个愉快的眼神");第 94 封信,第
    372 页("迷人的女孩!");第 2 封信,第 12—13 页("她的色彩")。列表编
    制借助了 ARTFL。

55 Georges-Louis Leclerc, comte de Buffon, *Histoire naturelle*, *générale et
    particulière*, 44 vols. (Paris, 1749‑1804), ii (1749), p. 527.

56 特别参见 Tom Crow, *Painters and Public Life*,尤其是第 5 章;以及 Barker,
    Greuze and the Painting of Sentiment。其中,*L'Accordée de village* 收藏于卢浮
    宫;*La Piété filiale* 收藏于圣彼得堡的艾尔米塔什博物馆;*La Mère bien-
    aimée* 在私人收藏中。

57 Diderot, "Eloge de Richardson", p. 898. 孔狄亚克的观点,引自 René
    Demoris, "Les Passions en peinture au XVIIIe siècle", in Christiane
    Mervaud and Sylvain Menant (eds.), *Le Siècle de Voltaire* (Oxford,
    1987), p. 381。

58 Le Gâteau des rois 收藏于蒙彼利埃的法布尔博物馆。关于与鲁本斯的玛
    丽·德·美第奇画作的比较,参见 Percival, *The Appearance of Character* 第
    59 页,第 115 页。我的解释与 Percival 的有所不同。另参见本书第
    131 页。

第三章

1 关于"大托玛"的生活和时代,详见 Colin Jones, "Pulling Teeth in
   Eighteenth-century Paris", *Past and Present*, 166 (2000),以及 A. Chevalier,

"Un charlatan du XVIIIe siècle: le Grand Thomas", *Mémoires de la Société de l'histoire de Paris et de l' Île-de-France*, 7（*1880*）。我回顾了 Chevalier 引用的资料，并增加了新的内容。本章所呈现的大托玛的微观历史主要基于当时的资料，特别是：*Avis salutaire au public*（Paris, 1729）；*Harangue du Grand Thomas, opérateur pour les dents sur le Pont-Neuf en réjouissance de l'heureux accouchement de la reine et de la naissance du Dauphin*（Paris, 1729）；*Désolation du festin du Grand Thomas*（Paris, 1729）。这些以及前两个文本可以在法国国家图书馆（BN）Collection Clairambault 1159 中查阅；*L'Ordre et la marche de l'entrée du Grand Thomas en habit de cérémonie*（Paris, 1729：BN, Cabinct des Estampes, Collection Hennin, 57, 5066）；*A Monsieur Thomas: des empyriques du siècle le plus illustre et le seul charitable*（Paris, 1736：这份一页的未注明日期和出版地的传单以原件复制形式见于 Georges Dagen, *Documents pour servir à l'histoire de l'art dentaire en France*（Paris, 1925, 第 107 页）；*Apothéose du Docteur Gros Thomas*（Paris, 1760：见 *Le Chansonnier français: recueil de chansons, ariettes, vaudeveilles et autres couplets choisis. XIIe Recueil, 2 vols*, 1971 年日内瓦再版第 117—122 页）除了此处展示的两幅版画外，还可以参见 *La Véritable Figure du superbe bonnet du Grand Thomas, opérateur sans-pareil*（BN, Collection Clairambault, 1159）；以及 *Le Grand Thomas en son académie d'opérations*（Paris, 1730?：BN, Collection Hennin, 58, 13939）。大托玛作为一个人物形象出现在其他版画中，出现在如 Chevalier 在 *Un charlatan* 第 77—78 页中 *Vue particulière du Pont-Neuf* 与 *regardant vers le Pont Neuf*。

2　请参阅本书第 23—26 页。

3　图 3.2 还指出："大托玛在图尔农街他的住所也向公众提供会诊"。

4　引自 *À Monsieur Thomas*.

5　帕那尔撰写的该剧前言和节选，引自 "Parfaict", *Dictionnaires des théâtres de Paris*, 7 vols.（Paris, 1756）, vi, p. 46.

6　关于这一事件，*Avis salutaire* 特别有帮助，可以辅以巴黎兵工厂图书馆的警察报告：AB, 10160；Edmond J. F. Barbier, *Journal historique et anecdotique du règne de Louis XV*, ed. Arthur de la Villegille, 4 vols.（Paris, 1847 - 56），i, p. 297. 完整的 *L'Impromptu du Pont Neuf* 见于 *Histoire de l'auguste naissance de Monseigneur le Dauphin*, ed. Chevalier Daudet, 3 vols.（Paris, 1731）. 该剧非常受欢迎,并于 1730 年和 1736 年在洛林公爵的出席下复演：*Mémoires pour servir à l'histoire des spectacles de la Foire*, *par un Acteur romain*, 2 vols.（Paris, 1743），ii, pp. 56, 115, 224.

7　证人是诗人亚历克西斯·皮隆：参见他的作品 Alexis Piron. *Oeuvres*, ed. Édouard Fournier（Paris, 1870），第 40 封信,以及第 71 和第 72 封信。

8　引自 Walter Hoffman-Axthelm, *Die Geschichte der Zahnkeilhunde*（Berlin, 1985），p. 223。

9　Louis-Sébastien Mercier, *Le Tableau de Paris*, 12 vols.（Amsterdam, 1788），i, ch. 50, pp. 160 - 161.

10　*Apothéose*, p. 121.

11　参见 AN, Châtelet de Paris Y15808. 另见 AN, MC ET/XCVII 361, 362, 涉及继承的文件。在 Annik Pardailhé-Galabrun, *La Naissance de l'intime: 3 000 foyers parisiens*, *XVIIe - XVIIIe siècles*（Paris, 1988）中,作者引用了约 884 份财产清单,其内容在 1727 年至 1789 年之间被评估。仅有十二份(包括八位贵族或高级法官、一位金融家和三位商人)的资产达到50,000 里弗尔。这一比较显然是粗略的,因为它排除了不动产。但总的来说：大托玛去世时拥有相当数量的流动资产。

12　关于牙科发展的背景,请参见本书第 19 页的注释。关于福沙尔,特别参见 André Besombes and Georges Dagen, *Pierre Fauchard*, *père de l'art dentaire moderne（1678 - 1761）et ses contemporains*（Paris, 1961）；以及 Dagen, *Documents pour servir*. 这些是牙科历史学家普遍引用的主要来源,他们总是以圣人般的方式讲述福沙尔的生平。要了解福沙尔在更广泛背景下的情况,可以参阅 Roger King, *The Making of the Dentiste*, *1650 - 1780*（London, 1999）. King 在技术方面表现出色——他本人就是一名执业牙

医。这些来源提供了我们所知的福沙尔的几乎所有传记细节；它们还强烈依赖于福沙尔的 *Le Chirurgien-dentiste，ou traité des dents*，2 vols.（Paris，1728）。后者在 1746 年和 1786 年又有进一步的版本（1746 年版稍有扩充）。参见 Julien Philippe，"*Le Chirurgien-dentiste ou traité des dents* de Pierre Fau- chard：une comparaison des trois éditions"，*Actes de la Société française d'histoire de l'art dentaire*，16（2011）。福沙尔的英文翻译直到 20 世纪才出现：*The Surgeon Dentist，or Treatise on the Teeth*，trans. Lillian Lindsay（London，1946）。尽管"牙医"这个词似乎是新的，但 16 世纪的外科医生安布鲁瓦兹·帕雷使用了"dentateur"一词（在原拉丁文中为"dentator"）：*Oeuvres*，11th edn（Lyon，1652），p. 393.

13 即埃马尔和马丁，详见本书第 189 页注 5。以下引用自福沙尔 1728 年卷无页码的前言。参见 BIUM。关于中世纪和早期现代的背景，参见 DDAD（特别是 Danielle Jacquart，Susan Baddley，Franck Collard，Laurence Moulinier-Brogi，and Bertha Gutierrez Rodilla 的文章）。

14 参见前述第 1 章，第 19 页。另见 René- Jacques Croissant de Garengeot，*Traité des opérations de chirurgie*（Paris 1720；numerous later editions in 1720s and 1730s）；Guillaume Mauquest de La Motte，*Traité complet de chirurgie*（Paris，1722）。福沙尔在他的第二版（1746 年）中特别严厉批评加伦戈。

15 这可以在托比·盖尔芬的 *Professionalizing Modern Medicine: Paris Surgeons and Medical Science and Institutions in the Eighteenth Century*（Westport，CT，1980），特别是第 1—3 章中找到。关于巴黎外科手术良好声誉的评价，参见 *Cours d'opérations*，前言，无页码。关于外科和医学的世界，参见 Laurence Brockliss and Colin Jones，*The Medical World of Early Modern France*（Oxford，1997），特别是第 3、4 章。

16 Dionis，*Cours d'opérations*，Preface（n.p.）

17 参见 Michael Kwass，'Big Hair: A Wig History of Consumption in Eighteenth-century France'，*American Historical Review*，111（2006）。See

微笑革命：18 世纪的巴黎与牙医

Gelfand，*Professionalizing Modern Medicine*，p. 38.

18　请参阅 Gelfand， *Professionalizing Modern Medicine*， pp. 31 ff；Dagen，*Documents pour servir*，pp. 21 ff. 请注意，福沙尔 1728 年版记录称"直到最近，巴黎人民才对这种虐待行为睁开了眼睛"（前言，无页码），而在 1746 年版中，"直到最近"被替换为"大约 1700 年"（第 12—13 页）。关于防疝术士，请参阅 Liliane Pérez and Christelle Rabier，"Self-machinery：Steel-trusses and the Management of Hernias in Early Modern Europe"，*Technology and Culture*，43（2013）.

19　*Le Chirurgien-dentiste*，ii，pp. 192‑193；前言，无页码（关于"卡尔梅利纳"，似乎不是反对者"卡尔梅利纳"，请参见本文第 28 页，而是他的继任者，通常被称为四十岁的"卡尔梅利纳"）。

20　Fauchard，*Le Chirurgien-dentiste*，i，p. 123；以下引文，请参见第二卷，第 178—179 页。关于铃铛的参考，请参见图 2.2，在其中确实显示了这样的铃铛。

21　Fauchard，*Le Chirurgien-dentiste*，ii，pp. 178‑181.

22　除了巴黎外科医生外，还有证明福沙尔素质的医学泰斗，包括温斯洛、席尔瓦、赫奎特和爱尔维修 Winslow, Silva, Hecquet, and Helvétius. 后来的版本把这些推荐信放在书的后面。

23　这是早期现代科学史研究中的一个关键概念。它最初是在 Simon Schaffer and Steve Shapin，*Leviathan and the Air-Pump: Hobbes，Boyle，and the Experimental Life*（Princeton，NJ，1985）中认真讨论的。

24　Fauchard，*Le Chirurgien-dentiste*（2nd edn，1746），pp. 368‑369.

25　福沙尔生活的个人细节可以参见 King，*The Making of the Dentiste*，pp. 98‑99 以及 Dagen，*Pierre Fauchard*，*passim*。

26　Stephane Van Damme，*Paris，capitale philosophique de la Fronde à la Révolution*（Paris，2005）；以及关于一般背景，David Garrioch， *The Making of Revolutionary Paris*（Berkeley，CA，2002）和 Colin Jones，*Paris: Biography of a City*（London，2004），ch. 6，"The Kingless Capital of the

Enlightenment".

27 最经典地体现在 d'Alembert, *Encyclopédie* 的前言, 可在 ARTFL 查阅。关于启蒙运动有用的通论, 包括 Dena Goodman, *The Republic of Letters: A Cultural History of the French Enlightenment* (Ithaca, NY, 1994); Daniel Roche, *La France des Lumières* (Paris, 1993); Dan Edelstein, *The Enlightenment: A Genealogy* (Chicago, 2010).

28 伏尔泰语, 引自 M. H. Cotoni, "Le rire, la plainte et le cri dans les dernières années de la correspondance de Voltaire" in C. Biondi et al. (eds.), *La Quête du bonheur et l'expression de la douleur dans la littérature et la pensée françaises* (Geneva, 1995), p. 462. 至于 *perfidium ridens*, 请参阅 Liese Andries, "État des recherches", "Le Rire", special number, *XVIIIe siècle*, 32 (2002). 关于法国的欢乐, 除了 de Baecque, *Les Éclats du rire*, 还可参阅 Anne Richardot, *Le Rire des Lumières* (Paris, 2002), 尤其是 129 页之后。

29 请参见上文, 本书第 61 页。对于伏尔泰, 请参见 Goodman, *Republic of Letters*, p. 4. 沙夫茨伯里的道德和礼貌理论: 请参见本书第 43—44 页。

30 d'Holbach, 引自 David A. Bell, *The Cult of the Nation in France. Inventing Nationalism, 1680–1800* (Cambridge, MA, 2001), p. 147.

31 Louis-Antoine Caraccioli, *Paris, le modèle des nations étrangères* (Paris, 1777), p. 317. 关于巴黎作为哲学和科学之都, 参见 Van Damme, *Paris, capitale philosophique*.

32 Caraccioli, *Paris, le modèle des nations étrangères, ou l'Europe française*, p. 295 (for beggars 乞丐), p. 338; Joseph Cérutti, 引自 Antoine de Baecque, *Les Éclats du rire: la culture des rieurs au XVIIIe siècle* (Paris, 2000), p. 155; David Bindman, *Ape to Apollo: Aesthetics and the Idea of Race in the Eighteenth Century* (Ithaca, NY, 2002), p. 76 (for Kant and the French preference for "smiling beauty" 康德和法国人对 "微笑之美" 的偏爱); Johann-Caspar Lavater, *L'Art de connaître les hommes par la physiognomonie*,

ed. Jacques-Louis Moreau de la Sarthe, 10 vols. (Paris, 1806), iv, p. 47;
伏尔泰引用于 Anne Richardot, *Le Rire des Lumières* (Paris, 2002), p. 129.

33　Mercier, *Tableau de Paris*, iv, p 264 ("revolution"革命); iv, pp. 1 - 7
　　("very different"非常不同).

34　Tobias Smollett, *Travels through France and Italy*, ed. F. Felsenstein
　　(Oxford, 1979),特别是第 VI、VII 封信。关于这一主题的更多内容,请
　　参阅 Jeremy Black, *France and the Grand Tour* (Basingstoke, 2003),特别是
　　第 2 章("巴黎": 普尔特尼在第 25 页被引用);John Lough, *France on the
　　Eve of Revolution: British Travellers' Observations, 1763 - 1788* (London,
　　1987).

35　安杰 · 古达尔 Ange Goudar 于 1779 年,引自 Josephine Grieder,
　　Anglomania in France, 1740 - 1789: Fact, Fiction and Political Discourse
　　(Geneva, 1985), p. 61 (gravity 引力), p. 62 (parapets 护栏). 瑞士游客
　　是 Béat de Murault。他和 John Andrews 被引用于 Anne S. Hargreaves,
　　White as Whales Bone: Dental Services in Early Modern England (Leeds,
　　1998), p. 9.

36　Colin Jones, "Meeting, Greeting and Other 'Little Customs of the Day' on
　　the Streets in Pre-Revolutionary Paris", *Past and Present*, 2003, Supplement
　　4 (2009), esp. pp. 154 - 161.

37　Jurgen Habermas, *The Structural Transformation of the Public Sphere: An
　　Enquiry into a Category of Bourgeois Society* (Cambridge, MA, 1991); Roger
　　Chartier, *The Cultural Origins of the French Revolution* (Durham, NC,
　　1991).

38　Daniel Roche, *Le Peuple de Paris: essai sur la culture populaire au XVIIIe siècle*
　　(Paris, 1981); Cissie Fairchilds, "The Production and Marketing of
　　Populuxe Goods in Eighteenth-century Paris", in John Brewer and Roy
　　Porter (eds.), *Consumption and the World of Goods* (London, 1993); Colin
　　Jones, "The Great Chain of Buying: Medical Advertisement, the Bourgeois

Public Sphere and the Origins of the French Revolution", *American Historical Review*, 101 (1996); and William H. Sewell, Jr, "The Empire of Fashion and the Rise of Capitalism in Eighteenth-century France", *Past & Present*, 206 (2010). 有关该时期消费者需求内在机制,请参见 Jan de Vries, *The Industrious Revolution: Consumer Behaviour and the Household Economy, 1650 to the Present* (Cambridge, 2008).

39 除了上面注 38 所引用的著作外,尤其参见 Daniel Roche, *The Culture of Clothing: Dress and Fashion in the Ancien Régime* (Cambridge, 1994).

40 Mercier, *Le Tableau de Paris*, iv, p. 191.

41 出自 the Earl of Chesterfield: *Letters to his Son*, 3 vols. (London, 1774), ii, p. 82; Beaupréau, *Dissertation sur la propriété et la conservation des dents* (Paris, 1764), p. 15.

42 William Reddy, *The Navigation of Feeling: A Framework for a History of Emotion* (Cambridge, 2001), p. 145.

43 关于较早形式的"体面",参见本文第 34 页。

44 引自 *Les Moeurs*,见于 Emmanuel Bury, *Littérature et politesse: l'invention de l'honnête homme, 1580 - 1750* (Paris, 1996), p. 200;以及 *Encyclopédie*, viii, p. 287.

45 马里沃的 *Le Petit-maître corrigé*(1734 年)是此类作品的一个例子,涵盖了一个世纪的相关内容,见于 Frédéric Deloffre (ed.), *Marivaux: le petit-maître corrigé* (Geneva, 1995)的导言材料。也参见 Richardot, *Le Rire des Lumières*, pp. 97ff。巴雷尔引用自 André Monglond, *Le Pré-romantisme* (Paris, 1930), p. 334.

46 Mercier, *Le Tableau de Paris*, i, p. 310, and v, p. 297. 关于"普遍的腐败",见 Mercier, *Du théâtre*, p. 81;以及 Genlis, *Adèle et Théodore*, Letter 36, p. 282. 这些以及其他引用参见 ARTFL.

47 我在这里参考了 ARTFL/Frantext。请参见本书第 60 页、184 页。

48 Mercier, *Le Tableau de Paris*, ii, p. 139.

49 参见特别是 Chartier，*Cultural Origins*，pp. 20 ff. 关于误导性翻译的观点见 Keith Baker 的文章，引自 Craig Calhoun（ed.），*Habermas and the Public Sphere*（London，1992）。

50 Antoine Lilti，*Le Monde des salons: sociabilité et mondanité à Paris au XVIIIe siècle*（Paris，2005）对此进行了有力的展示。

51 引自 Goodman，*Republic of Letters*，p. 110.

52 *Tableau de Paris*，iv，p. 109（"true politeness" 真正的礼貌）；v，p. 245（"speak of ordure" 谈论粪便）。

53 Claude-Henri Watelet，*L'Art de peindre*（Paris，1770），p. 390. 关于梅西耶 Mercier，参见本书第 68—69 页。

54 Chesterfield，*Letters ... to his Son*，3 vols.（London，1776），i，p. 372. 关于"暴民的狂欢"，请参见此书第二卷，第 72 页。

第四章

1 这个故事可以在 Abbé Fernando Galiani and Louise d'Épinay，*Correspondance*，4 vols.（Paris，1992‑1995）中逐步追踪：特别是关注他们在 1770 年和 1771 年之间的交流。然后，艾比皮奈夫人在 1775 年也失去了自己的牙齿。

2 关于玛丽‑安托瓦内特，见 Maurice Boutry，*Le Mariage de Marie-Antoinette*（Paris，1904），p. 39. 关于拉维兰，见 Pierre Baron，"Dental Practice in Paris"，in Christine Hillam（ed.），*Dental Practice at the End of the Eighteenth Century*（Amsterdam and New York，2003），p. 130. 关于乔治·华盛顿，见 Bernhard W. Weinberger，*An Introduction to the History of Dentistry in America*，2 vols.（Saint-Louis，OH，1948），ii，p. 171. 关于卡萨诺瓦，见 George S. Rousseau，"The Consumption of Meat in an Age of Materialism"，in Robert C. Leitz and Kevin L. Cope（eds.），*Imaging the Sciences: Expressions of New Knowledge in the "Long" Eighteenth Century*（New York，2004），p. 249.

3 Chesterfield, *Letters... to his Son*, 3 vols. (London, 1776), iii, pp. 73 – 74; O. Delphin (ed.), *Journal de Madame Cradock: Voyage en France (1783 – 1786)*, p. 330.

4 据 Jèze, *Tableau de Paris* (Paris, 1761), p. 6, 1761 年有 33 名；据 *État de médecine, chirurgie et pharmacie en Europe pour l'année 1776* (Paris, 1776), 1776 年有 36 名；据 État de la médecine, chirurgie et pharmacie en Europe et principalement en France pour l'année 1777 (Paris, 1777), 1777 年有 43 名。

5 Claude-Stéphen Le Paulmier, *L'Orviétan: histoire d'une famille de charlatans du Pont-Neuf aux XVIIe et XVIIIe siècles* (Paris, 1893). 见本书第 22 页。关于布尔代，见 Hillam (ed.), *Dental Practice in Europe*, pp. 117 – 118, 472. For the orviétan episode, see too AN V3 193 (19 May 1764). 关于"奥维坦"事件，也见 AN V3 193(1764 年 5 月 19 日)。值得注意的是，在1730 年代，新桥的大托玛称自己为"牙医英雄"。

6 有关涉及"牙医评审"的事件，请参见 Pierre Baron, "Louis Lécluze 1711 – 1792: acteur, auteur poissard, chirurgien-dentiste et entrepreneur de spectacle", Doctoral Thesis: Université de Paris-IV, 2008, p. 28.

7 参见 Baron, "Dental Practice in Paris", pp. 141 – 143. 有关对异国动物的请求，请参见 AN, MC ET/XXIV 728(1751 年 9 月 20 日)。里奇对来自非洲的老虎的要求似乎不太可能成功。

8 在 Hillam, *Dental Practice*, *passim* 中，有关法国、英国、荷兰、匈牙利和德国的各种论文。英国人特别不喜欢牙科的魅力，请参见 Colin Jones, "French Dentists and English Teeth in the Long Eighteenth Century: A Tale of Two Cities and One Dentist", in Roberta Bivins and John V. Pickstone (eds.), *Medicine, Madness and Social History: Essays in Honour of Roy Porter* (Basingstoke, 2007).

9 请参见 Roger King, *The Making of the Dentiste in France, c. 1650 – 1760* (Aldershot, 1998), esp. pp. 131 – 145; Robert Bunon, Expériences et démonstrations faites à l'Hôpital de La Salpêtrière et à S. Côme en présence

微笑革命：18 世纪的巴黎与牙医

de l'Académie de Chirurgie (Paris，1746)，p. 345.

10 请参见 Toby Gelfand，*Professionalizing Modern Medicine: Paris Surgeons and Medical Science and Institutions in the Eighteenth Century* (Westport，CT，1980)，esp. pp. 9‑10，94‑95；Laurence Brockliss and Colin Jones，*The Medical World of Early Modern France* (Oxford，1997)，尤其是第 9 章，"外科的崛起"。

11 Pierre Fauchard，*Le Chirurgien-dentiste ou traitédes dents*，2 vols. (Paris，1728)，Preface，n. p；Bunon，*Expériences et démonstrations*，"Avertissement"，n. p.

12 所有引用的文本都在 BIUM 网站上单独讨论。

13 [Étienne] Bourdet，*Recherches et observations sur toutes les parties de l'art du dentiste*，2 vols. (Paris，1746)，i，p. vii；Jacques-René Duval，*The Dentiste de la Jeunesse，or the Way to Have Sound and Beautiful Teeth* (London，1820)，p. viii.

14 这些在大多数传统牙科史中都有涉及。另见 Carlos Gysel，*L'Histoire de l'orthodontie: ses origines，son archéologie et ses précurseurs* (Brussels，1997)，chs. 23‑30. 关于英国，见 Jones，"French Dentists and English Teeth".

15 Pierre Dionis，*Cours d'opérations*，序言和第 417 页；Fauchard，*Le Chirurgien-dentiste*，第一卷序言。参见 King，*The Making of the Dentiste*，pp. 139‑140.

16 有关雷克昌兹的生平和工作，请参见 Baron，"Louis Lécluze"，*passim*.

17 见 Baron，"Louis Lecluze"，p. 896. 见 Claude Mouton，*Essay d'Odontotechnie，ou dissertation sur les dents artificielles* (Paris，1746)，p. 42.

18 见 King，*The Making of the Dentiste*，pp. 138‑139. 关于卫生，见 James C. Riley，*The Eighteenth-century Campaign to Avoid Disease* (London，1987)；Brockliss and Jones，*The Medical World of Early Modern France*，"The Invention of Hygiene"，pp. 459ff.

19 Robert Bunon，*Expériences et démonstrations*，p. 9("Je veux conserver au lieu

de détruire"）；Fauchard，*Le Chirurgien-dentiste*，第 i 卷，尤其是前言及第 3 章。

20 Fauchard，*Le Chirurgien-dentiste*，第 i 卷，尤其是第 3 章（"Le régime et la conduite que l'on doit tenir pour conserver les dents"），第 41 页及以下，第 69 页。

21 Louis-Sébastien Mercier，*Tableau de Paris*，12 vols.，（Amsterdam，1788），i，pp. 160 - 161；v，pp. 74 - 75. 关于大托玛，见本书第 73—79 页。

22 见 Baron，"Louis Lécluze"，esp. pp. 866ff.

23 Fauchard，*Le Chirurgien-dentiste*（2nd edn，Paris，1746），ii，p. 346.

24 关于布尔代，见第 99 页。提供的信息基于巴黎国家档案馆巴黎中央公证处中的相关人员的验尸清单，AN MC ET/XL 303，1751 年 11 月 17 日（Claude Jacquier de Géraudly）；AN MC ET/XCII，1786 年 8 月 19 日（Le Roy de la Faudignière）；AN MC ET/IX 824，1789 年 10 月 16 日（Étienne Bourdet）；AN MC ET/XLI 848，1819 年 7 月 13 日（Jules Ricci）. 克洛德·穆东的相关文件是其主要财产的死后销售：AN MC ET/XXXIII 508，1751 年 4 月 8 日。这些人物的生平信息见 Baron，'Dental Practice in Paris'，pp. 132 - 138，117 - 118，141 - 143. 关于格勒兹的《主显节》，见本书第 71 页。

25 见本书第 64—65 页。对于特别敏感的人群，见 Lindsay B. Wilson，*Women and Medicine in the French Enlightenment: The Debate over "Maladies des Femmes"*（Baltimore，MD，1993）.

26 Fauchard，*Le Chirurgien-dentiste*，i. p. 184；ii，关于器械；Louis Laforgue，*Dix-sept articles relatifs aux maladies des dents*（Paris，Year VIII［= 1800］），ii，p. 200. 拉福格于 1785 年被接纳为牙医：见 Baron，"Dental Practice in Paris"，pp. 128 - 129.

27 Fauchard，*Le Chirurgien-dentiste*；Anselme Jourdain，*Traités des maladies et des opérations réellement chirurgicales de la bouche*，2 vols.（Paris，1778），ii，pp. 4 - 5. 关于这些基于客户的关注（包括沙发），尤其见 Fauchard，*Le

Chirurgien-Dentiste，特别是第 i 卷 144 页及以后。敏感性的引用来自 Mahon，*Le Citoyen dentiste*（Paris，Year VI ＝ 1798），pp. 186. 马洪从 1790 年代开始在巴黎行医，并在第 182—186 页对革命前的牙科描绘了一幅怀旧的画面。

28 关于福沙尔建议的更新（*Le Chirurgien-dentiste*，第 i 卷，第 144 页及以下）。见 F. Maury，*Traité complet de l'art du dent，d'après l' état actuel des connaissances*，3rd edn（Paris 1841）——包括关于二楼位置的提示。关于楼层位置，见 Dionis，*Cours d'opérations*，p. 425；关于头在臂下，见 Louis Lécluze du Thilloy，*Nouveaux Éléments d'odontologie，contenant l'anatomie de la bouche ou la description de toutes les parties qui la composent et de leur usage*（Paris，1754），pp. 124 – 125.

29 估计是基于 Baron，"Dental Practice in Paris"中提供的地址，对比 1776—1777 年出版的两部题为 État de la médecine 的作品（见第 202—203 页，第 100 条注释）。关于相关街区的社会背景，见 *Atlas de la Révolution française: XI. Paris*，ed. Emile Ducoudray，Raymonde Monnier，and Daniel Roche（Paris，2000），p. 30.

30 *Journal of My Life by Jacques-Louis Ménétra*，ed. Daniel Roche（New York，1986），p. 21. 关于病例历史，见例如 Fauchard，*Le Chirurgien-dentiste*；关于广告，见本书第 113—114 页的注释。

31 见本书第 8 页注释中引用的作品。

32 Philip Riedler，*La Figure du patient au XVIIIe siècle*（Geneva，2010），p. 97.

33 引自 Riedler，*La Figure du patient*，p. 97.

34 Ricci，*Réflexions sur la conservation des dents，les maladies qui les affectent et les Remèdes qui leur conviennent*（Reims，n. d.），p. 3.

35 关于广告，见 Colin Jones，"The Great Chain of Buying：Medical Advertisement, the Bourgeois Public Sphere and the Origins of the French Revolution"，*American Historical Review*，101（1996）. 还见 Pierre Baron and Xavier Deltombe，"Dental Products in France in the Eighteenth

Century: Their Production, Distribution, Commercialisation", *Dental His- torian*, 32 (1997). 值得注意的是,在以下段落中引用的牙科作品中,只有布尔代和埃贝尔的作品被认为对牙科学有贡献,并在 BIUM 网站上有所记录。布尔代的作品名为 *Soins faciles pour la propreté de la bouche et pour la conservation des dents*, *suivi de l'art de soigner les pieds* (Lausanne, 1782).

36 Jones, "Great Chain of Buying".

37 Jean-Louis Colondre, *Essai sur les plus fréquentes maladies des dents et des moyens propres à les prévenir et à les guérir* (Geneva, 1791), pp. vii.

38 Étienne Bourdet, *Soins faciles pour la propreté de la bouche et pour la conservation des dents* (Paris, 1759), p. vi; Anselme Jourdain, *L'Art de se conserver en santé* (Paris, Year IV [= 1796]), p. 275. (茹尔丹也是 1778 年出版的 *Traité des maladies . . . de la bouche* 的作者)。

39 Claude Géraudly, *L'Art de conserver les dents* (Paris, 1737), pp. viii‐ix. 迈克尔·夸斯对假发提出了一个非常类似的观点,假发也常被视为一种模仿性、向下渗透的现象:见他的"Ordering the World of Goods: Consumer Revolution and the Classification of Objects in Eight- eenth-century France", *Representations*, 82 (2003); 以及 Michael Kwass, "Big Hair: A Wig History of Consumerism in Eighteenth-century France", *American Historical Review*, 111 (2006). 关于疝气切除术,见 Liliane Pérez and Christelle Rabier, "Self-machinery: Steel-trusses and the Management of Hernias in Early Modern Europe", *Technology and Culture*, 54 (2013). 关于编辑的修辞,见 Jones, "Great Chain of Buying", 尤其是第 19—25 页。

40 关于对儿童牙齿的担忧,见 *Encyclopédie* 中的讨论,如 Colin Jones, "Bouches et dents dans l' *Encyclopédie*: une perspective sur l'anatomie et la chirurgie des Lumières", in Robert Morrissey and Philippe Roger (eds.), *L' Encyclopédie: du réseau au livre et du livre au réseau* (Paris, 2001), pp. 81‐82; Louis Lécluze, *Eclaircissements essentiels pour parvenir à préserver les dents de*

la carie et à les conserver jusqu' à l'extrême vieillesse (Paris, 1755), pp. 5, 20.

41 关于 *Encyclopédie*,见 Jones, "Bouche et dents", *passim*。关于加利亚尼,见本书第 98 页。Bourdet, *Recherches et observations*, ii, pp. 211‑212.

42 Lécluze, *Nouveaux Éléments*, pp. 22‑23; Honoré Gaillard Courtois, *Le Dentiste observateur* (Paris, 1775), pp. 44‑45.

43 关于舌刮器(附插图),见 Lécluze, *Nouveaux Éléments*, p. 217. 关于牙刷,见 Sacha Bogopolsky, *La Brosse à, dents ou l'histoire de la "mal aimeée"* (Paris, 1995),以 Sacha Bogopolsky, *Itinéraire culturel et technologique de la brosse à dents* (Paris, 1999),尤其是第 19—23 页。该作者低估了 18 世纪法国广泛使用牙刷的情况。见 Riedler, *La Figure du patient* 中的例子,例如第 53 页。

44 Jean A. Hébert, *Le Citoyen dentiste, ou l'art de seconder la nature pour se conserver les dents, et les entretenir propres* (Lyon 1778), p. 31.

45 有趣的是,关于自助与专业支持之间关系的类似论点在 Alun Withey, "Shaving and Masculinity in Eighteenth-century Britain", *Journal of Eighteenth-century Studies*, 36(2012)中也有体现。关于法国,见 Jean-Jacques Perret, *La Pogotonomie, ou l'art d'apprendre à se raser soi-même* (Paris, 1769).

46 Géraudly, *L'Art de conserver les dents*, pp. 157‑160. 许多其他牙科作品暗示或明确地做了广告。明确的广告通常在书的背面。见本书第 86 页。巴黎的报纸广告商《巴黎公告》充满了牙科产品的宣传。见 Jones, "Great Chain of Buying", pp. 27‑30.

47 关于化妆品与胭脂,见 Lanoë, *La Poudre et le fard*,特别是第 293 页。

48 Pierre Baron, "Dental Practice in Selected Areas of France", in Hillam (ed.), *Dental Practice*, pp. 60‑63;关于勒·罗伊·德·拉·福迪尼耶尔的业务,见第 132—138 页。关于验尸清单中揭示的库存:勒·罗伊·德·拉·福迪尼耶尔 AN MC ET/XCII, 1786 年 8 月 19 日(尤其是药瓶);比拉德, AN MC ET/I 117, 1751 年 6 月 4 日。关于假牙和河马腭

骨，见本书第 136—137 页。

49   Mercier, *Tableau de Paris*, iv, p. 258.

50   关于假发，见 Kwass, 'Big Hair'. 关于化妆品与胭脂，见 Lanoë, *La Poudre et le fard*，特别是第 293 页。

51   Martin, *Selling Beauty*, p. 123.

52   Jean de Viguerie, "Le Roi et le 'public'：l'exemple de Louis XV", *Revue historique*, 278（1987）. 克鲁瓦公爵 duc de Croy，引自 Colin Jones, *Madame de Pompadour: Images of a Mistress*（London, 2002），p. 51.

53   J. A. D［ulaure］, *Pogonologie, ou histoire philosophique de la barbe*（Constantinople and Paris, 1769），pp. xi‑xii.

54   见本书第 95 页。

55   关于卢梭与性别，见尤其是 Dena Goodman, *The Republic of Letters: A Cultural History of the French Enlightenment*（Ithaca, NY, 1994）；Joan Landes, *Women and the Public Sphere in the Age of Democratic Revolution*（Ithaca, NY, 1988）.

56   关于温克尔曼，见 Édouard Pommier, "La Vision de l'antiquité classique dans la France des Lumières et de la Révolution", *Revue de l'Art*, 83（1989）；Édouard Pommier, *Winckelmann: naissance de l'histoire de l'art*（Paris, 2003）. 关于大卫，见 Thomas E. Crow, *Painters and Public Life in Eighteenth-century Paris*（London, 1985）. 关于新古典主义，见 Guillaume Faroult, Christophe Leribault, and Guilhem Scherf（eds.）, *L'Antiquité rêvée: innovations et résistances au XVIIIe siècle*（Paris, 2011）.

57   见本书第 149—150 页。

58   路易十五对外科医生的支持尤其在 Gelfand, *Professionalizing Modern Medicine* 中被强调。见本书第 81—82 页。

59   AN O1 63(1719 年 11 月 18 日)；68(1724 年 1 月 14 日)。另见 AN O1 79(1735 年 12 月 13 日)；以及 King, *The Making of the Dentiste*, pp. 183‑184. 卡佩隆获得了卢浮宫中的珍贵住宿和在凡尔赛城中的房产，他在那

里建了一座豪宅;并且在 1745 年被授予贵族称号：AN O1 80(1740 年 1
月 30 日),92(1748 年 3 月 1 日),94(1750 年 7 月 19 日),99(1755 年 2 月
12 日)。AN O1 89（1745 年 12 月）。Charles-Philippe Albert，duc de
Luynes，*Mémoires sur la cour de Louis XV*，17 vols.（Paris，1908），viii,
p.303.

60 见匿名的"Journal de police sous Louis XV（1742 - 1743)"，收录于
Edmond-Jean-François Barbier，*Chronique de la Régence et du règne de Louis
XV（1718 - 1763)*，8 vols.（Paris，1857 - 1866)，p.199. 另见 Luynes,
Mémoires，iv，282 - 283.

61 关于布尔代，见该书中多次提及以及 Baron，"Dental Practice in Paris",
pp.117 - 118. 他也被授予贵族称号：AN O1 111(1757 年 11 月)。见
AN O1 105(1761 年 12 月 5 日)。他的验尸清单见于 AN MC ET/IX/
824(1789 年 10 月 19 日)。关于迪布瓦-富库，见 King，*The Making of the
Dentiste*，p.186；Baron，"Dental Practice in Paris"，p.123. 职位继承的购
买合同见于 AN MC ET/IX/827(1783 年 3 月 27 日)。

62 Luynes，*Mémoires*，viii.，p.303. 皇家医疗机构中其他职位的变动可以
在历年的 *Almanach Royal* 中追踪到。另见 AN MC ET/LXXXIX 596
(Mouton，"opérateur ordinaire du roi et son dentiste"，1761 年 2 月 16 日)；
AN MC ET/XL/303(Géraudly's will，1751 年 11 月 17 日)；一般论述参
见 Jones，"The King's Two Teeth"，*passim*。

63 René Louis de Voyer de Paulmy，marquis d'Argen- son，*Journal et
mémoires*，ed. Edme J. B. Rathery（Paris，1859 - 1867)，ii，p.179.

64 关于 1742 年的事件，见 d'Argenson，*Journal et mémoires*，iii，p.260. 关于
万蒂米勒公爵夫人，见第二卷，第 392 页；第四卷，第 386 页。关于路易十
六的腿和阿图瓦的口腔，见 Félix，comte d'Hezeques，*Souvenirs d'un page à
la cour de Louis XVI*（Paris，1873)，pp.6，60.

65 关于玛丽-特蕾莎，见 Luynes，*Mémoires*，第九卷，第 26 页；关于维克托瓦
公主，见第九卷，第 11—12 页。

66 这是路易十五长期任职的部长,舒瓦瑟尔公爵的评价,见 *Mémoires*,ed. Jean-Pierre Guicciardi and Philippe Bonnet (Paris, 1987), pp. 192 - 193;关于鲁斯水事件,见 Luynes, *Mémoires*,第二卷,第 29 页。

67 Vicomte de Reiset, *Joséphine de Savoie, comtesse de Provence* (Paris, 1913), pp. 58 - 59. 这句话中,"这个地方"是凡尔赛宫内部人士用来指代宫廷的经典行话。

68 Boutry, *Le Mariage de Marie-Antoinette*, p. 36; Chateaubriand, *Mémoires d'outre-tombe*, ed. Maurice Levaillant and Georges Moulinier, 2 vols. (Paris, 1951), i, p. 167.

69 法国参议院保存着一幅据称由雅克-路易·大卫绘制的女王被斩首后的头颅素描。

第五章

1 Louis-Sébastien Mercier, *Tableau de Paris*, 12 vols. (Amsterdam, 1788), v, p. 74. 此书的前几卷在 1781 年出版。

2 简要概述见 Colin Jones, *The Great Nation: France from Louis XV to Napoleon (1715 - 1799)* (London, 2002), ch. 8. 关于磁气疗法,见 Robert Darnton, *Mesmerism and the End of the Enlightenment in France* (Cam- bridge, MA, 1968);关于热气球,见 Marie Thébaud-Sorger, *L'Aérostation au temps des Lumières* (Rennes, 2009).

3 拉哈普事件在维热·勒布伦的回忆录中有提到:*Souvenirs*, 3 vols. (Paris, 2011), i, p. 36. 并可参见 Melissa Percival, "The Expressive Heads of Élisabeth Louise Vigée Le Brun", *Gazette des Beaux- Arts* (November 2001);并见本书第 1 页。

4 Denis Diderot, *Salons*, ed. Jean Seznec, 4 vols. (Oxford, 1957 - 1966), iii, p. 338;卡蒙特勒被引用于 André Monglond, *Le Préromantisme* (Paris, 1930), p. 328. 关于肖像画中张开的嘴的传统观点,见本书第 60 页。

5 "灵魂的微笑":见本书第 68 页。Vigée Le Brun, *Souvenirs* i, p. 22(《克拉

里莎》);iii，p. 137(《朝圣》)。

6　关于拉图尔，见 Xavier Salmon, *Le Voleur d' âmes: Maurice Quentin de La Tour* (Paris, 2004)，特别是"自我形象：自画像与肖像"，第 47 页及以后。虽然面部表情是拉图尔作品的一个特别特点，但他的肖像中很少有展示牙齿的，尤其可见音乐家曼内利和玛格丽特·勒孔特(均为 1753 年)的肖像。感谢梅赫蒂尔德·芬德提醒我关注后者。

7　见本书第 55—57 页关于此主题的内容。关于德谟克利特主题的概述，见 Anne Richardot, "Un philosophe au purgatoire des Lumières", *Dix-huitième siècle: numéro special*, *Le Rire*, 32 (2000)。关于华托作为德谟克利特，见本书第 55—56 页。关于拉美特利，可参大约于 1760 年由格奥尔格·弗里德里希·施密特创作的著名雕刻，它被多次复制。关于勒克，见 Philippe Duboy, *Jean-Jacques Lequeu: une énigme* (Paris, 1977)。关于杜克勒，见 Martial Guédron, *L'Art de la grimace: cinq siècles d'excès de visage* (Paris, 2011)，第 121 页及以后(这本书对于此时法国文化中鬼脸的重新出现也有出色的讨论)。梅塞施密特的头像分析，见 Maraike Buckling (ed.), *The Fantastic Heads of Franz Xaver Messerschmidt* (Frankfurt, 2004)：特别是第 106—115 页，"艺术家想象中的笑脸"。(实际上，他似乎在微笑，但露出了牙齿。)

8　见本书第 71 页。关于艺术评论的出现，见 Richard Wrigley, *The Origins of French Art Criticism from the Ancien Régime to the Restoration* (Oxford, 1993)；以及 Diderot, *Salons*。关于勒布伦在情感表达的微妙性方面的不足，见 Melissa Percival, *The Appearance of Character: Physiognomy and Facial Expression in Eighteenth-century France* (London, 1999)，特别是第 3 章；以及 Linda Walsh, 'The Expressive Face: Manifestations of Sensibility in Eighteenth-century French Art', *Art History*, 19 (1996)。珀西瓦尔和沃尔什也讨论了凯吕斯的"面部表情"比赛。关于"温和的激情"，见 Percival, *The Appearance of Character* 第 104 页。

9　关于索菲·阿尔努，见 Colin Jones, "French Crossings IV: Vagaries of

Passion and Power in Enlightenment France", *Transactions of the Royal Historical Society*, 23 (2013). 关于阿尔努的肖像,见 Anne Poulet、Guilhem Scherf 和 Ulrike Mathies 合著的 *Jean-Antoine Houdon*, *Sculptor of the Enlightenment*(Washington, DC, 2003),第 96—103 页;关于格鲁克的肖像,在第 104—109 页。

10　参阅本书第 71 页。

11　参见维热·勒布伦于 1791 年创作的那不勒斯作曲家 Paisiello 的肖像,也展示了他的牙齿。

12　Poulet et al., *Jean-Antoine Houdon*, pp. 133‑136. 关于格勒兹,请参阅本书第 71 页。

13　除了维热·勒布伦的 *Souvenirs*,参见 Mary Sheriff 的传记分析 *The Exceptional Woman: Elisabeth Vigée Le Brun and the Cultural Politics of Art* (Chicago, 1996);以及 Angelica Goodden, *The Sweetness of Life: A Biography of Elisabeth-Louise Vigée Le Brun* (London, 1997)。关于睡衣事件,见维热·勒布伦 *Souvenirs* 第一卷,第 65—66 页,以及 Sheriff, *The Exceptional Woman* 第 143—145 页。

14　摘自 *Encyclopédie méthodique. Beaux-Arts*,第 2 卷,引用自 Tony Halliday, *Facing the Public: Portraiture in the Aftermath of the French Revolution* (Manchester, 1999),第 18 页。

15　关于资产阶级客户对肖像画的热情的不满,见 Halliday, *Facing the Public* 第 5 页及以下。关于 18 世纪巴黎公共领域的发展,参见本书第 91—92 页。

16　见 Halliday, *Facing the Public* 中关于 1790 年代末肖像画的讨论。

17　关于杜波瓦·德·切芒生活的主要资料来源是 Georges Dagen, "Dubois de Chémant", in Dagen, *Documents pour servir à l'histoire de l'art dentaire en France, principalement à Paris* (Paris, 1925)。参见 Pierre Baron, 'Dental Practice in Paris', in Christine Hillam (ed.), *Dental Practice in Europe at the End of the Eighteenth Century* (Amsterdam, 2003)第 120—122 页。关于

假牙的一般情况，见 J. Woodforde，*The Strange Story of False Teeth* (London，1968)，特别是第 7、8、9 章（几乎完全基于 Dagen 的研究）。杜波瓦本人的著作尤其珍贵，特别是他的 *Dissertation sur les avantages des nouvelles dents et râteliers artificiels incorruptibles et sans odeur*（Paris，1788）。此书有补充版译成英文：*A Dissertation on Artificial Teeth in General* (London，1797；new edn，1816)。图 5.6 取自英文版。关于此类牙齿概念的起源故事见后者第 2 页。关于福沙尔，见 Pierre Fauchard，*Le Chirurgien-dentiste*，ou traité des dents，2 vols.（Paris，1728），特别是第二卷，第 13—19 章。

18 见一般牙科史，以及 Thierry Bardinet，"Dentistes et soins dentaires à l'époque des pharaons"，in DDAD。

19 Charles Allen，*The Operator for the Teeth* ed. Robert A. Cohen(London，1964 [1685])，p. 11. 关于塔尔马及其家族，见 Robert A. Cohen，"The Talma Family"，in Cohen，*Selected Papers*（London，1997）；以及 Baron，"Dental Practice in Paris"，第 143—144 页。关于"滑铁卢牙"，见 Stephanie Pain，"The Great Tooth Robbery"，*New Scientist*，2001 年 6 月 16 日。

20 Mark R. Blackwell，"'Extraneous Bodies': The Contagion of Live-tooth Transplantation in Late-Eighteenth-century England"，*Eighteenth-century Life*，28（2004）；Thomas Rowlandson 的版画，"Transplanting of Teeth"（1787）；Dubois de Chémant，*A Dissertation on Artificial Teeth*（London，1797），第 18、20n 页。又见 John Hunter，*The Natural History of the Human Teeth*（London，1778），第 126—128 页；John Hunter，*Treatise on the Venereal Disease*（London，1786），第 391 页。

21 见本书第 104—108 页关于广告中舒适、便利和健康的讨论。

22 Dubois-Foucou，*Exposé de nouveaux procédés pour la confection des dents dites de composition*（Paris，1808），第 39 页。

23 我引用了 1816 年杜波瓦英文版的吹捧文章，第 80—81 页。

24 René Farge，'Une épisode de la journée du 12 juillet 1789：Camille

Desmoulins au Jardin du Palais-Royal', *Annales révolutionnaires*, 7 (1914)。

25　引用自 Mercier, *Tableau de Paris* 第二卷,第 139 页。我未能在马蒙泰尔
的作品中找到这个引言。

26　副代表穆尼埃,引用自 William H. Sewell, Jr, "Historical Events as
Transformations of Structures: Inventing Revolution at the Bastille",
Theory and Society, 25 (1996),第 854 页。参见 Antoine de Baecque, "'Les
Ris et les pleurs': spectacle des affections, 1790 - 1791", in Beatrice de
Andia and Valérie Noëlle Jouffre (eds.), *Fêtes et Rêvolution* (Dijon,
1989)。(请注意,我在此将"ris"翻译为微笑。详见本书第 28 页的讨论。)

27　关于启蒙运动的人类完善计划与革命人权之间的联系,参见 Lynn Hunt,
Inventing Human Rights: A History (New York, 2007)。关于与《独立宣
言》的关系,参见 Stephan Rials, *La Déclaration des droits de l'homme et du
citoyen* (Paris, 1988),特别是第 360 页及以下。关于引文,参见 Lynn
Hunt, *The French Revolution and Human Rights: A Brief Documentary History*
(New York, 1996),第 15 页。关于美国革命的进步性较弱,参见 David
Armitage 和 Sanjay Subrahmanyam eds. , *The Age of Revolutions in Global
Context, c. 1760 - 1840* (New York, 2010)。"热情的革命者"是安托万-
路易·圣茹斯特:见本书第 146 页。

28　参见 Mona Ozouf, "Régénération", in Mona Ozouf and François Furet,
Dictionnaire critique de la Révolution française (Paris, 1988)。

29　Antoine de Baecque, *Les Éclats du rire: la culture des rieurs au XVIIIe siècle*
(Paris, 2000), "Hilarités parlementaires",第 203—204 页,第 257 页及以
下的戈尔萨斯的观点;Cérutti "smiling [*réjouissante*] physiognomy"第 184
页及以后;以及 de Baecque, *Le Corps de l'histoire: métaphores et politique*
(1770 - 1800) (Paris, 1993),第 315 页。

30　Philippe Bordes, *Le Serment du Jeu de Paume de David: le peintre, son milieu
et son temps de 1789 à 1792* (Paris, 1983)。见本书第 139—140 页。

31　de Baecque, *Les Éclats du rire* 第 207 页。

32 Henriette Walter, *Des mots sans-culottes*（Paris，1989），第 160—161 页。

33 de Baecque, *Les Éclats du rire*，第 136 页。参见第 226 页（"笑声战争"）；第 136 页及以下（关于《使徒行传》）；第 141 页（"反革命的标志"）。另见 Georges Minois, *Histoire du rire et de la déraison*（Paris，2000），第 12 章，第 427 页及以下。

34 Jones, *The Great Nation* 第 10 章，关于进入战争及其对革命文化的影响，包括恐怖时期。关于恐怖时期的整体情况，参见 David Andress, *The Terror: Civil War in the French Revolution*（London，2005）；以及 Keith Baker, *The French Revolution and the Creation of Modern Political Culture*, *IV: The Terror*（Oxford，1987）。

35 de Baecque, *Les Éclats du rire*，特别是第 226 页及以后，是关于反贵族笑声的内容。见 Minois, *Histoire du rire* 第 428 页及以后。奇怪的是，Hébert 的 *Père Duchesne*（或 *Duchène*）并没有激发出活跃的学术研究。此外，亦可参见 Gérard Walter, *Hébert et "Le Père Duchesne"*（Paris，1946）。关于作为政治美德的揭发，见 Jacques Guilhaumou, 'Fragments of a Discourse of Denunciation'（1789‑1794），in Baker, *The Terror*。

36 de Baecque, *Les Éclats du rire* 中引用赫伯特，第 284—287 页。

37 引用自 Lise Andries, "État des recherches", *Dix-huitième siècle: numéro spécial*, Le Rire, 32（2000），第 18 页。

38 "伪装微笑；无辜忧伤"。Saint‑Sust, *Oeuvres*（Paris，2004），p. 606. 关于宫廷的微笑，见本书第 119—120 页。关于库东的评论，见 Jon Cowans, *To Speak for the People: Public Opinions and the Problem of Legitimacy in the French Revolution*（London，2001），p. 135. 关于禁止狂欢节面具，见 Antoine de Baecque, *Le Corps de l'histoire: métaphores et politique*（1770‑1800）（Paris，1993），p. 329。

39 关于"恐怖时期"囚犯和被处决者行为的绝佳资料来源是公众刽子手 Charles-Henri Sanson: *La Revolution française vue par son bourreau*, ed. Monique Lebailly（Paris，1988），特别是第 106—109 页"德·巴里夫人"；

第 188 页"巴黎的议员";第 201 页"马勒泽布";第 128 页"监狱中的囚犯";以及第 134—135 页"喝酒"。

40 *Mémoires du comte Beugnot*, ed. A. Beugnot, 2 vols. (Paris, 1866),第 203 页(包括罗兰夫人的处决)。更多内容参见 Paul Friedland, *Seeing Justice Done: The Age of Spectacular Capital Punishment in France* (Oxford, 2012)。

41 Manon Phlipon, *Mémoires de Madame Roland*, ed. Paul de Roux (Paris 1986),第 302 页。另见 Sian Reynolds, *Marriage and Revolution: Monsieur and Madame Roland* (Oxford, 2012),特别是第 56、70 和 277 页。Sanson, *La Révolution française vue par son bourreau* 第 82—84 页。走上断头台时的笑容有目击者证实:参见 *Mémoires de Madame Roland* 第 28 页。

42 Sanson, *La Révolution française vue par son bourreau*,第 62—65 页(夏洛蒂·科黛),第 166 和 182 页(德穆兰夫妇),第 204 页(伊丽莎白夫人)。这些事件有许多目击者,其记录基本一致。部分内容见于 H. Fleischmann, *La Guillotine en 1793* (Paris, 1908)。

43 这一短语因 James C. Scott, *Weapons of the Weak: Everyday Forms of Peasant Resistance* (New Haven, CT, 1985)而为人熟知。

44 Mona Ozouf, *La Fête révolutionnaire, 1789 - 1799* (Paris, 1976); de Baecque, 'Ris et pleurs' (for 14 July 1790).

45 David L. Dowd, *Pageant-master of the Republic: Jacques-Louis David and the French Revolution* (Lincoln, Nebraska, 1948).

46 大卫是罗伯斯庇尔的热情追随者。近期关于罗伯斯庇尔最好的传记有 Ruth Scurr, *Fatal Purity: Robespierre and the French Revolution* (New York, 2006)和 Peter McPhee, *Robespierre: A Revolutionary Life* (New Haven and London, 2012)。罗伯斯庇尔的笑容在他妹妹夏洛特的回忆录中有提到: *Mémoires de Charlotte Robespierre sur ses deux frères*, 2nd edn (Paris, 1835),第 68 页。关于这个主题,另见 Colin Jones, "French Crossings III: The Smile of the Tiger", *Transactions of the Royal Historical Society*, 21 (2012)。关于(可能的)微笑画像,参见 Anne-Marie Passez, *Adelaïde*

Labille-Guiard，1749－1803：biographie et catalogue raisonné de son oeuvre (Paris，1973)，第 248—249 页。

47 关于大卫的面部肿瘤，参见 T. J. Clark，"Gross David with the Swoln Cheek：An Essay in Self-Portraiture"，in *Rediscovering History: Culture，Politics and the Psyche*，ed. Michael Roth（Stanford，1994）；以及 Hutan Ashrafian，"Jacques-Louis David and his Post-traumatic Facial Pathology"，*Journal of the Royal Society of Medicine*，100（2007）。

48 巴拉斯事件在巴拉斯的回忆录中有所描述：Barras，*Mémoires*，ed. Georges Duruy，4 vols.（Paris，1895）卷一，第 149 页。

49 Fleischmann，*La Guillotine en 1793* 第 182 页。关于圣茹斯特对赫罗·德·塞谢尔的评价，参见 Marisa Linton，"'The Tartuffes of Patriotism'：Fears of Conspiracy in the Political Language of Revolutionary Government，France 1793－1794"，载于 Barry Coward and Julian Swann（eds.），*Conspiracies and Conspiracy in Early Modern Europe from the Waldensians to the French Revolution*（London，2004）第 250 页；以及 Philippe Buchez and Pierre Roux，*Histoire parlementaire de la Révolution française*，40 vols.（Paris，1833－8）第三十二卷，特别是第 220 页（德穆兰）和第 210 页，第 214 页（丹东）。

50 参见 Jones，*The Great Nation* 第 494 页，及关于热月和指导时期的第 11 章；以及 Martin Lyons，*France under the Directory*（Cambridge，1975）。

51 见本书第 146—147 和第 150 页。

52 关于启蒙运动时期的面相学，见本书第 69—70 页。拉瓦特的英、法文作品近年来通过聚焦其对 19 世纪文化影响的著作而变得更为人所知。特别是参见 Melissa Percival and Graeme Tytler（eds.），*Physiognomy in Profile: Lavater's Impact on European Culture*（Newark，Delaware，2005）；Sibylle Erle，*Blake，Lavater，and Physiognomy*（London，2010）；Lucy Hartley，*Physiognomy and the Meaning of Expression in Nineteenth-century Culture*（Cambridge，2001）；以及 Sharrona Pearl，*About Faces: Physiognomy*

in Nineteenth-century Britain （London，2010）。布封在 Percival，*The Appearance of Character* 第 30 页被引用。另见 Guédron，*L'Art de la grimace*。拉瓦特的作品最早于 1770 年代初以德文出版：特别是其 *Physiognomische Fragmente*，4 vols. (Leipzig, 1775–1778)。后来不断有新版增加。他的第一部法文版作品是 *Essai sur la physiognomonie destiné à faire connaître l'homme et à le faire aimer*，4 vols. (The Hague, 1781–1803)。由路易-雅克·莫罗·德·拉萨特在拉瓦特死后出版的 *L'Art de connaître les hommes par la physiognomonie*，10 vols. (Paris, 1806)后来成为标准版的作品。*Lavater portatif* 于 1806 年在巴黎出版，并多次再版。关于拉瓦特的 *Essai sur la physiognomonie* 的摘要如下：卷一，第 99 页"造物的精华"；关于病相学，见"De la physiognomonie et de la pathognomonique"：卷一，第 231 页起；关于"相面热潮"，见 Melissa Percival，*The Appearance of Character: Physiognomy and Facial Expression in Eighteenth-century France* (London, 1999)，第 13 页。

53　*L'Art de connaître les hommes*，卷二，第 244—245 页，关于"干净、白色、整齐的牙齿"；卷一，第 177 页"侍臣的镜子"；卷五，第 319—321 页"一种嘲笑的元素"；卷二，第 29 页"命运的方式"。

54　拉瓦特没有发明新的测量技术，而是改造了现有的技术。参见 Barbara Maria Stafford，*Body Criticism. Imaging the Unseen in Enlightenment Art and Medicine* (Cambridge, MA, 1993)，特别是第 84—129 页。

55　*L'Art de connaître les hommes*，卷五，第 24 页。关于颅测术，参见 Marc Renneville，*Le Langage des crânes: une histoire de la phrénologie* (Paris, 2000)。关于面相描摹的故事，见 Halliday，*Facing the Public* 第 43—47 页。比哈特在 Laurent Baridon and Martial Guedron，*Corps et arts: physiognomonie et physiologie dans les arts visuels* (Paris, 1999)第 85 页中被引用。

56　特别见于 Pierre Camper，*Dissertation sur les variétés naturelles qui ont pour object l'histoire naturelle，la physiologie et l'anatomie comparée* (Paris, 1791)。

布卢门伯格的思想可以在英语中通过 *The Anthropological Treatises of Johann Friedrich Blumenbach*, ed. Thomas Bendyshe（London，1865）来了解。另见 David Bindman, *Ape to Apollo: Aesthetics and the Idea of Race in the Eighteenth Century*（Ithaca, NY, 2002）。

57 *Essai sur la physiognomonie* 第七卷，第 1 页。关于此讨论，参见 Martine Dumont, 'Le Succès mondain d'une fausse science：la physiognomonie de Johann Kaspar Lavater', *Actes de la recherche en sciences sociales*, 54（1994），第 19—22 页。

58 参见 Sander Gilman, *Seeing the Insane*（New York，1982）；以及 Richard T. Gray, *About Face: German Physiognomic Thought from Lavater to Auschwitz*（Detroit，2004）。

59 *Essai sur la physiognomonie*，第三卷，第 191 页（"像笼中的鸟一样自由"）。

第六章

1 关于杜波瓦·德·切芒的革命经历，参见 Colin Jones, "French Dentists and English Teeth in the Long Eighteenth Century：A Tale of Two Cities and One Dentist", in Roberta Bivins and John V. Pickstone（eds.），*Medicine, Madness and Social History: Essays in Honour of Roy Porter*（Basingstoke，2007），特别是第 77—79 页和第 88—89 页。此外，见 Georges Dagen, "Dubois de Chémant" in Dagen, *Documents pour servir à l'histoire de l'art dentaire en France*, *principalement à Paris*（Paris，1925），主要讲的是在巴黎的经历。1820 年代的一场法律纠纷使杜波瓦为他的职业辩护：参见 *Réfutation des assertions fausses et calomnieuses connues dans un libelle dirigé par M . Audibran*, *dentiste*, *contre M . Dubois de Chémant*...（无地点或日期）and *Mémoires pour M . Dubois de Chémant*, ... *contre le Lord Egerton*, *comte de Bridgewater*...（无地点或日期）。这些小册子提供了他晚年生活的额外传记信息。关于假牙的估计价格，参见 *Réfutation des assertions*，第 21 页（不包括安装费用）。

2 该专利在国家专利局注册。见杜波瓦档案，1791 年 9 月，法国国家工业产权局（INPI）。

3 见 Richard Wrigley，*The Politics of Appearances: Representations of Dress in Revolutionary France*（Oxford，2002），特别是第 5 章和第 6 章。

4 Kirsty Carpenter，*Refugees of the French Revolution: The Émigrés in London, 1789 - 1802*（London，1999），第 197 页，特别是第 4 章，"索霍"。

5 Phillip A. Emery and Kevin Wooldridge，*St Pancras Burial Ground: Excavations for St Pancras International, the London Terminus of High Speed 1, 2002 - 2003*（London，2011），特别是第 103—105 页；和 N. Powers，"Archaeological Evidence for Dental Innovation: An Eighteenth-century Porcelain Dental Prosthesis Belonging to Archbishop Arthur Richard Dillon"，*British Dental Journal*，201（2006）。

6 Robert A. Cohen，"Messrs Wedgwood and Porcelain Dentures: Correspondence，1800 - 1815"，*British Dental Journal*，139（1975）。

7 见本书第 114 和 140 页。Dubois-Foucou，*Exposé de nouveaux procédés pour la confection des dents dites de composition*（Paris，1808），第 39 页。关于假发的衰退，参见 Michael Kwass，"Big Hair: A Wig History of Consumption in Eighteenth-century France"，American Historical Review，111（2006）。关于杜波瓦的销售情况，见本书第 136 页的注释。关于"巴黎牙"，见 Louis Laforgue，*Théorie et pratique de l'art du dentiste*，2 vols.（Paris，1810），第 101 页。

8 除了天花疫苗发现者爱德华·詹纳，还有来自英国的约翰·亨特，以及巴黎的医学名人维克·达齐尔、德索和乔弗鲁等的认可。关于达冯齐，参见 Pierre Baron，"Dental Practice in Paris"，in Christine Hillam，*Dental Practice in Europe at the End of the Eighteenth Century*（London，2003），第 125—126 页。关于假牙销售情况，见 Christine Hillam，*Brass Plate and Brazen Impudence: Dental Practice in the Provinces，1755 - 1855*（Liverpool，1991），第 142 页。

9 Joseph Murphy, *Natural History of the Human Teeth*, *with a Treatise on their Diseases* (London，1811)，第 133 页。

10 Joseph Fox, *The History and Treatment of Diseases of the Teeth*, *the Gums and the Alveolar Processes* (London，1806)，第 127、130 页；和 John Gray, *Preservation of the Teeth*, *Indispensable to Comfort*, *Appearance*, *Health and Longevity* (London，1838)，第 37 页，注 6。

11 见本书第 20—25 页。

12 见 John Hayes，"Thomas Rowlandson"，*Oxford Dictionary of National Biography*，<http://oxforddnb.com/view/aticle/24221m>。

13 见本书第 134 页注释中提到的维热·勒布伦的革命轨迹。

14 Félicité de Genlis, *Dictionnaire critique et raisonné des étiquettes de la cour ou l'esprit des étiquettes et des usages anciens* (Paris，1818)，第 238 页。

15 雅克-路易·大卫引自 Percival, *The Appearance of Character* 第 109 页。关于大卫的面部肿瘤，见 T. J. Clark，"Gross David with the Swoln Cheek: An Essay in Self-Portraiture"，in *Rediscovering History: Culture*, *Politics and the Psyche*，ed. Michael Roth (Stanford，1994)。

16 关于这一主题的最佳入门书籍是 Catriona Seth（ed.），*Imaginaires gothiques: aux sources du roman noir* (Paris，2010)。提供英文角度的其他作品包括 David Punter, *The Gothic* (London，2006)；和 Emma J. Clery, *The Rise of Supernatural Fiction* (Cambridge，1995)。

17 我再次参考了 Frantext-ARTFL 数据库：见本书第 184 页和第 60 页的注释。

18 萨德的观点引自他的 *Idée sur les romans*，ed. O. Uzanne (Paris，1878)一书。诺迪埃的观点引自 Alexandre Minski, *Le Préromantisme* (Paris，1998)，p.53。

19 见 Peter Brooks, *The Melodramatic Imagination: Balzac*, *James*, *Melodrama and the Mode of Excess* (London，1976)；和 Sarah Hibberd（ed.），*Melodramatic Voices Understanding Music Drama* (Aldershot，2011)，特别是

Kate Astbury, "Music in Pixérécourt's Early Dramas"。

20 Henri-Jean Riouffe, *Mémoire d'un détenu, pour servir à l'histoire de la tyrannie de Robespierre* (Paris, 1794)。这本书不仅有多个版本,还被编入了关于"恐怖时期"监狱生活的文集。关于《多尔布鲁兹》,见本书第 163 页。

21 Daniel Arasse, *The Guillotine and the Terror* (London, 1989),第 37 页。1797 年关于此实验的描述见第 42 页。见 H. Fleischmann, *La Guillotine en 1793* (Paris, 1908),第 53—58 页:"断头后的头会痛吗?"

22 吉罗代的素描与雅克-路易·大卫描绘的断头头部的类似画作并排展示,见 Thomas Crow, *Emulation: Making Artists for Revolutionary France* (London, 1994),第 120 页。

23 见本书第 134—135 页对这些肖像的讨论。其中一些肖像呈现了"维热·勒布伦式微笑",但这些画作并未在沙龙展出。

24 梅西耶的描述见 *Le Nouveau Paris*, ed. Jean-Claude Bonnet (Paris, 1994),第 98—99 页。见 Antoine de Baecque, *La Gloire et l'effroi: sept morts sous la Terreur* (Paris, 1997):"兰巴尔公主,或被屠杀的性别",第 77 页及后续。德·贝克展示了米歇尔如何使这一传说在整个世纪中持续流传。

25 见 Jones, "The Smile of the Tiger",第 32—35 页。

26 关于医学教育和机构的主要改革(尽管对牙科的参考很少),见 Mathew Ramsey, *Professional and Popular Medicine in France, 1770 – 1830: The Social World of Medical Practice* (Cambridge, 1988),特别是第 71 页及后续;Mathew Ramsey, "The Politics of Professional Monopoly in Nineteenth-century Medicine: The French Model and its Rivals", in Gerald L. Geison (ed.), *Professions and the French State, 1700 – 1900* (Philadelphia, PA, 1984);Toby Gelfand, *Professionalizing Modern Medicine: Paris Surgeons and Medical Science and Institutions in the Eighteenth Century* (Westport, CT, 1980);Dora B. Weiner, *The Citizen-patient in Revolutionary and Imperial Paris* (Baltimore, MD, 1993);和 Caroline Hannaway and Ann La Berge (eds.), *Constructing Paris Medicine* (Amsterdam, 1998)。关于专业化的问

题，见 George Weisz, "The Development of Medical Specialisation in Nineteenth-century Paris", in Ann La Berge and Mordechai Feingold (eds.), *French Medical Culture in the Nineteenth Century* (Amsterdam, 1994)。关于革命对牙科的影响，见 Pierre Baron, "Dental Practioners in France at the End of the Eighteenth Century", in Christine Hillam (ed.), *Dental Practice in Europe at the End of the Eighteenth Century* (Amsterdam, 2003)。关于"'临床医学'开始正式孕育"，如经典的 Michel Foucault, *La Naissance de la clinique: un archéologie du regard médical* (Paris, 1963)。

27 François Vidal and Philippe Caron, *Histoire d'un diplôme: de l'expert pour les dents au docteur en chirurgie dentaire, 1699 - 1892, 10 fascicules* (Paris, 1994)，第 133 页。

28 Louis Laforgue, *Dix-sept articles, relatifs aux maladies des dents* (Paris, Year VIII = 1800)，第 22 页。关于拉福格努力获得合法性的部长档案，见 AN F8 158。对于 1816 年德拉巴尔的类似努力，见 AN AJ16 6998，和 AN F8 150)。

29 引自 Gelfand, *Professionalizing Modern Medicin*，第 170 页。像旧时代的外科牙科医生一样行医：见档案馆 AN F8 161。对于以下引用，见 AN AJ 16 6701(德拉巴尔档案)。医学学院在咨询时总是完全反对对牙科医生的让步。(见 AN F 8, passim 和 AN AJ16 6998；以及蒙彼利埃学院 AN F8 155)。关于 1820 年代和 1840 年代及以后的情况(除了本书第 19 页的牙科历史)，见 Thomas Davis, *De la réglementation de l'art dentaire en France* (Paris, n. d.)，第 10 页及后续；François Vidal, *Histoire d'un diplôme*；和 François Vidal, "Regards sur l'histoire de l'art dentaire, de l' époque romaine à nos jours", 可以在 < http://www. academiedentaire. fr/ attachments/0000/0095/CH_VIDAL. pdf> 查阅。

30 法国国家专利办公室(Institut national de la propriété industrielle)的档案在这里很有用。INPI 档案按日期和名称排列，通常可以与国家档案馆内政部的档案交叉参考。一些具有代表性和信息性的档案包括：INPI

Audibran 第七年——义齿胶水（也见 AN F12 1022A）；INPI Ricci 1807——义齿胶水（也见 AN F12 1010）；INPI Cambon 1815——牙痛药物（也见 AN F12 1024B）；INPI Brousson 1816——海贝壳假牙（也见 AN F12 1026B）；INPI Naudin 1819——牙刷；INPI Arman 1820——牙膏。关于牙刷，见 Sacha Bogopolsky, *Itinéraire culturel et technologique de la brosse à dents*（Paris，1999）。

31　Baron，"Dental Practice in Paris"第 123 页。法国牙科的 19 世纪故事可以参见 Caron and Vidal，*Histoire d'un diplôme*。还可以参见 Carlo Gysel，*Histoire de l'orthodontie: ses origines，son archéologie et ses précurseurs*（Antwerp，1997），特别是第 532—539 页。

32　Anthony D. Branch，"Thomas W. Evans, American Dentist in Paris，1847‑1897"，PhD thesis, University of California Santa Barbara，1981；*The Memoirs of Dr. Thomas W. Evans: Recollections of the Second French Empire*，ed. Edward A. Crane（London，1905）；*Gerald Carson，The Dentist and the Empress: The Adventures of Dr. Tom Evans in Gas-lit Paris*（Boston，1983）。

33　在所有牙科通史中都有关于美国牙科成为世界领导者的内容。

34　见 Louis Chevalier 的经典著作，*Classes laborieuses，classes dangereuses à Paris au XIXe siècle*（Paris，1958）。另见 Priscilla Parkhurst Ferguson，*Paris as Revolution: Writing the Nineteenth-century City*（Berkeley，CA，1994）；和 Chris Prendergast，*Paris and the Nineteenth Century*（Oxford，1994）。

35　Chateaubriand，*Mémoires d'outre-tombe*，ed. Maurice Levaillant and Georges Moulinier，2 vols.（Paris，1951），第一卷，第 490 页。另见 Xavier Riaud，"Napoleon and his Teeth"，*International Napoleonic Society*（no place or date），见＜ http://www.napoleonicsociety.com/english/denta.htm ＞。

36　John Carl Flugel，"The Great Masculine Renunciation"，in Flugel，*The Psychology of Clothes*（London 1966）。

37　从大量参考书目中，特别参见 Joan Landes，*Women and the Public Sphere in the Age of the French Revolution* (Ithaca，NY，1988)。

38　大卫·索恩斯特罗姆的优秀调研，"Teeth in Victorian Art"，*Victorian Literature and Culture*，29（2001），证明了张开嘴巴的负面习惯在维多利亚时代的英国很大程度上依然存在。将其与法国的情况进行对比将会很有启发——他们的情况似乎相当相似。

尾声

1　这一主题仍待历史学家的研究。Angus Trumble，*A Brief History of the Smile*（New York，2004）很好地概述了过去及现在的情况。

2　这是一个印象主义的判断。关于前拉斐尔派的内容，只需浏览展览目录 *Pre-Raphaelites: Victorian Avant-Garde*，ed. Tim Barrington et al.（London，2012）。尽管展览标题如此，但该展览未能注意到该运动的实践者对展示牙齿的先锋接受度。见 David Sonstroem，"Teeth in Victorian Art"，*Victorian Literature and Culture*，29（2001）。

3　见 Martial Guédron，*L'Art de la grimace: cinq siècles d'excès de visage*（Paris，2011）。

4　这些图像可以在 Richard Ormond and Carol Blackett-Ord，*Franz Xaver Winterhalter and the Courts of Europe*，1830‒1870，Exh. cat. National Portrait Gallery（London，1987）中看到。他的工作全集 *Franz-Xaver Winterhalter*（1805‒1883）（Gouesnou，2011）显示，他完成了十多幅维多利亚女王的肖像，包括单独或与家人一起的。

5　Charles Darwin，*The Expression of the Emotions in Man and Animals*，ed. Paul Ekman（London，1999），第135页。见本书第5页。

6　本部分借鉴了 Robin Lenman（ed.），*The Oxford Companion to the Photograph*（Oxford，2005）中的优秀而全面的论述。另见 E. A. McCauley，*Likenesses: Portrait Photography in Europe*，1850‒1870（Albuquerque，NM，1981）；Audrey Linkman，*The Victorians: Photographic Portraits*（London，1992）；以及 Graham Clarke（ed.），*The Portrait in Photography*

(London，1992)。有关技术与流行文化之间的联系，另见 F. E. H. Schroeder，"Say Cheese! The Revolution in the Aesthetics of the Smile"，*Journal of Popular Culture*，32（1998）。

7　见 Kevin Moore，*Jacques-Henri Lartigue: The Invention of an Artist* (London，2004)和 Lartigue：*album d'une vie（1894 – 1986）*，ed. Martine d'Astier（Paris，2012）。

8　Alphonse Bertillon，*La Photographie judiciaire*（Paris，1890）；Matt Matsuda，*The Memory of the Modern*（Oxford，1996）；Jane Caplan and John Torpey（eds.），*Documenting Individual Identity: The Development of State Practices in the Modern Era*（London，2001）：特别是 Martine Kaluszinski，"Republican Identity：Bertillonage as Government Technique"；以及 Peter Hamilton and Roger Hargreaves，*The Beautiful and the Damned: The Creation of Identity in Nineteenth-century Photography*（London，2001）。

9　John Kobal，The Art of the Great Hollywood Portrait Photographers（London，1920）；以及 Joel W. Finler，Hollywood Movie Stills：The Golden Age（London，1995）。

10　该书据称已在全球售出 1 500 万册。

11　感谢朱利安·杰克逊提供这一点。

12　除了所有有关牙科的通史，另见 Alyssa Picard，*Making the American Mouth: Dentists and Public Health in the Twentieth Century*（Brunswick，NJ，2009）。

13　见 Richard Brilliant，*Portraiture*（London，2002）第 49 页，第 134—137 页。

14　一些指南可以在展览目录 *Signes du corps*（Paris，2004）中找到。然而，这种发展可能最好通过全球网络和社交媒体来关注。

译后记

　　翻译这本《微笑革命》的机会是我在责编李声凤老师的朋友圈底下争取来的，当时主要是由于书中讲的是牙医史，我想找机会挑战一下自己的医学史积累，顺便检验翻译能力所剩几何。很显然，这本小小的册子狠狠折磨了我。倒不是作者牙医学史的研究多么高深莫测，而是他那回曲奥妙的书面表达，让我虽不适应，仍赞叹不已。作为一位绅士范儿很足的英国老头，科林·琼斯本人却是位研究法国史的专家，从书中的行文能够感受到一种英伦的古板、傲慢与法式的嘲讽并存的气息，以及对法国医学，尤其牙科兴起之于美人微笑、大革命等驳杂话题，既驾轻就熟又不屑一顾的英国老头形象。作者书中遍布的幽默、狡黠以及抖的包袱，笔者虽然已经尽全力，但仍不敢尽得其壶奥。同时庆幸琼斯老先生的这本书仅是本轻史学的作品；如果是本严肃的专著，翻译路上的坎坷则不堪设想。

　　我虽未亲至西岱新桥，但翻毕此书，对巴黎的印象新添了各种期待，不再只有塞纳河畔左岸的咖啡。作者在本书中遍涉图像、医学、革命及巴黎城市等诸多话题，琳琅满目，目不暇接，笔者不专治法国史，但依然会被书中各条看似不相关联的线索与作者巧思成文所吸引。能够把微笑、牙医、大革命这些关键词毫无违和地捏合在一起，功力已非普通人；且作为一位史学家，老头对法国文学如《巨人传》《追忆逝水年华》《新爱洛伊丝》抑或狄德罗、莫里哀的戏剧熟稔于胸，文化品位也是相当了得。当然，那也是因为早期牙医史料记载不多，需要依靠文学材料来旁证,不过这也使得他的史学作品中也大有文学家的气息,灵动又不失厚重。

作者最别致的研究便是艺术作品中的表情史,并以其中人物开不开口、牙齿美不美来区分牙科学发展的阶段,这也为读者打开了全新的欣赏世界名画甚至是中国人物画的视角。紧闭双唇的路易十四是因为嘴里一颗牙齿也不存,而坦然微笑的维热·勒布伦则是发自心底的健康与自信。这种自信的微笑似乎在本土的中国画中很少见到,即便宋元以来众多美人图都很少表现美人开口笑。这其中自然有礼教限制,一如文艺复兴后期的法国与欧洲的传统,可能也有古代口腔卫生的局限。明清皇帝画像确实没有开口的,别谈笑容了;士大夫们也抱怨四十岁一过齿发已衰,牙都快掉光了(冯梦祯《快雪堂尺牍》:"某年余四十,齿发已衰,根器浅劣,障缘深厚");女性的相关材料虽然不太见,但理论上推测应该也不会太过理想。想到钱锺书《围城》里表现唐晓芙出场时说道:"唐小姐妩媚端正的圆脸,有两个浅酒窝。天生着一般女人要花钱费时、调脂和粉来仿造的好脸色,新鲜得使人见了忘掉口渴又觉嘴馋,仿佛是好水果。她眼睛并不顶大,可是灵活温柔,反衬得许多女人的大眼睛只像政治家讲的大话,大而无当。古典学者看她说笑时露出的好牙齿,会诧异为什么古今中外诗人,都甘心变成女人头插的钗,腰束的带,身体睡的席,甚至脚下践踏的鞋袜,可是从没想到化作她的牙刷。"古今诗人没有机会幻想自己成为美人的牙刷,有一种可能是古代口腔卫生没有条件维持这种美妙的想象,而美丽健康的牙齿无疑应该是美貌最高的标准。

与传统的政治史、文学史叙述不同,医学史话题几乎与每个人都有关系,毕竟不是每一个人都有帝王将相、才子佳人的关系网;但身体抱恙、头疼脑热虽不至于挥之不去,却也频繁相见。这其中,牙疼显然是其中最不算疾病的一门,但足够让人印象深刻。今天我们要庆幸给我们拔牙的不再是"大托玛",假牙也不用装河马或者驴牙;拥有一位牙科从业人员朋友,显然比去三百年前的法国当君主还要幸福。我有一位同学:芳,她就是这样一位专业的朋友。我的每一颗有问题的牙齿都经她手摆平,甚至我身边不少亲朋好友们的牙,也是出自她的手笔或帮助。当然,每次见她不免心生一些无名的忌惮或担忧,那预示着我的牙可能需要遭遇一场天崩地裂或者乾坤挪移。她每次都面带严肃的微笑告诉我,可以做好心理建设再来,可那丝毫也不减少我的恐惧,有如18世纪的法国病人们见到大托玛或福沙尔一样,所以医学史中有很多会改变,但也有些东西真的是亘古不变。

本书的翻译过程中,我的老友搭档们给予了我相当多的帮助,张晓依、杨磊、陈嘉仁诸位因谙熟法语与法兰西地情,为我解答了书中诸多法地人物掌故。徐雨霁、王凡珂、李伊婕、曹轶玥小友则帮我校正了译文、注释等棘手问题,在此一并致谢。

书中有段话很让人认同,从文化角度来看,启蒙运动中最真实的法国人只能在巴黎找到,巴黎才是国家的精髓所在;因为,那里的人拥有全世界典范的笑容。我们可以把这个意思再延伸一下,哪里有最真实、最让人愉悦的笑容,哪里就是巴黎。

2025 年 4 月 14 日星期一,王启元书于"东方巴黎"东北、虹江左岸。

译后记